8월 15일의 신화

HACHI GATSU JUGO NICHI NO SHINWA
by SATO Takumi

Originally published in Japan by CHIKUMA SHOBO PUBLISHING CO., LTD., Tokyo.
Korean translation rights arranged with
CHIKUMA SHOBO PUBLISHING CO., LTD., Japan.
through THE SAKAI AGENCY and BOOKCOSMOS AGENCY.

Korean Translation Copyright ⓒ 2007 by Kungree Press

8월 15일의 신화

일본 역사 교과서, 미디어의 정치학

사토 다쿠미 지음 | 원용진 · 오카모토 마사미 옮김

궁리
KungRee

종전조서 전문[1]

짐은 세계의 대세와 제국의 현 상황을 감안하여 비상조치로써 시국을 수습코자 충량한 너희 신민에게 고한다. 짐은 제국 정부로 하여금 미·영·중·소 4개국에 그 공동선언을 수락한다는 뜻을 통고토록 하였다.

대저 제국 신민의 강녕(康寧)을 도모하고 만방공영(萬邦共榮)의 즐거움을 함께 나누고자 함은 황조황종(皇祖皇宗)의 유범(遺範)으로서 짐은 이를 삼가 제쳐두지 않았다. 일찍이 미·영 2개국에 선전포고를 한 까닭도 실로 제국의 자존(自存)과 동아의 안정을 간절히 바라는 데서 나온 것이며, 타국의 주권을 배격하고 영토를 침략하는 행위는 본디 짐의 뜻이 아니었다. 그런데 교전한 지 이미 4년이 지나 짐의 육해군 장병의 용전(勇戰), 짐의 백관유사(百官有司)의 여정(勵精), 짐의 일억 중서(一億衆庶)의 봉공(奉公) 등 각각 최선을 다했음에도, 전국(戰局)이 호전된 것만은 아니었으며 세계의 대세 역시 우리에게 유리하지 않다. 뿐만 아니라 적은 새로이 잔학한 폭탄을 사용하여 빈번히 무고한 백성들을 실상하였으며 그 참해(慘害) 미치는 바 참으로 헤아릴 수 없는 지경에 이르렀다. 더욱이 교전을 계속한다면 결국 우리 민족의 멸망을 초래할 뿐더러, 나아가서는 인류의 문명도 파각(破却)할 것이다. 이렇게 되면 짐은 무엇으로 억조(億

---

1 | 고모리 요이치 지음, 송태욱 옮김, 『천황 히로히토는 이렇게 말하였다』(뿌리와이파리, 2004)에서 번역자의 허락을 받아 전재한다.

兆)의 적자(赤子)를 보호하고 황조황종의 신령에게 사죄할 수 있겠는가. 짐이 제국 정부로 하여금 공동선언에 응하도록 한 것도 이런 까닭이다.

짐은 제국과 함께 시종 동아의 해방에 협력한 여러 맹방(盟邦)에 유감의 뜻을 표하지 않을 수 없다. 제국 신민으로서 전진(戰陣)에서 죽고 직역(職域)에 순직했으며 비명(非命)에 스러진 자 및 그 유족을 생각하면 오장육부가 찢어진다. 또한 전상(戰傷)을 입고 재화(災禍)를 입어 가업을 잃은 자들의 후생(厚生)에 이르러서는 짐의 우려하는 바 크다. 생각건대 금후 제국이 받아야 할 고난은 물론 심상치 않고, 너희 신민의 충정도 짐은 잘 알고 있다. 그러나 짐은 시운(時運)이 흘러가는바 참기 어려움을 참고 견디기 어려움을 견뎌, 이로써 만세(萬世)를 위해 태평(太平)한 세상을 열고자 한다.

이로써 짐은 국체를 수호할 수 있을 것이며, 너희 신민의 적성(赤誠)을 믿고 의지하며 항상 너희 신민과 함께 할 것이다. 만약 격한 감정을 이기지 못하여 함부로 사단을 일으키거나 혹은 동포들끼리 서로 배척하여 시국을 어지럽게 함으로써 대도(大道)를 그르치고 세계에서 신의(信義)를 잃는 일은 짐이 가장 경계하는 일이다. 아무쪼록 거국일가(擧國一家) 자손이 서로 전하여 굳건히 신주(神州)의 불멸을 믿고, 책임은 무겁고 길은 멀다는 것을 생각하여 장래의 건설에 총력을 기울여 도의(道義)를 두텁게 하고 지조(志操)를 굳게 하여 맹세코 국체의 정화(精華)를 발양하고 세계의 진운(進運)에 뒤지지 않도록 하라. 너희 신민은 이러한 짐의 뜻을 명심하여 지키도록 하라.

어명어새(御名御璽)

쇼와 20년 8월 14일

終戦の詔書

朕深ク世界ノ大勢ト帝國ノ現狀トニ鑑ミ非常ノ措置ヲ以テ時局ヲ收拾セムト欲シ茲ニ忠良ナル爾臣民ニ告ク

朕ハ帝國政府ヲシテ米英支蘇四國ニ對シ其ノ共同宣言ヲ受諾スル旨通告セシメタリ

抑々帝國臣民ノ康寧ヲ圖リ萬邦共榮ノ樂ヲ偕ニスルハ皇祖皇宗ノ遺範ニシテ朕ノ拳々措カサル所嚢ニ米英二國ニ宣戰セル所以モ亦實ニ帝國ノ自存ト東亞ノ安定トヲ庶幾スルニ出テ他國ノ主權ヲ排シ領土ヲ侵スカ如キハ固ヨリ朕カ志ニアラス然ルニ交戰已ニ四歳ヲ閲シ朕カ陸海將兵ノ勇戰朕カ百僚有司ノ勵精朕カ一億衆庶ノ奉公各々最善ヲ盡セルニ拘ラス戰局必スシモ好轉セス世界ノ大勢亦我ニ利アラス加之敵ハ新ニ殘虐ナル爆彈ヲ使用シテ頻ニ無辜ヲ殺傷シ慘害ノ及フ所真ニ測ルヘカラサルニ至ル而モ尚交戰ヲ繼續セムカ終ニ我カ民族ノ滅亡ヲ招來スルノミナラス延テ人類ノ文明ヲモ破却スヘシ斯ノ如クムハ朕何ヲ以テカ億兆ノ赤子ヲ保シ皇祖皇宗ノ神靈ニ謝セムヤ是レ朕カ帝國政府ヲシテ共同宣言ニ應セシムルニ至レル所以ナリ

朕ハ帝國ト共ニ終始東亞ノ解放ニ協力セル諸盟邦ニ對シ遺憾ノ意ヲ表セサルヲ得ス帝國臣民ニシテ戰陣ニ死シ職域ニ殉シ非命ニ斃レタル者及其ノ遺族ニ想ヲ致セハ五内爲ニ裂ク且戰傷ヲ負ヒ災禍ヲ蒙リ家業ヲ失ヒタル者ノ厚生ニ至リテハ朕ノ深ク軫念スル所ナリ惟フニ今後帝國ノ受クヘキ苦難ハ固ヨリ尋常ニアラス爾臣民ノ衷情モ朕善ク之ヲ知ル然レトモ朕ハ時運ノ趨ク所堪ヘ難キヲ堪ヘ忍ヒ難キヲ忍ヒ以テ萬世ノ爲ニ太平ヲ開カムト欲ス

朕ハ茲ニ國體ヲ護持シ得テ忠良ナル爾臣民ノ赤誠ニ信倚シ常ニ爾臣民ト共ニ在リ若シ夫レ情ノ激スル所濫ニ事端ヲ滋クシ或ハ同胞排擠互ニ時局ヲ亂リ爲ニ大道ヲ誤リ信義ヲ世界ニ失フカ如キハ朕最モ之ヲ戒ム宜シク擧國一家子孫相傳ヘ確ク神州ノ不滅ヲ信シ任重クシテ道遠キヲ念ヒ總力ヲ將來ノ建設ニ傾ケ道義ヲ篤クシ志操ヲ鞏クシ誓テ國體ノ精華ヲ発揚シ世界ノ進運ニ後レサラムコトヲ期スヘシ爾臣民其レ克ク朕カ意ヲ體セヨ

御名御璽

昭和二十年八月十四日

차례

일본의 전후세대는 '패전'을
어떻게 대해야 하는가

이 책은 일본의 8월 15일 '종전기념일'이 역사적 사실이 아니라 만들어진 것임을 밝히는 데 그 초점을 맞추고 있다. 일본 내의 신문, 라디오 방송, 역사 교과서 등 주요 미디어를 분석하면서 정치적 의도가 깔려 있다는 것을 드러내고자 했다. 어쩌면 한국의 독자들도 일본 독자처럼 뜻밖의 사실로 받아들일 수 있다. 이 책이 전후 60년이 되는 2005년 여름에 출판되었을 때 일본의 매스미디어는 큰 관심을 보였다. 8월 15일 또는 9월 2일자 사설이나 칼럼에서 이 책을 언급한 신문은 10개가 넘었다. 특히 2005년 8월 15일자 《마이니치신문》은 나를 "일본인과 8·15"라는 제목의 대담에 초청해 2면에 게재하기도 했다.

  대부분의 일본인은 '8월 15일=종전기념일'이라는 공식을 의심할 여지 없는 상식으로 받아들이고 있다. 따라서 이 책이 일본인들에게 놀라움을 주었을 거라고 생각한다. 물론 좋은 비평만 있었던 것은 아니다. 8월 15일을 천황의 성단(聖斷)의 결과로 받아들이는 우파 '성단사관(聖斷史觀)'으로부터 많은 공격을 받았다. 뿐만 아니라 8월 15일을 천황의 손에서 민중의 손으로 권력이 이양된 혁명이라고 보는 좌파 '8·15 혁명사관(革命史觀)'으로부터도 감정적인 비판을 받기도 했다.

나 자신도 얼마전까지는 8월 15일을 '종전기념일'이라고 믿고 살아왔다. 연표를 꼼꼼히 들여다보면 1945년 그날에 전쟁이 끝난 것이 아닌 것은 자명하다. 옥음방송으로 낭독된 '종전조서(終戰の詔書)'의 내용은 일본 정부가 포츠담선언을 수락한다고 미국과 영국에 답했다는 것이다. 정확히 말하면 그 날짜는 8월 14일이다. 대본영(大本營)[2]이 육해군에 전쟁을 중지하라는 정전명령을 내린 것은 8월 16일이다. 국제표준으로 보아 전함 미주리호에서 항복문서에 조인한 날짜는 9월 2일이다. 미국에서는 이날을 VJ데이(대일전승기념일)로 기념하고 있다. 8월 15일은 단지 쇼와 천황이 국민에게 라디오 방송을 한 날에 지나지 않는다.

게다가 '언제 8월 15일이 종전기념일로 지정되었는가'를 기억하고 있는 일본인도 거의 없다. 이 책을 집필하게 된 계기도 이러한 무지에서 유래한다. 책의 내용에서도 언급했지만 종전기념일이 8월 15일로 법적 지위를 얻은 것이 1960년생인 나보다 3년이나 늦은 일이었다는 사실을 알았을 때 꽤 큰 충격을 받았다. 실제로 '8·15=종전기념일'의 법적 근거는 전후 18년이나 경과한 1963년 5월 14일, 제2차 이케다 하야토(池田隼人) 내각에서 결정된 '전국 전몰자 추도식 실시요항'이다. 정식 명칭인 '전몰자를 추도하여 평화를 기원하는 날'은 스즈키 젠코 내각의 각의(閣議)에

---

2 | 1893년에 제정된 전시 대본령 조령을 기본으로 전쟁 기간에 설치된 천황 직속의 전쟁 최고 통수기관. 제2차 세계대전 종료와 함께 폐지되었다.

서 1982년 4월 13일에 결정되었다.

한편으로 매년 되풀이되는 전몰자 추도식의 중계방송에는 아주 '오래된 전통'이 담겨 있다. 중일전쟁 발발 후의 전사자 때문에 1939년부터 8월 15일의 '전몰영령 우란분회(盂蘭盆會) 법요'를 라디오 중계했다. 쇼와 천황이 종전조서 방송을 한 1945년 8월 15일에도 원래는 교토의 지온인(知恩院)에서 전몰영령 우란분회 법요를 전국으로 중계할 예정이었다(3부 참조). 그렇다면 매년 8월이 되면 미디어가 종전과 관련된 특집을 내보내는 것은 전쟁 전부터 있었던 일들의 연장일 수밖에 없다.

실제로 패전 직후부터 신문 지면을 분석해보면 오늘날의 '8·15 저널리즘'이 정착하는 시점은 미군의 점령이 끝나고 '9·2 항복기념일'이 망각된 1955년이다. 이해를 시작으로 언론은 종전 10주년 이벤트를 펼치는데 9월 2일은 사라지고 8월 15일만이 종전과 관련해 언급되었다. '성단에 의한 국체수호(國體守護)'를 믿는 우파와 8·15 혁명을 내거는 좌파의 정치적 이해가 일치한 '기억의 1955년 체제'라고 부를 수 있는 것이었다. 즉 일본인에게 8월 15일 종전기념일은 좌우의 이데올로기가 절충할 수 있는 편한 균형점이기도 했다. 또 다른 한편으로는 '오봉(우란분회)'이라는 종교적 건물에 평화지향의 정치적 행사 깃발을 억지스럽게 내건 방편이기도 하다. 일본 국내적으로는 호응이 있었는지 몰라도, 이 내부 지향적인 기념일이 국제적으로 이해받은 가능성은 크지 않다. 8·15 야스쿠니 참배 문제가 그것을 상징적으로 나타내고 있지 않은가.

내가 이 주제에 집착한 또 하나의 이유는 이웃인 타국 사람들과 전쟁에 대해 이성적으로 토의하기 위한 발판으로, 우선 토의의 틀을 정리하고 싶은 욕심 때문이었다. 미디어 연구자가 기억이나 인식의 문제에 공헌할 점이 있다면 그것은 토의를 할 만한 시간과 공간을 정하는 일이라고 생각했다. 일반적으로 미디어론에서는 정보의 내용 자체보다는 형식이 더 큰 영향을 미친다는 사실을 전제로 하고 있지 않은가.

그렇다면 종전기념일에 무엇을 해야 할 것인가를 논의하기보다는 우선 언제를 종전일로 잡고 기념할지 확정해야 할 것이다. 8·15 야스쿠니 참배나 8·15 반전 집회 등 국내 지향적 이벤트 내용을 둘러싼 논쟁은 연례행사로 계속돼왔지만, '언제'를 둘러싼 논의는 소홀히 다뤄졌다. 그 결과 8월 15일을 종전이라고 생각하지 않는 국가들과 인식 차이가 커진 것이 아닐까.

일본의 독자처럼 한국의 독자들에게도 어쩌면 의외겠지만 동아시아에서 현재 8월 15일을 종전이라고 하는 국가는 일본과, 광복절이라고 하는 한국, 그리고 해방기념일이라고 하는 북한뿐이다. 러시아, 중국, 몽골은 9월 3일을 항전승리기념일로 기념하고 있다. 같은 광복절이라고 해도 타이완은 10월 25일에 기념하고 있다. 이 책에서 다 다루지 못한 동남아시아 국가에서는 현지 일본군이 항복한 날이나 무장해제된 날을 제각기 종전으로 기억하고 있다. 필리핀은 9월 3일, 싱가포르나 말레이시아는 9월 12일, 타이와 버마는 9월 13일이다.

덧붙이자면 일본 내에서도 8·15 종전이 모든 사람에게 수용되었던 것은 아니다. 오키나와에서는 (이미 미군에 점령되어 있었지만) 9월 7일 현지 부대가 항복에 조인할 때까지 전투가 계속되었다. 홋카이도는 8월 15일을 기해 지시마 작전을 발동한 소련군에 의해 전혀 다른 전쟁의 위기에 노출되어 있었다. 8월 15일에 전쟁이 끝났다는 인식은 도쿄 중심, 굳이 말하면 황궁 주변의 역사관이었던 셈이다.

이 책을 간행한 후에 일본 내의 수많은 연구자와 일반 독자에게서 다양한 의견을 받았다. 미국이나 중국의 반향도 있었다. 외국인 연구자들의 반응은 나라마다 종전에 대해 다양한 해석이 가능하다는 것을 새삼스레 깨닫게 해주었다. 특히 이 책을 번역한 서강대학교 원용진 교수 및 같은 대학원 오카모토 마사미 씨와의 논의는 유익했다. 뛰어난 미디어 연구자인 원용진 교수와 「일본 역사교과서 문제 관련 일본 신문보도의 차이와 변화」를 연구하고 있던 오카모토 씨에 의해 이 책이 한국 독자에게 소개되는 것을 진심으로 기쁘게 생각한다.

2006년 가을 원용진 교수와 협의할 겸 처음으로 서울을 방문했다. 천안시의 독립기념관(일본에서 '전몰자를 추도해 평화를 기원하는 날'이 결정된 1982년에 역사 교과서 문제를 계기로 기공되었다)도 견학했다. 전시관의 전시 내용에서 포츠담선언 수락, 옥음방송, 독립, 종전 등이 8월 15일로 잡혀 있었다. 건물 정면에 펼쳐진 태극기의 광장에는 815개의 태극기를 세울 수 있는 게양대가 있었다. 대한민국 정부가 1948년 8월 15일에 수립 선포식을 거행했기에 한국 역사에서 8월 15일의 비중이 일본보다 훨씬 크다는 사실도 알았다(이 책에서는 '한국의 국제법상의 독립은 1948년 8월 13일'이라고 기술하고 있는데, 이것은 일본에서 표준적으로 사용되고 있는 『근대 일본 종합연표』(이와나미서점)에 기술된 것에 따랐기 때문이다. 나는 이 연표 수정도 필요하다고 생각한다).

서울을 방문하는 동안 서강대학교 언론문화연구소가 주재한 워크숍에서 이 책의 내용을 요약해서 발표했다. 국제법상 의미를 갖지 않는 옥음방송을 종전의 획기적 이벤트로 보는 문제점을 제기했고, 어느 정도 이해를 얻었던 것으로 기억한다. 물론 '일본이 8월 15일을 상대화하는 것은 식민지 지배의 책임 회피로 연결되는 것'이라는 날카로운 지적도 있었다. 이러한 비판은 일본인의 한 사람으로서 진지하게 받아들이려 한다. 전쟁 책임과는 별도로 식민지 지배의 책임이 있다는 사실을 일본인은 잊어서는 안 된다. 하지만 8 · 15 종전기념일이라고 하는 틀 안에서 과연 일본인들은 과거의 식민지 문제를 충분히 생각해낼 수 있었을까. 전쟁 종결을 강조해왔기에 아시아 · 태평양의 전장은 의식하고 있었어도, 식민지에 대한 시선은 주변화해온 것이 아니었을까. 그것은 8월 15일이라고 하는 틀이 홋카이도나 오키나와의 기억을 주변화하는 것과 맥을 같이하는 것 아닐까. 결국 8월 15일 신화의 재검토는 우회로 보일 수는 있지만 일본인이 과거의 식민지 문제에 관심을 갖기 위해서라도 피하지 않고 통과해야 할 지점이라고 생각한다.

나의 이러한 문제 제기는 2007년 4월 28일에 개최된 한국언론정보학회 심포지엄에서도 토의되었다. 여기서 나온 유익한 지적과 비판, 의견 교환에 고마움을 전하고 싶다. 그중 재일 연구자 윤건차 가나가와대학교 교수가 새롭게 확인해준 사실은 특히 소중하게 여기고 싶다. 윤 교수에 따르면 '일본국과의 평화조약에 의거하여 일본의 국적을 이탈한 자 등의 출입국에 관한 특례법(1991년 법률 제71호)'에서, 일본 정부는 평화조약 국적 이탈자의 정의를 "쇼와 20년 9월 2일 이전부터 계속 일본 내에 체류하고 있는 자"로 정하고 있다고 한다. 다시 말하면 일본 정부는 재일(在日)의 인정에서 종전일을 국제표준인 9월 2일로 하고 있다. 그러나 전쟁 전의 조선반도나 만주국 등에 거주하던 일본 국민에 대한 인양자 급부금 등 지불법(1957년 법률 제109호)에서는 국내표준인 8월 15일을 적용하고, 인양자에 대한 특별 교부금의 지급에 관한 법률(1967년 법률 제114호)에서는 8월

15일을 종전일로 명기하고 있다. 나는 일본 정부가 이러한 이중규정 상황을 계속 방치할 것이 아니라 종전일을 9월 2일로 통일해야 한다고 생각한다. 또 전후세대인 우리가 일본 중심의 역사(national history)를 극복하고 양국 간의 과거를 다시 파악하기 위해서도 국제적으로 통용되는 종전기념일 확정이 필요하다. 이 책의 한국어판이 역사적 대화에 실마리가 되어줄 것으로 기대한다.

　마지막으로, 나와 함께 손안석 씨가 편찬하여 올 7월에 출간한『동아시아의 종전기념일―승리와 패배 사이(東アジアの終戰記念日―敗北と勝利のあいだ)』(지쿠마신서)의 한국편은 이 책의 번역자 원용진 교수가 집필해주었다. 원용진 교수의 두터운 우정에 진심으로 감사드린다.

2007년 6월

사토 다쿠미

머
리
말

이 책은 1945년 제2차 세계대전의 끝, 즉 '종전(終戰)'을 둘러싼 기억과 역사, 미디어 간의 관계를 기술하고 있다. 1945년 8월 15일에 방송된 일본 천황의 '옥음방송', 그와 관련된 신문보도, 라디오 방송, 역사 교과서 등 다양한 미디어가 전후에 어떻게 종전의 기억을 구성해왔는지, 또 바꾸어왔는지 분석하고 있다. 솔직히 고백하면 나 자신도 '8월 15일 전쟁이 끝난 것이 아니구나'라고 깨달은 것은 그다지 오래되지 않았다. 8월 15일이 '종전기념일(終戰記念日)'이라는 사실을 의심하지 않고 긴 세월을 살아온 나는, 종전 후에 태어난 역사 연구자로서 스스로 무지하다는 것을 깨닫고, 이런 무지가 어디에서 유래했는지 확인하는 기분으로 이 책을 집필했다.

내가 '종전기념일'에 그다지 관심이 없고, 그에 대해 질문하지 않았던 까닭은 히로시마 태생이기 때문일 수도 있다. 초등학교 시절부터 반복해서 평화교육을 받았는데 그 중심 기념일은 8월 6일이지 8월 15일은 아니었다. '옥음방송'에도 "적은 새삼 잔학한 폭탄을 사용해 수많은 무고한 인명을 살상함으로써 참해가 미치는 곳을 가늠할 수 없다"고 했다. 8월 15일과 관련해 히로시마 원폭의 의미를 논의하는 것은 학교 현장에서는 기피되었던 것 같다. 내 기억으로는 "원폭투하로 전쟁이 끝났다"고 솔직하게 시인하는 교사의 수는 적었다. 오히려 평화교육에서는 전쟁을 마무리하는 데 원폭은 필요없었다고 가르쳤다. 아마 지금도 크게 다르지 않을 것이다. 이부세 마수지(井伏鱒二)의 『검은 비』에 실린 〈피폭 일기〉는 8월 15일에 끝이 난다. 그러나 히로시마 시민에게 종전의 일자는 여전히 8월 6일이다.

일본의 북방에 거주했던 주민들은 8월 말부터 소련군의 공격을 겪었다. 그들에게 8월 15일은 종전의 날이 될 수 없다. 그러나 홋카이도 동북부 하보마이(齒舞) 군도가 소련에 완전 점령된 9월 5일을 종전이라고 부를 수 있을까. 같은 논리로 질문해보자. 오키나와 주민들에게 종전일은 언제인가. '오키나와 위령의 날'은 일본 수비군의 조직적 전투가 끝난 6월 23일이다. 1961년 류큐 정부가 위령의 날을 6월 22일로 정했지만, 4년 후에 6월 23일로 바꾸었다. 6월 23일은 일본국 제32군 사령관인 우시지마 미츠루(牛島滿) 중장이 자결한 날이다. 하지만 미군이 오키나와 작전 종료를 선언한 것은 7월 2일이며, 오키나와에 남은 일본군이 공식으로 항복문서에 조인한 것은 일본 정부의 조인(9월 2일)보다 5일 늦은 9월 7일이다. 당연히 사령관 자결의 날을 위령의 날로 정한 것에 의문을 표시하는 사람들이 있었다. 그래서 오키나와시는 위령의 날을 휴일로 하는 한편, 항복 조인일인 9월 7일을 '시민 평화의 날'로 정해두고 있다. 미군의 오키나와 점령은 1972년 5월 15일에 끝이 났으므로, 이 복귀기념일을 종전기념일로 잡아야 한다는 입장도 설득력이 있다. 어쨌든, '위령의 날'과 '평화의 날'을 분리하고 있는 오키나와의 사례는 일본 전체의 종전기념일을 논의할 때 반드시 참고해야 할 부분이다.

지금 여기서 논하는 종전과 관련된 정보들은 모두 이 책을 집필하면서 안 것들이다. 나는 중학교에서도 고등학교에서도 이러한 정보를 역사교육을 통해서 배운 기억이 없다. 다만 8월 15일이 종전일인가 패전일인가에 대한 논란은 중학생 시절부터 알고 있었다. 또 그날이 한반도에서는 '광복절'로 축하한다는 사실도 고등학교 시절에 배워서 알았다. 그러나 미국의 대일전승기념일(VJ데이, 9월 2일)과 구소련의 대일전승기념일, 중국의 항일·반파시즘 전승기념일(9월 3일)이 서로 다른 날이라는 사실을 안 것은 비교적 최근의 일이다. 정확하게 말하면 이 책의 출발점이 된 나의 논문 「항복기념일에서 종전기념일로―기억의 미디어 이벤트」(쓰가네자와 도시히로 편, 『전후 일본의 미디어·이벤트』, 세카이시소샤, 2002)를 집필하면서 알았다.

나는 내가 태어난 해인 1960년보다 3년이나 늦은 1963년에 8월 15일이 법적인 지위를 얻었다는 사실을 알게 되었을 때 놀라지 않을 수 없었다. '8월 15일=종전기념일'의 법적 근거는 전후 18년이나 경과한 1963년 5월 14일에 제2차 이케다 하야토 내각에서 각의 결정한 '전국 전몰자 추도식 실시요항'이다. 정식 명칭인 '전몰자를 추도하며 평화를 기원하는 날'은 스즈키 젠코 내각이 1982년 4월 13일의 각의에서 결정한 것이다. 종전기념일의 역사는 예상외로 새로운 것이었고, 내 신변에서 그리 멀지 않은 곳에서 이뤄지고 있었다. 이러한 사실을 알게 되었을 때 내가 지녔던 현대사 인식의 기반이 흔들렸다. 실제로 비판적인 눈으로 종전 전후의 역사 기술을 읽으면, 8월 15일이 종전일이라고 단정하고 있는 서적이 의외로 적다. 내가 고등학교 시절에 교재로 사용한 1978년판 『상설 일본사』(야마카와출판사)를 예로 들어보자.

> 마침내 정부와 군수뇌부는 천황의 재단(裁斷)에 따라 포츠담선언의 수락을 결정했다. 8월 15일 천황의 라디오 방송으로 전투는 정지됐으며, 9월 2일 도쿄만에 정박한 미국의 군함 미주리호에서 일본 정부 및 군 대표가 항복문서에 서명했다. 이로써 약 4년에 걸친 태평양전쟁은 종료되었다.

냉정한 시각에서 보면 이 교과서는 종전을 9월 2일로 기술하고 있다. 그럼에도 우리는 '일본의 종전기념일은 언제인가'라는 질문에 8월 15일이라고 주저하지 않고 대답한다.

그러나 종전기념일을 묻는 문제가 과연 입시에 출제될까. 생각해보면 전후 일본에서는 종전기념일을 객관적으로 묻는 지식 풍토가 사라진 것 같다. 그렇다면 '8월 15일=종전기념일'이라는 공식을 둘러싼 문제는 천황의 라디오 방송을 직접 들은 세대만의 체험이라고 말할 수 있을까. 오히려 전후에 태어난 우리가 그 전후 체험을 통해서 검증해야 할 과제가 아닐까. 나는 스스로 제기한 이 같은 질문에 답하고자 이 책을 집필했다. 이 책은 전후세대가 '8월 15일=종전기념일'에 대해 던진 질문과 답을 담고 있다.

이 책의 1부는 앞에서 소개한 논문 「항복기념일에서 종전기념일로―기억의 미디어 이벤트」를, 2부는 「전후 여론의 고층―오봉 라디오와 옥음신화」(사토 다쿠미 편저, 『전후 여론의 미디어 사회학』, 가시와서점, 2003)를, 3부는 「미디어사적 접근―역사 교과서의 경우」(《매스·커뮤니케이션 연구》 67호, 2005)를 대폭 수정하여 재구성한 것이다. 편저자인인 쓰가네자와 도시히로 선생과 이즈카 고이치 선생께 지면을 통해 감사의 말씀을 드린다.

또 아리야마 데루오 선생, 다케야마 아키코 선생을 비롯하여 미디어사 연구회 여러분에게는 10주년 기념 심포지엄 '미디어가 만드는 역사와 기억'(《미디어사 연구 제14호》, 2003)에 초대해준 것에 대해 진심으로 감사의 말씀을 드린다. 이런 여러분과의 만남을 통해 내가 풀어나가고자 한 문제를 명확히 할 수 있었다.

자료 수집에서는 교토대학 교육학부 도서실의 후쿠이 교코, 후쿠오카 시 문학관의 이즈미 료코를 비롯한 많은 분의 도움을 받았다. 또 집필 과정에서 전문영역을 넘어 수많은 선학에게서 가르침을 얻었으며 귀한 도움말도 들었다. 그러나 아직 생각하지 못한 오해나 실수도 있을 것이다. 지적해주신다면 감사히 받아들이겠다.

지쿠마신서 편집부의 이시지마 히로유키는 교과서나 잡지 기사의 수집 등 여러 가지로 도움을 주었다. 훌륭한 편집자를 만난 덕분에 종전 60주년에 맞추어 이 책을 출판할 수 있게 되었다. 또 예정대로 이 책을 마무리할 수 있었던 데에는 아내 야스코의 도움이 컸다. 대학의 업무에 바쁠 텐데도 집안일까지 능숙하게 처리해내는 파트너에게 다시 한 번 감사의 말을 전한다.

2005년 초여름

사토 다쿠미

일러두기

1. 이 책에서는 천황, 옥음방송 등의 용어를 일왕이나 육성(肉聲)방송으로 옮기지 않고 저자의 용법에 따라 그대로 사용했다.

2. 약물의 쓰임은 다음과 같다. ' '(강조), " "(인용), 『 』(단행본), 「 」(논문), 《 》(신문, 잡지), 〈 〉(신문기사 및 칼럼, 방송, 노래, 그림 기타).

3. 인용문 중 생략한 부분에 관해서만 '(중략)'으로 표기하고, '전략' 및 '후략'은 표기하지 않았다.

4. 정치사, 미디어사, 교육사의 선행연구나 신문, 잡지 등 많은 자료를 참조했으나, 〈인용문헌〉에는 본문에서 인용, 언급한 저작에 한했다.

5. 검정 교과서의 인용은 일본 교과서센터 교과서 도서관의 장서에 의거하여 그 발행년도를 기재했다. 검정년도, 사용개시년도와 발행년도는 일치하지 않는다.

6. 본문 하단의 주는 모두 옮긴이 주이다.

1부
미디어가 만든 종전의 기억

종전방송에 쓰러져 우는 여자 정신대원(규슈 비행기의 가시이 공장에서),
《아사히신문》 1955년 8월 15일자.

1장

815자의 8월 15일 조서

"참기 어려움을 참고, 견디기 어려움을 견뎌, 이로써 만세(萬世)를 위해 태평한 세상을 열고자 한다……."

해마다 여름이면 늘 같은 다큐멘터리 영상으로 텔레비전에서 반복되는 종전조서의 한 구절이다. 이 조서를 읽는 독특한 억양은 나뿐만 아니라 많은 사람의 뇌리에 새겨져 있다. 하지만 나는 조서 전문을 제대로 읽어 본 적이 없다. 이 종전조서는 815자(字)로 되어 있다고 한다. 물론 세어 본 것은 아니다. 조서의 글자 수를 세어 그 숫자가 815자라고 알린 사람이 있다고 들었을 때, 그다지 놀라지는 않았다. '그런가' 하고 대단치 않게 생각했을 뿐이다.

실제로 조서의 글자 수를 센 사람은 당시 종전 공작에 분주했던 해군대신 요나이 미쓰마사(米內光政) 대장이었다. 요나이에 관한 내용을 담은 『요나이 미쓰마사』(신쵸문고)의 저자 아가와 히로유키(阿川弘之)에 따르면 요나이는 8월 15일부터 조서를 베껴 쓰기를 반복했다고 한다. 그리고 조서의 글자 수가 몇 개인지 알고 있느냐고 질문한 것으로 알려져 있다. 종전조서 마지막 부분의 '어명어새(御名御璽)[3] 글자까지 포함하면 815자라고 한다. 그 숫자는 종전조서가 방송된 8월 15일과 일치하는데, 그것은 우연일까.

815자를 읽는 데는 약 4분 37초가 걸렸다고 한다. 4분 37초라는 숫자도 무슨 의미를 담고 있는 것일까. 이 책 앞부분에 신문에 실린 조서 전문을 인용해두었다. 소리 내면서 읽어보라는 뜻으로 인용해둔 것은 아니다. 다만 815자라는 글자 수와 4분 37초라는 시간의 길이를 대강이라도 인식하기를 바라는 뜻에서 인용한 것이다.

이 조서의 낭독은 8월 14일 심야 11시 25분부터 궁내성 내정청사 2층 정무실에서 이뤄졌다. 원반식 텔레푼켄(Telefunken)형 14 녹음기를 이용했고, 78회전의 10인치 원판(약 3분 길이) 두 장에 담았다. 녹음반의 기술자와 함께 시모무라 히로시(下村宏) 정보국 총재가 입회했다. 시모무라는 아사히신문사 부사장과 일본 방송협회 회장을 거쳐 입각해 있었다. 도다 야스히데(戸田泰英) 시종이 대신 읽으며 테스트를 한 뒤, 육군 대원수를 상징하는 옷을 입은 쇼와 천황이 녹음을 했다. 첫 녹음에서 소리가 떨려 불명료한 부분이 있었기 때문에 천황 스스로 재녹음을 희망했다. 두 번째 녹음으로 두 장의 녹음음반이 완성되었다. 오후 11시 50분, 천황은 녹음된 내용을 다시 듣지 않고 떠났다. 같은 시각, 수상 관저에서는 사코미즈 히사츠네(迫水久常) 내각 서기장관이 기자단에게 8월 15일 정오 옥

---

3 | 국서(國書)에 쓰는 임금의 이름과 도장. 여기서는 천황의 이름과 서명을 말한다.

음방송이 끝날 때까지 조간신문을 배달하지 말도록 엄격히 단속하면서 종전조서의 사본을 건네주고 있었다. 이례적으로 그해 8월 15일에는 조간신문이 오후 시간에 배달되었다.

4분 37초와 4분 33초

녹음이 끝나고 12시간 후, 쇼와 천황은 스스로 녹음한 방송을 어전회의(御前會議)[4]를 연 서가 부속실에서, 추밀 고문관과 함께 RCA[5] 수신기로 들었다. 옥음방송은 독일 제3제국이 자랑한 텔레푼켄사의 기술로 녹음되었고, 천황은 그 방송을 미국제 수신기로 들었다. 현재 우리가 듣고 있는 옥음방송은 애초 녹음되었던 두 장의 음반에 수록된 것은 아니다. 원래의 음반에 수록된 소리는 워낙 낡아서 재생이 불가능하다. 우리가 지금 듣고 있는 옥음은 1946년 5월경 연합군 총사령부(GHQ) 민간정보교육국의 명령으로 한 장의 음반에 복제된 것이다. 미국제 녹음기로 미국제 레코드에 복제된 옥음인 셈이다. 이 복제 음반은 복제에 참여했던 일본방송협회의 하루나 시즈토(春名靜人) 녹음 기사가 1955년에 NHK 방송문화박물관에 기증한 것으로, 이 옥음방송의 길이가 바로 4분 37초다.

그로부터 7년 후 이 옥음보다 4초 짧은 〈4분 33초〉라는 작품을 미국의 음악가 존 케이지가 작곡 발표했다. 1953년 데이비드 튜더가 뉴욕의 우드

4 | 메이지(明治) 헌법하에서 중신 및 대신이 천황 앞에서 국가의 중대사를 의논하던 회의.

5 | Radio Corporation of America. 미국의 전기 방송 회사.

스틱에서 초연한 이 작품은 음악 개념을 근저에서부터 흔든 역사적 퍼포먼스였다. 튜더는 피아노가 놓인 무대에서 조용히 스톱워치를 꺼내 4분 33초를 계측한 뒤, 침묵의 연주를 끝내고 퇴장했다. 아무런 연주도 하지 않았지만 연주회장에 소리가 전혀 없는 것은 아니었다. 연주자의 침묵에 당황한 청중들의 속삭이는 소리, 옷깃이 스치는 소리가 들렸다. 〈4분 33초〉라는 작품은 연주자의 침묵으로 청중이 스스로 자신이 존재하는 공간과 시간을 떠올리게 하자는 의도를 지니고 있었다. 〈4분 33초〉라는 제목에는 과학적 의미도 있다고 한다. 원자의 열운동이 사라져서 물질이 완전히 정지하는 절대영도, 즉 섭씨 영하 273.15도를 시간 단위로 환산하면 4분 33초인데, 절대영도에서는 음악을 포함한 모든 활동이 정지한다는 의미다.

옥음이 방송된 4분 37초 동안 일본은 모든 활동이 정지한 절대영도였을까. 그 순간 라디오 앞의 일본 국민은 모든 활동을 정지하고 있었다. 〈4분 33초〉의 경우 내용의 부재에서 의미가 발생했다면 옥음방송의 4분 37초도 그처럼 말할 수 있을까. "잡음 탓에 알아듣기 힘들었다", "난해하고 이해할 수 없었다"라고 회상하고 있지만 대부분의 청취자는 그 개요를 이해하고 있었다고 한다. 나는 이 책에서 종전조서의 내용을 하나하나 분석할 생각은 없다. 이 책을 통해 옥음방송을 듣고 당황한 청취자들 사이에 발생한 한숨이나 중얼대는 소리의 의미를 이해하고자 할 따름이다.

8 · 15 조서의 내용은 8월 9일 어전회의 후, 내각 서기장관 사코미즈 히사츠네(迫水久常)를 중심으로 여러 명이 연거푸 밤을 세워서 원문을 가다듬었다. 그런 다음 가와다 미즈호(川田瑞穗), 야스오카 마사히로(安岡正篤) 등 한학자들이 다시 수정했고 14일의 각의에서 또 한 번 수정되었다. "전세가 날로 불리해"라는 말에 아나미 고레치카(阿南惟幾) 육군대

신이 항의해 "전세가 호전되지 않았으며"로 수정되었고, 이시구로 다다아츠(石黑忠篤) 농상의 발언으로 원안에 있던 "늘 신기(神器)를 아뢰다가"가 삭제되었다. 또 각의에서 "의명(義命)의 존재하는 바"의 의미가 불명확하다고 지적되어 "시운이 흘러가는 바"로 바뀌었다. 이처럼 조서 한 자한 자에도 사람들의 생각과 고집이 담겨 있었다. 그런 점에서 보면 815자에 맞추어 조서를 꾸미려 한 의도는 없었다고 보아도 옳을 것이다. 8 · 15 조서내용에 대한 저술들로는 차엔 요시오(茶園義男)의 『밀실의 종전 조칙(詔勅)』(1989)과 같은 실증연구 저서와 근년에 옥음방송의 CD를 첨부한성덕현창회(聖德顯彰會) 편, 『쇼와 천황의 종전조서—옥음방송』(2002), 그리고 고모리 요이치(小森陽一)의 『천황의 옥음방송』(2003) 등이 있다.

옥음방송을 미디어사와 연관지은 연구도 몇 편 있다. 다케야마 아키코(竹山昭子)의 저서 『옥음방송』(1989)은 녹음에서부터 방송에 이르는 경위와 옥음에 이어진 종전 관련 뉴스의 분석을 담고 있다. 방송 내용이 포츠담선언의 수락인 줄 안 육군 내 철저항전파가 녹음 음반을 탈취하려 황궁을 습격하고 방송회관을 점거한 사건을 담은 도호(東寶) 영화사의 〈일본의 제일 긴 날〉[6]도 연구에 도움이 될 만한 자료다. 하지만 이런 자료들은 옥음방송을 미디어론의 내용으로 다룰 뿐 그 형식과 수용자에 대해서는 논의하지 않았다. 이 책이 목표하는 것은 옥음방송 연구에서 빠진 부분을 다루는 것이다. 그 첫 순서로 수용자에 대해 언급하고자 한다.

---

6 | 오야 소이치(大宅壯一) 원작, 오카모토 기하치(岡本喜八) 감독 제작(1967).

"여러분, 기립하시기 바랍니다"

대체 옥음이 방송된 그날 사람들은 어떤 모습으로 라디오를 들었을까. 옥음방송과 관련된 논의는 일반적으로 쇼와 천황이 읽은 종전조서의 내용에 집중된다. 하지만 나는 거기서 약간 비켜나 옥음을 들은 사람들의 반응에 주목하고 싶다. 우선은 옥음방송의 전후를 재연해보자. 옥음방송이 있기 전날인 8월 14일 오후 9시의 보도에서 "내일 정오에 중대한 라디오 방송이 있으니, 국민은 빠지지 말고 들을 것"을 권고하는 최초의 고지가 있었다. 당일인 1945년 8월 15일(수요일) 오전 7시 21분에 다테노 모리오(館野守男) 방송원이 두 번째의 중대방송 예고를 전했다. 다테노 방송원은 4년 전 12월 8일 오전 7시에 미국과 전쟁이 시작되었음을 알리는 그 유명한 임시뉴스를 읽은 아나운서이다. 옥음방송을 예고하는 방송 내용의 문장은 정보국 방송과의 스도 후미오(周藤二三男)가 기초했다. 그 내용은 다음과 같다.

삼가 말씀 전해드리겠습니다. 황송스럽게도 천황께서 조서를 환발(渙發)[7]하십니다. (약간 시간을 두고) 황송하게도 천황 폐하께서는 오늘 정오 친히 방송을 하십니다. 그야말로 황송한 일입니다. 국민은 한 명도 빠짐없이 삼가 옥음을 들어주시기 바랍니다. (다시 시간을 두고 반복) 그리고 낮 시간 송전이 없는 지방에도 정오 보도 시간에는 특별히 송전하겠습니다. 관공서, 사무소, 공장, 정거장, 우체국 등에서 소지한 수신기를 활용해서 한 명도 빠짐없이 엄

---

7 | 조서를 널리 선포하는 것.

숙한 태도로 말씀을 경청하도록 준비하기 바랍니다. 방송은 정오에 실시됩니다. (반복) 그리고 오늘 신문은 사정에 의해 오후 1시경에 배달되는 곳도 있습니다.

대부분의 조간은 배달이 금지되어 있었지만 아사히신문사는 사전에 "정오에 중대방송. 국민 반드시 엄숙하게 청취하라"라는 호외를 냈다. 또 《시나노마이니치신문》 등 일부 지방신문도 조간에 "오늘 정오에 중대방송, 반드시 청취"라고 예고하고 있었다. 1945년 8월 15일 기준으로 라디오 수신 계약자 수는 572만 8,076명이었고 39.2%의 보급률이었다.
드디어 정오를 알리는 시보가 울렸고, 일본방송협회의 와다 신켄(和田信賢) 방송원의 긴장한 목소리가 뒤를 이었다.

지금부터 중대방송이 있겠습니다. 전국의 청취자 여러분은 기립하시기 바랍니다. 중대발표입니다.

시모무라 정보국 총재가 곧이어 방송 내용을 설명하고, 이로써 청취자는 극도로 긴장하게 된다.

천황 폐하께서는 황송스럽게도 온 국민에게 전하는 조서를 친히 선포하시게 되었습니다. 이제부터 삼가 옥음을 방송해드립니다.

엄숙하게 기미가요가 연주되었다. 그리고 전날 10인치 음반(녹음시간 3분) 두 장에 녹음된 4분 37초의 옥음이 스튜디오에서 재생되었다. 그런 다음 다시 기미가요 연주가 있었고, 와다 방송원의 "삼가 천황 폐하의 옥음방송을 끝냅니다"라는 맺음말이 있었다.

수신 상황이 좋았다고 해도 독특한 억양 하며 어려운 한문이 많은 문장 탓에 대부분의 청취자가 정확한 뜻을 이해하기는 어려웠을 것이다. 실제로 국민들은 옥음방송 이후 계속된 와다 방송원의 해설을 듣고서야 그 내용을 정확하게 이해할 수 있었다. 와다 방송원은 다음과 같이 해설을 덧붙였다.

황공스럽게도 천황 폐하께서는 어제 만세를 위한 태평을 열겠다며 미국과 영국, 중국과 소련 4개국에 포츠담선언을 수락한다는 뜻을 통고하라고 정부에 지시하셨습니다. 황공스럽게도 천황 폐하께서는 동시에 조서를 환발하시어 일본이 4개국의 공동선언을 수락하지 않을 수 없게 된 이유를 알리고자 오늘 오후 삼가 조서를 방송하시게 되었습니다. 이 전대미문의 일을 받아들이기에는 온 국민이 황공스러울 뿐 아니라 감동의 눈물을 흘리지 않을 수 없습니다. 우리 신민은 조서의 취지를 단단히 받아들이고, 맹세코 국체의 보호와 민족의 명예 유지를 위해 멸사봉공을 맹세합니다. 삼가 조서를 봉독하겠습니다.

이렇게 해서 와다 방송원에 의해 종전조서가 다시 낭독되었다. 당시 방송국 직원으로 스튜디오에 있었던 작가 곤도 도미에(近藤富枝)는 그 장면을 두고 "그것은 동포에 대한 사랑과 애석함을 한데 묶어서 한마디 한마디를 확인해주는 신중한 아나운싱이었다"고 회상했다. 해설에 이어 내각의 국민에 대한 부탁, 포츠담선언을 수락한 일본 정부의 연합국에 대한 통고문 그리고 연합국이 일본 정부에 보내온 통고문, 포츠담선언, 카이로

선언의 요지, 8월 9일 어전회의에서부터 14일 수락 통고까지의 경위 해설, 평화재건의 조서 환발 등의 방송이 이어졌다. 이 방송 내용은 총 37분 30초에 이른다. 내각이 국민에게 보낸 부탁의 말 등은 NHK가 작성한 것은 아니고, 동맹통신사[8]가 각 신문사와 NHK에 보낸 내용을 방송용으로 다시 정리한 것이다.

다음 장에서 이야기하겠지만, 옥음은 지속적으로 논의돼왔으나 와다 방송원이 낭독한 내용에 관해서는 별다른 언급이 없었다. 누구도 심도 있게 언급하지 않았다. 와다의 방송까지 합쳐 약 40분의 옥음방송 시간 동안 과연 청취자들은 라디오 앞에서 직립부동의 자세로 서 있었을까, 아니면 방송 후 쓰러져 울었을까. 방송 내용보다 수용자에 더 관심이 있는 나로서는 이런 부분이 내내 맘에 걸렸다.

방송 첫머리에 와다 방송원은 "여러분, 기립하시기 바랍니다"라고 호소했으며, 이어 연주된 기미가요도 당연히 직립부동의 자세를 촉구하고 있었다. 초등학교 때부터 국민의례의 규율훈련을 받아온 일본 국민들은 기미가요 연주에 조건반사적으로 직립자세를 취했을 것이다. 그렇다면 옥음방송 후에 다시 연주된 기미가요를 들으면서 그 자세를 무너뜨렸을까.

옥음사진 중 최고의 걸작

내가 궁금하게 여기던 역사적 순간을 잡았다고 알려진 한 장의 사진이 있다. 이 사진에는 "종전방송에 쓰러져

---

8 | 1935년 신문과 방송에 독점으로 정보를 공급하기 위해 만든 통신사.

우는 여자 정신대원(규슈 비행기의 가시이 공장에서)"이라는 설명이 붙어 있다(23쪽 사진 참조). 상당수의 전후세대는 여자 정신대라는 말을 잘 모를 것이다. 태평양전쟁이 진행 중이던 1943년 9월에 노동력 부족을 보충하기 위해서 14세 이상의 미혼여성으로 구성된 여자 근로 정신대를 자주 결성하자는 호소가 잇따랐다. 전황이 더욱 나빠진 1944년 2월 25일, 정부는 군수생산을 비약적으로 증대시키기 위해 결전 비상조치 요강을 각의 결정하여, 학도들을 동원하고 여자 정신대를 강화했다. 이에 여학교 졸업생도 동창회 단위로 여자 정신대에 참가하도록 권장되었다. 전쟁이 끝나갈 무렵에는 군수공업·관공청·주요 산업부문에 걸쳐 약 50만 명이 동원되고 있었다. 여자 정신대의 노래 〈빛나는 검은 머리〉가 음반으로 발표되었고 라디오로 반복해 방송되었다.

> 너울거리는 검은 머리 꽉 묶어 / 오늘도 아침부터 명랑하게 아침이슬 밟으며 / 행진해가면 우리를 맞이하는 친구의 노래 아아, 애국의 혈기 넘치는 우리는 처녀 정신대.

'너울거리는 검은 머리를 꽉 묶은' 여자 정신대원 3명이 사진의 대상으로 선택된 이유는 굳이 설명할 필요는 없을 것이다. 옥음방송을 듣는 사진(이하 옥음사진으로 표기)으로는 오사카 해군 군수공장에서 촬영한 여자 정신대원의 클로즈업 얼굴 사진도 유명하다(사진 1). 〈학도 동원의 노래〉로 "아, 붉은 혈기 넘친다"라고 노래 부르던 남자 근로학도보다는 더 '그림이 된다'고 카메라맨은 생각했을 것이다.

직립부동의 정적인 장면을 찍은 오사카 해군 군수공장의 사진 그리고 그와 유사한 다른 사진들에 비하면, 방송을 듣고 쓰러져 우는 동적인 순간을 잡은 규슈 비행기의 가시이 공장 사진은 걸출하다고 말할 수밖에 없다. 이 사진은 옥음사진 중 최고의 걸작이라고 해도 부족함이 없다. 이 사진은 『백합의 처녀들 전(展) 도록』(1980), 『아사히 역사 사진 라이브러리, 전쟁과 서민』(1995), 『주간 20세기 1945』

사진 1 아아, 이 역사의 일순간. 옥음을 삼가 듣고 목이 메어우는 여자 정신대원(15일 모 공장에서). 《아사히신문》 오사카 본사판. 1945년 8월 16일 제2면(도쿄대학 대학원 정보학환 소장).

(1999) 등 아사히신문사의 기념출판물에 반복해서 게재돼왔다.

하지만 이 사진이 널리 알려지게 된 것은 패전 직후가 아니다. 1955년 (쇼와 30) 8월 15일, 종전 10주년을 기념하는 《아사히신문》 조간 제6면과 7면에 걸쳐 실린 "사진으로 보는 그날"에 게재된 이후 세상에 알려진 것이다. 1955년 8월 15일 종전 10년을 맞아 《아사히신문》뿐만 아니라 《마이니치신문》, 《요미우리신문》 등 전국지와 지방지들은 대대적인 종전특집을 기획했다. 다음 장에서 자세히 설명하겠지만, 일본 신문들이 8월 15일을 전후해서 전쟁과 관련된 보도를 기획하는 이른바 '8월 저널리즘'은 1955년을 계기로 확립되었다. 8월 저널리즘은 일본의 여름을 장식하는 풍경이라고 일컬어질 정도다. 8월 저널리즘 중에서도 아사히신문사의 기획이 두드러진다. 그중에서도 "사진으로 보는 그날" 특집은 가장 주목받았다. 여자 정신대의 옥음사진은 '종전 직후의 사세보 군항', '종전조서', '식료 매출 열차', '잔해만 남은 시카야 비행장', '포로수용소에서 종전 조칙 방송을 듣는 괌섬의 일본군' 등의 기록사진에 둘러싸인 형태로 게재되었다.

교묘하게도 괌섬의 포로수용소와 규슈 비행기의 가시이 공장의 두 옥음 사진이 지면 중앙에 배치되었다. 이 두 사진은《아사히신문》이 전후 처음으로 공개한 옥음사진이기도 했다. 괌섬의 포로 수용소에서 정렬해 옥음 방송을 듣는 일본군의 사진은 승자인 미군이 촬영한 것이다. 그것과 대치된 쓰러져 우는 여자 정신대원 사진은 패자가 찍은 사진이다. 승자 및 패자와 연관해서 사진을 말하는 이유는 전쟁보도에서 패자의 영상이나 사진은 희소하고 그만큼 소중하기 때문이다.

패자에게 영상은 없다

영화감독 오시마 나기사(大島渚)는 "패자는 영상을 가질 수 없다"고 말한 바 있다. 텔레비전 다큐멘터리 중 명작으로 일컬어지는〈대동아전쟁〉을 편집했을 때의 소감을 오시마 감독은『체험적 전후 영상론』(1975)에서 이렇게 적고 있다.

나는 전쟁 중에 찍은 뉴스 필름의 소리를 그대로 사용했다. 소리가 부족한 부분은 대본영 발표와 신문의 사설로 보충했다. (중략) 그런 식으로 전쟁 당시를 영상에 담고자 노력했지만 재료가 되는 기록 필름이 턱없이 부족하다는 사실이 치명적으로 작용했다. 전쟁 후반에 이르면 일본 측이 찍은 필름은 거의 접할 수가 없다. 전쟁의 영상은 이기고 있을 때만 가질 수 있어 보였다. 패자는 영상을 가질 수가 없었다.

오시마 감독의 말대로 진주만 공격이나 싱가포르 함락을 찍은 일본 측 영상은 존재한다. 하지만 일본이 패한 미드웨이해전 영상은 없다. 사이판이나 이오지마에서의 옥쇄 영상이나 오키나와 전투 영상은 모두 미군이 찍은 것만 존재한다. 일본 측이 찍은 영상으로 남아 있는 것들은 '학도 출진식'이라든가 '가미카

사진 2 성스러운 결단을 맞이하다—대동아전쟁 종결 《니혼 뉴스》 제255호, 사단법인 일본영화사, 1945년 9월 6일.

제 특별공격대 출격' 등 종전 이전의 것들이다. 오시마 감독의 회상대로 일본의 종전은 영상이 없는 종전이었다.

그럼에도 불구하고 종전의 날 정경이라고 일컬어지는 필름이 몇 컷 있다. 그 필름에는 니주바시[9]에서 엎드려 있는 사람들의 모습이 담겨 있다. 그러나 엄밀하게 말하면 쓸 만한 컷은 하나밖에 없다. 둥그런 안경을 쓴 빡빡머리 남학생이 정좌하여 예배하고 있는 전신상이다(사진 2). (중략) 이 컷은 우리가 종전이라고 할 만한 장면을 담은 유일한 영상이다. 우리의 종전은 영상이 없는 종전이었다. 왜 옥음방송을 녹음하는 천황의 모습을 사진으로라도 찍어놓지 않았을까. 이 때문에 결정적인 의미를 갖지 못하는 단편들을 여기저기서 끌어모아 만든 장면들이 천황의 목소리와 함께 흘러가고 필름은 끝이 난다.

---

9 | 일본 왕의 궁성 앞에 있는 다리. 호수에 비친 모습과 함께 안경처럼 생겼다고 해서 메가네바시(안경 다리)라고도 부른다.

다큐멘터리 영화의 제작자만이 말할 수 있는 뛰어난 영상론이다. 오시마는 옥음방송을 녹음하는 천황의 모습이 없는 것을 문제 삼았지만, 옥음을 듣고 있는 국민의 모습을 기록한 사진도 많지 않다.

옥음방송을 듣는 장면을
카메라는 어떻게 잡았을까?

규슈 비행기의 가시이 공장 사진을 포함하여, 역사책에 게재된 유명한 옥음사진의 촬영자나 촬영대상에 대한 논의는 매우 한정되어 있다. 나중에 다시 말하겠지만 옥음방송 다음 날인 8월 16일에 옥음사진을 게재한 신문으로 《홋카이도신문》이나 《니시니혼신문》 등이 있긴 하다. 하지만 그 사진들은 몇 가지 중대한 문제를 안고 있다. 나는 옥음방송 체험기를 접하면서 눈앞에 있는 옥음사진들에 몇 가지 의문점들을 갖게 되었다. 기록에 따르면 많은 관청이나 회사, 학교 등의 집회장에서 사람들은 라디오 앞에 정렬하여 방송을 들었다고 한다(사진 3 참조). 그러나 그 기록이라고 알려진 사진들은 정확히 말하면 1941년 12월 8일 미국과 전쟁을 개시할 때의 방송, 즉 개전조서 방송 이래 반복해 온 국민의례의 사진들이다. 전쟁 개시 이듬해인 1942년부터는 12월 8일 오전 11시 59분부터 12시의 시보까지, 온 국민이 라디오 앞에서 필승을 기원하는 것이 의무화되어 있었다.

규슈 비행기의 가시이 공장에서는 엄숙한 태도로 황공스러운 말씀을 들으라는 요청에도 불구하고, 왜 비행기 제조 라인에서 일하면서 옥음을 들은 것일까. 무릎을 꿇은 앞의 두 여성은 손에 공구를 쥐고 있다. 특별방송이 흘러나오는 정오시간에도 일을 놓지 못할 정도로 납기일이 촉박했던

것일까. 앞서 설명했듯이 체험자
들의 말에 따르면 종전조서가 난
해한 한문체였기 때문에 그 의미
를 알아듣기가 어려웠다고 한다.
그러면 비행기 기체에 매달리듯
이 쓰러져 울고 있는 여자 정신대
원은 종전조서의 의미를 정확하
게 알아들었던 것일까.

사진 3 천황 폐하의 조서발표 방송을 듣는 직원들(어제, 도의회 의사당에서). 《홋카이도신문》 1945년 8월 16일 제1면.

　물론 대부분의 국민은 옥음에
이어 방송된 와다 방송원의 해설을 듣고 종전을 이해했을 것이다. 그렇다
면 그 사진은 옥음방송 후 어느 정도 시간이 지난 뒤에 찍힌 것일까. 사람
들의 옥음방송 체험기를 읽고 난 후 머릿속에 그려두었던 옥음방송 장면
과 이 사진 사이에는 상당한 차이가 있음을 느꼈다. 1955년에 공개된 이
래 지금까지 수천만 명의 신문 독자들은 이 사진을 부자연스럽다고 여기
지 않았던 것 같다. 전쟁을 모르는 세대인 나만이 이 사진을 부자연스럽
게 여기는 것일까. 이런저런 생각을 하면서 사진 속의 쓰러져 우는 여자
정신대원을 반복해서 보았다. 그러다 《홋카이도신문》의 옥음사진 조작사
건에 대해 알게 되었다. 역사적 순간을 담아냈다고 알려진 기록사진이 사
실은 꾸며진 것임을 1995년에 밝혀냈다는 것이다.

2장

짙은 갈색 기억, 《홋카이도신문》의 옥음사진

《홋카이도신문》의 옥음사진 조작사건과 관련된 사진에는 "라디오 앞에서 쓰러져 우는 어린 국민"이라는 설명이 붙어 있다. 1945년 8월 15일 정오, 옥음이 흐르는 라디오 앞에서 쓰러져 우는 소년들의 모습을 담은 이 감동적인 사진은 옥음방송 다음 날인 8월 16일자 《홋카이도신문》 조간에 게재되었다(사진 4). 기사 표제는 "모두가 죽어 마땅하다. 하늘의 말씀에 조아리는 아이들 무리"였다. 또 다른 한 장의 사진, "삿포로 야스쿠니 신사 앞에서 묵도하는 세이슈(靜修) 여학교 학생"이라는 사진과 나란히 게재되어 있었는데, 사진 밑에 "어린 마음에도 울려 퍼지는 천황의 마음—결의도 새롭게 어린 학생들도 일치단결"이라는 기사가 있었다.

엄숙히 기미가요가 연주된 뒤, 삼가 머리를 수그린 어린아이들의 귀에 황공스럽게도 라디오는 옥음을 전해왔다. 이날 삿포로시 니시소세이국민학교[10]에서

사진 4 삿포로 야스쿠니 신사 앞에서 사과드리는 세이슈 여학교 학생들(왼), 죽음으로도 보답
하지 못한다—천황 목소리에 무릎 꿇는 아이들 무리(오). 《홋카이도신문》 1945년 8월 16일
제2면.

는 어린아이들이 모두 이 방송을 놓치지 않도록 하게 훈련기간 중인 각 분산
학급에서 배청하도록 통보함과 동시에 선생님들도 어린아이들과 함께 방송을
들었다. 5학년 남자 분산학급 제2교실의 가타기리 군을 비롯한 9명의 어린아
이들은 가타기리 군의 집에 모여서 가타기리 군의 아버지와 히라사 선생의 지
도로 삼가 이 방송을 배청했다. 성전(聖戰) 4년, 비록 지금 배청하는 말씀을
어린 마음에 아직 깊이 이해하지는 못하지만, 어린 귀로 옥음을 배청하는 고
마움, 성단(聖斷)의 중대함, 그리고 민초를 생각해주시는 마음에 대한 송구
스러움으로 어린아이들은 가슴이 터질 듯한 감격으로 충만되었다. 어린아이
들은 방송 종료 후 천황 폐하의 사진을 내건 방에 정좌하여 가타기리 군의 아
버지와 히라사 선생에게 조용히 이야기를 들었다. 그리고 이날을 잊지 않고
국체 지켜내기를 몸으로써 진행할 결의를 굳히고, 내일부터는 다시 태어난 기

---

10 | 1941년 일본은 소학교(小學校)의 명칭을 국민학교로 개칭했다. 소학교를 대신하는 국민학교의 성립
은 단순한 명칭 변경이 아니고 초등교육의 전반적인 개혁이며, 전체주의 체제에 맞는 국민교육을 위한
것이었다. 그 후 1947년 국민학교 명칭은 다시 소학교로 변경되었다.

분으로 지금보다 한층 자신들의 일상생활을 긴축하자고 다짐했다. 또 어디까지나 아버지나 어머니, 선생님이 하신 말씀을 잘 지키고 공부와 체력단련, 식량증산에 일치단결하여 더욱 힘써서 폐하의 마음을 안심시키자고 맹세했다.

이 기사는 옆에 게재된 옥음사진을 해설하고 있는 것처럼 보인다. 기사를 출고한 사회부 기자 와타나베 게이코(당시 25세, 2004년 사망)는 홋카이도신문사의 종전 50년 특집에서 다음과 같이 회고했다.

종전과 관련된 이야기는 이미 2, 3일 전 부서회의에서 사회부장에게 전달받았다. 학교 담당인 나는 주로 서민들이 사는 니시소 지구에서 취재하기로 마음먹었다.

그러나 와타나베는 사진 촬영과 관련된 기억을 갖고 있지 않았다. 그날은 여름방학 중이어서 아이들의 모습도 드문드문했다고 한다. 방송을 기다리는 동안, 교사들에게 무슨 일이 있느냐는 질문을 받았다고도 기억했다. 이윽고 방송이 시작되었고 옥음방송 종료 후 교사의 훈시를 듣고 나서 아이들이 울었다고 한다.

침잠하는 어린 국민의 기억

1995년 8월 15일자 《홋카이도신문》 조간 별쇄 종전 특집의 톱 페이지에는 "침잠하는 어린 국민의 기억"이라는 표제로 어린 학생들의 사진과 와타나베의 기사 요지가 크게 실렸다.

그러나 기사를 음미해 읽어보면, 사진과 기사의 대응이 어딘가 어색하다. 특집 담당기자는 기사와 어린 학생들의 사진이 잘 맞지 않는다는 사실에 주목하지 않았던 것 같다. 이듬해 정리된 홋카이도신문사 편 『300자로 말하는 쇼와 20년』(1996)에서도 그 기사와 사진은 함께 묶여 소개되었다.

> 와타나베 씨는 삿포로시 니시소세이국민학교에서 옥음방송을 들었다. (중략) 와타나베 씨는 사진의 장면을 잘 기억하지 못했지만, 학교 건물에 세워 놓았던 방공용 물통, 죽창(竹槍) 등은 뇌리 속에 새겨두고 있었다.

기사만으로 판단하면 와타나베 기자는 8월 15일 오전 중에 니시소세이 국민학교를 방문하여 취재처를 결정하고, 정오에 분산학급의 학생인 가타기리 군의 집에서 옥음방송을 들었을 것이다. 와타나베는 사진 촬영을 한 기억은 없지만, 사진과의 정확성을 생각하고 자신의 기사와는 별도로 학교에서의 옥음방송 체험을 뇌리에 그려낸 것 같다. 와타나베의 사례는 단편적인 세부에서 전체적인 기록이 구축되는 과정을 잘 드러내고 있다. 즉이 옥음사진은 반세기 후 와타나베의 기억까지 구속하고 있었던 것이다.

와타나베 기자처럼 옥음을 체험한 세대의 옥음방송에 대한 기억은 전후 반세기 동안 매스미디어가 구축한 결과다. 자신과 관계가 없는 영상인데도 이 같은 사진을 보는 순간, 수십 년 전의 기억이 세세히 선명하게 살아나는 체험을 많은 사람이 했을 것이다. 옥음방송뿐만 아니라 안보투쟁[11]이나 도쿄올림픽, 학원분쟁[12], 오사카 만국박람회와 같은 국민적 사건은 다큐멘터리 영화나 텔레비전 뉴스로 반복해서 방영돼왔다. 게다가 그 시대나 사건을 다룬 드라마나 소설도 많이 유통되었다. 우리는 미디어가 정리하고 재편한 기억(역사) 위에 자신의 체험을 들어앉힐 위치를 찾곤 한다. 동시대를 산 인간의 기억도 미디어가 재편한 '역사화한 기억'의 틀에서 자유로울 수 없다.

당연히 옥음체험은 모든 국민에게 공통된 체험이 아니다. 각자 다른 상황에서 다르게 받아들였을 것이고 다르게 생각했을 것이다. 개인의 기억은 점차 희미해지지만, 세대에는 공통된 기억이 지속적으로 요청됨으로써 사람들은 "그 전쟁을 모두 함께 체험했다"는 말을 집적해나간다. 그렇게 해서 개인의 기억은 기록 문집이나 기념비, 소설이나 드라마로 의미를 부여받고, 저널리스트 자신의 기억도 거기에 휘말려들면서 인용이나 이중인용이 반복되고, 서서히 국민의 '역사적 기억'으로 구축된다.

"짙은 갈색 기억"의 거짓말

우리는 '백문이 불여일견'이라면서 '말보다 나은 증거'로 보도사진을 중시하곤 한다. 기사와 사진이 지면에 나란히 놓였을 경우 양쪽을 무조건 관련짓기도 한다. 어떤 경우에는 기사보다 사진을 더 믿기도 한다. 하지만 이번 특집의 경우 정확한 사실을 전한 것은 사진보다는 기사였다.

어린 학생들을 찍은 옥음사진은 홋카이도신문사 사진부원이었던 니시

---

11 | 1960년 일본이 반공노선에 가담하는 미일상호방위조약 개정에 반대하여 일어난 시민 주도의 대규모 평화운동.

12 | 1960~1970년대에 일본 대학생들이 벌인 일련의 사회참여운동, 좌파운동, 학생운동 등을 통칭한다.

무라 히데노리(당시 31세, 1980년 사망)가 촬영했다. 이 사진은 귀중한 기록으로서 『삿포로문고』(홋카이도신문사) 등 전후 역사를 다룬 각종 출판물에도 실렸다. 홋카이도신문사의 종전 30주년 특집 인터뷰에서 니시무라는 다음과 같이 말했다.

> 삿포로 거리는 사람들의 왕래가 거의 없었고 조용했다. 무엇인가 찍지 않으면 안 된다고 생각해서 땀에 흠뻑 젖을 정도로 자전거를 타고 갈 때, 나의 뇌리에 번쩍 떠오른 것은 라디오 탑이었다. 한참을 갔더니 상상대로 민가의 벽에 설치된 라디오 탑에서 흐르는 옥음에 어린 학생이 머리를 떨구고 있었다. 정신없이 셔터를 눌렀다.

이것도 구축된 기억이라고 불러야 할까. 이 사진의 인상이 너무 강렬했기 때문일 것이다. 니시무라가 인터뷰한 지 20년이 지나서 《홋카이도신문》은 전후 50년을 기념하여 8월 저널리즘 특집의 일환으로 이 사진의 현장을 찾아냈다.

"짙은 갈색의 기억"이라는 제목의 특집기사에서 아이들이 귀를 기울인 라디오 탑이 삿포로시 주오구에 있다는 사실을 확인했다. 지면에는 니시소세이국민학교 졸업생들이 옥음방송을 청취했는지에 대한 조사결과도 게재되었다. 하지만 모두가 사진 속의 소년들을 본 기억이 없다고 답했다. 시간의 벽이 너무 두터웠던 탓이었을까.

포즈를 강요당한 소년들

　　　　　　　　　　　　　　그러나 이 시간의 벽은 쉽게 허물어졌다. 종전 50주년 기념특집을 실은 2개월 후인 1995년 10월 8일《홋카이도신문》은 신문주간 특집으로 제2사회면 톱에 충격적인 기사를 게재했다 (사진 5). 해당 사진을 중심으로 "역사적 순간은 꾸며진 것이었다", "갈색의 사진, 패전에 우는 소년들은 연출된 것", "소년들은 알지 못하고 포즈", "당시 소년 2명 건재—오랫동안 마음의 상처"라는 큰 표제가 붙어 있었다.《홋카이도신문》8월 종전 특집호를 본 사진 속의 주인공들이 이름을 대며 나타났던 것이다. 뒷줄에서 모자로 얼굴을 가리고 있는 사토 세이로쿠(전 도토대학 교수, 당시 61세)와 가토 히로미치(전 홋카이도 전력 상무, 당시 62세)는 당시 국민학교 6학년이었다. 가토는 다음과 같이 증언했다.

　그날 집 앞에서 사토 군과 놀고 있었는데 신문사 사람이 와서 사진을 찍자고 부탁했다. 50미터 떨어진 라디오 탑까지 우리를 데리고 갔다. (중략) 라디오 탑까지 따라갔지만 라디오에서 나오는 방송의 의미는 몰랐다.

또 다른 주인공인 사토는 이렇게 말했다.

　사진에 있는 사람이 나인 것은 확실하다. 그러나 잊어버리고 싶은 사진이다. (중략) 왜 눈물을 흘리는 모습을 보여야 하는지도 모른 채 하라는 대로 했다. (중략) 종전기념일에 내 사진이 신문에 실릴 때마다 도망가고 싶었다. (중략) 카메라맨의 요구에 따라 아무것도 모르는 채 포즈를 취한 것이다.

사진 5 신문주간을 맞아, 취재현장에서.《홋카이도신문》1995년 10월 8일 제2사회면.

사진에 대한 증언은 여기에 그치지 않았다. 더 놀랄 만한 사실은 앞줄에 있는 두 명에 대해서 두 사람 모두 기억이 없다고 말한 점이다. 기자는 합성사진의 가능성을 시사했다.

당시 보도사진이 군부에 의한 보도관제 아래서 무단으로 합성되어 게재됐다는 것은 널리 알려진 사실이다.

보도사진의 합성 이상으로 놀랄 만한 일은 이러한 사진에 대한 낮은 이해도다. 직립부동으로 정렬하고 있는 모습으로 보아 옥음방송이 끝나고 기미가요가 흐른 직후의 사진으로 받아들일 수 있을 것이다. 그 단계에서 쓰러져 우는 소년은 옥음방송의 내용을 이해한 것일까. 하나하나 따져보면 이 사진은 의심스럽기 짝이 없다. 하지만 이러한 사진의 트릭이 반세기가 지나서야 밝혀졌다니, 사진에 대한 사회의 이해도가 낮다고 말할 수밖에 없다. 그것도 옥음방송이라고 하는 많은 국민이 체험한 사건의 사진에 대해서 말이다. 이런 상황이면 '혹시 나머지 무수히 많은 집단적 기억도……' 하는 불안감을 떨치기 어렵다.

3장

8월 15일의 규슈 비행기 공장

《홋카이도신문》의 어린 학생들의 사진 사건을 알고 난 뒤,《아사히신문》의 여자 정신대원 사진에 대한 의문도 커졌다. 그래서 아사히신문사에 그 사진의 이력을 조회했더니 굉장히 상세한 답신이 왔다. 요지는 다음과 같았다.

《아사히신문》도쿄 본사에는 원본 필름이 없고 인쇄본만 보존되어 있다고 한다. 게재 사진은 트리밍(잘려져) 처리되지 않았다. 촬영한 카메라맨 등 사진의 이력에 관한 기록도 없다. 다만 사진 뒷면에 "30. 8. 16 입수" 낙인이 있고, 낙서처럼 연하게 "赤人[13]"이라고 적혀 있다고 한다. 그 밖에 사진 게재 위치를 지정한 필적이 있으며, "夕社3(?)[14]"이라는 면 지정과

---

13 | '赤人(아카히토)'란 성 또는 이름이 아닌가 추측된다.
14 | 저자도 이것이 의미하는 바를 정확하게 알지 못해 괄호를 치고 물음표를 표해두었다.

함께 "25년 전 종전방송을 들으면서 제작 중인 비행기 옆에서 눈물을 흘리는 여자 정신대원(규슈 비행기의 가시이 공장에서)"이라는 해설이 붙어 있다고 전해왔다. 종전 25주년 기획으로 1970년에 발행된 신문 어딘가에 재게재된 것으로 추측했다. 그리고 1955년 8월 15일자 그라비어의 사진 설명(제7면) 말미에 "사진은 군인이 소장한 것, 미 해군이 촬영한 것, 기타 관계자에게 제공받은 것"으로 되어 있으며, 가시이 공장의 사진도 반드시 아사히신문사의 사진부원이 촬영한 것으로 규정하고 있지 않았다. 8월 15일 정오의 라디오 방송 내용은 신문사 관계자라면 알고 있었을 것이고, 카메라맨을 파견하는 것도 가능했겠지만 신문사 사진기자가 찍었다고 하기에는 타이밍이 너무 잘 맞았다는 느낌을 주었다. 공장 관계자가 소유하고 있던 사진을 빌려서 게재한 것이 아닌가 의심할 수도 있을 정도였다.

분명 이 사진의 이력은 불분명하다. 즉시 규슈의 가시이 공장 현장에 가기로 결심했다. 가시이 공장은 가시이 공단으로 바뀌어 있었지만 후계 회사인 와타나베 철공주식회사는 남아 있었다.

규슈 비행기와 근해 방위의 최후 카드 '도카이'

규슈 비행기 가시이 공장의 전신인 와타나베 철공소는 1886년 와타나베 도키치 본점의 부속 공장으로 하카타 니시마치에서 문을 열었다. 육군 장갑차 등을 제조했는데 1916년에는 합자회사 와타나베 철공소가 되었고, 1919년 주식회사로 재편되어 본격적인 해군 지정 공장으로 발전했다. 군용기 제조회사로는 육군기를 제조하는 다치아라이 제작소를 계열회사로 갖고 있었지만 1,200기가 생산된 수상정찰기 E13A와 미국의 B29폭격기 대응을 위한 전투기 신덴(J7W1) 등의 해군기도 제작하고 있었다.

1943년 10월에는 늘어나는 항공기 수요에 맞추기 위해, 수중병기 부문은 규슈 병기주식회사가, 비행기 부문은 규슈 비행기주식회사가 분담하게 했다. 와타나베가 두 회사의 사장을 겸하고 규슈 비행기의 부사장으로 야마모토 해군소장, 규슈 병기의 소장으로 미나미사토 해군소장이 각기 취임해 있었다.

가시이 공장의 사진에 내가 의혹을 품게 된 계기는 여자 정신대의 배후에 찍힌 쌍발 군용기 때문이었다. 비행기 마니아라면 특징 있는 실루엣으로 미루어 일본 최초의 대잠수함 초계기인 도카이 공장임을 쉽게 알 수 있을 것이다. 도카이는 적의 잠수함을 놓치지 않도록 기수 부분을 유리로 잠자리 머리처럼 만들어 넓은 시야를 확보한다. 그러나 도카이라는 명칭조차 몰랐던 나에게 그 기체는 중폭격기처럼 보이기도 했다. 제공권을 잃고 패전에 가까웠던 그때 이러한 비행기를 왜 만들고 있었을까 의심되었다. 전쟁을 경험하지 못한 세대다운 의문이었다.

규슈 비행기회사를 조사하면서 흥미로운 사실을 알았다. 최신병기인 자기 탐지기를 탑제한 도카이는 일본 해군이 근해 방위의 마지막 카드로 내놓은 대잠수함 초계기였다. 1942년 6월, 미드웨이해전에서 제해권을 잃은 해군은 본토 근해까지 넘보는 미국 잠수함의 침입을 막기 위해 본격적인 대잠초계기가 필요했다. 같은 해 9월 와타나베 철공소에 초계기 시험제작 지시가 내려왔고, 다음 달인 10월에 정식발령이 내려졌다. 저속으로 10시간 이상의 항속시간을 확보하고, 급강하 폭격으로 대잠수함 공격을 만족시키는 시험 비행기 1호기는 1943년 12월에 완성되었으며, 시험 비행을 끝낸 후 1944년 4월 생산에 들어갔다.

도카이의 제식 채용은 1945년 1월이지만 전년도 10월 군사령부에서는 도카이 700기, 도카이 연습기 400기 생산을 예정하고 있었다. 그 숫자로 미루어 기대가 컸던 것으로 짐작할 수 있다. 1945년 4월에서 7월까지 매월 60기, 8월에는 63기의 생산명령이 내려졌다. 하지만 실제로 생산된 것은 시험 제작기와 연습기를 포함해 153기에 불과했다. 1945년도의 월별 실적은 4월에 6기, 5월 4기, 7월 2기, 8월 4기 등 모두 21기였다. 미군 폭격이 빈번했으나 규슈 비행기 공장과 그곳에 인접해 있던 규슈 병기 공장은 폭격당하지 않았다. 미군이 조선반도의 전후 처리와 관련해 이 공장을 접수하고 이용할 생각을 했기 때문이라고 알려져 있다.

당시 8월 15일에도 도카이의 제조가 진행되고 있었음을 확인할 수 있었다. 규슈 비행기 공장의 또 하나의 걸작품 신덴도 그 당시 생산할 체제를 거의 갖추고 있었다. 기수에 작은 앞날개를 달고 꼬리 부분에 추진식 프로펠러를 장착하여, 제트기 같았던 신덴은 옥음방송 12일 전에 첫 비행을 했다. 1945년 8월 3일 오후 3시쯤, 이타즈케 비행장에서 날아간 특이한 전투기에 후쿠오카 시민들은 크게 놀랐다고 한다.

동원 학도들의 증언

이 규슈 비행기주식회사는 전쟁이 끝난 뒤 규슈 철공주식회사를 거쳐 1949년 다시 주식회사 와타나베 철공소가 되었고, 1985년에 와타나베 철공주식회사로 사명을 바꿔 오늘에 이른다. 가시이 공장의 옥음사진의 근거를 묻고자 메일로 문의했다.

다음 날 와타나베 히데오 사장이 보낸 정중한 답신을 받았다. 조사에 적극적으로 협력하겠다는 내용이었다. 그러나 많은 자료가 소각되거나 미군에 접수되었고, 당시를 기억하는 직원들은 고인이 되었을 것이라고 말했다. 정보를 얻을 수 있는 사람은 동원되었던 공원들 그리고 학생들뿐이었다. 당시 규슈 비행기 공장과 규슈 병기 공장에는 약 3만 명에서 5만 명이 근무했다고 한다. 동원된 학생들의 학교였던 가시이중학교, 벳푸 고등여학교, 이즈카 고등여학교 등의 동창회도 와타나베 사장을 통해 조회했다.

그렇게 해서 가시이 공장에서 겪은 근로동원 체험을 기반으로 자전적 소설 『편히 잠드소서 Q1[15]』(《규슈문학》 제500호)을 쓴 하나다 마모루(花田衛)의 이름이 떠올랐다. 하나다는 1945년 가시이중학교 2, 3학년 때 가시이 공장에서 도카이의 기체를 만드는 일을 했다. 전후에는 니시니혼신문사에 입사하여 편집위원, 사진부장 등을 역임한 인물이다. 그의 자전적 소설은 가시이 공장에 동원된 중학생들의 모습을 생생하게 묘사한다. 하지만 아쉽게도 하나다는 옥음방송을 공장 근처 산속에 만들어진 소개공장에서 들었다고 한다. 하나다는 8월 15일 가시이 공장에서 작업했던 이네나가 다다시와 니시 겐지를 소개해주었다. 2005년 3월 4일, 나는 후쿠오카시 문학관에서 와타나베 사장, 하나다, 이네나가, 니시와 가시이 공장에서의 8·15에 대한 녹취작업을 했다.

참석했던 사람들은 《아사히신문》이 게재한 가시이 공장 사진에 대해 내

---

15 | Q1은 도카이의 다른 이름이다.

가 얘기할 때까지 존재를 몰랐다고 한다. 그러나 사진을 보자마자 의장공장의 도카이임에 틀림없다고 입을 모았다. 특징 있는 실루엣은 그들의 눈에 새겨져 있었다. 하나다 등은 종전 1년 전 가을 가시이 공장에 파견되어 공원들의 지도를 받으며 작업을 했다. 이네나가는 그 의장공장에서 기체의 조합을, 니시는 인접한 도장공장에서 완성된 기체에 페인트칠을 했다. 니시는 옥음방송 전날인 14일에는 철야작업을 했다고 한다. 그렇다고 해도 옥음방송을 공장에서 작업하면서 들을 만큼 바쁜 것은 아니었다고 했다. 하나다는 그의 자전적 소설 『편히 잠드소서 Q1』에서 나가사키에 원폭이 있었던 8월 9일쯤의 가시이 공장을 이렇게 그리고 있다.

> 이미 그 시절에는 직공들이 잇따라 (군대에) 소집되었고, 기재도 부족해서 공장의 생산능력이 많이 저하되었다. 지각을 해도 말 한마디 하는 사람이 없었다.

니시후쿠오카 고등여학교, 가시이 고등여학교 등의 여학생이나 여자 정신대원은 주로 부품 부서에 배치되었다. 니시가 작업한 도장공장에서는 공동작업을 했던 것 같지만, 이네나가가 일하던 의장공장에는 여학생이 많지 않았다. 그리고 몇 명은 부품 정리를 하고 있었다. 옥음사진 속의 두 여성은 손잡이가 붙은 공구를 잡고 있다. 줄질을 하고 있었던 것은 아닐까 짐작해볼 수는 있었다. 하지만 배경에 있는 도카이에는 엔진이 장착되어 있지 않다. 이 단계에서 줄질을 할 리 만무하다.

8월 15일 정오, 의장공장의 이네나가도, 도장공장의 니시도 공장 안의 광장에 정렬해 라디오 방송을 들었다. 의장공장에서는 너비 16미터, 전체 길이가 12.085미터인 도카이를 3기나 늘어놓고 조립하고 있었다. 공장 내부에 경보장치가 있었던 것 같지만, 공장에서 라디오 방송을 듣는다는 것은 상상할 수 없다고 한다.

옥음방송이 흐르는 라디오의 맨 앞줄에는 공장에 파견된 해군 군인이 서고, 그 뒤에 공장의 직원, 공원 그리고 동원 학생과 여자 정신대, 여학생이 차례로 정렬하고 있었다. 거리가 멀었기 때문에 니시도 이네나가도 옥음의 내용을 듣지 못했다고 한다. 다만 앞의 해군이 흐느껴 우는 소리는 분명히 기억했다. 장교 수준에서는 이미 포츠담선언 수락 정보를 입수했을 것이다. 방송 내용을 몰랐던 두 명의 학생은 해산 후 인솔교사에게 내일부터 공장에 오지 않아도 된다는 말을 듣고 집에 돌아갔다고 한다.

가부토조[16]의 독안류

동원 학도와는 달리 공장 사무실에서 옥음방송을 들은 사람들도 있었다. 독안류(獨眼流)라는 필명으로 주식시세를 예측하던 이시이 히사시 현 다치바나 증권 상담역이 그중 한 명이다. 이시이는 '가부토조의 풍운아'로 불리는데 시미즈 잇고가 쓴 『거물』(가도가와문고)의 주인공이다. 이시이가 《니혼게이자이신문》에 연재한 「나의 이력서」(1993) 연재 5회에 8월 15일의 가시이 공장이 등장한다. 당시 이시이는 고등소학교 졸업 후 와타나베 철공소 공원을 거쳐 같은 회사 기술 간부 양성소에 입소했고, 종전시 가시이 공장 기획반에서 15명의 부하를 둔 주임을 맡고 있었다.

---

16 | 일본의 증권회사가 몰려 있는 증권가를 의미한다.

잡음으로 잘 알아들을 수 없었기 때문에 전의를 불태우려는 방송으로 착각한 사람도 있었지만, 나는 6일의 원폭투하 이후 폭격이 끊어졌을 때부터 항복교섭을 하고 있는 것이 틀림없다고 생각했다. 희미하게 포츠담이라는 말이 들려 패전을 확신했다.

동원 학도들보다는 이시이가 패전시의 공장 사정에 정통한 것은 틀림없다. 2005년 3월 18일 나는 다치바나 증권 별관에서 이시이를 만났다. 그도 《아사히신문》의 가시이 공장 옥음사진은 처음 본다고 말했다. 그는 "확실히 도카이구나"라며 그리운 듯이 60년 전을 회상했다.

이시이는 당시 6월까지 의장공장에서 현장감독을 했다고 한다. 8월 15일에 카메라맨이 공장 내를 촬영한 것은 기억하지 못했다.

군사기밀과 관계되는 공장 내에서, 최신예 비행기의 기체를 촬영하려면 특별 허가가 필요했을 텐데…….

물론 공장 관계자가 사적인 촬영을 했을 수는 있지만 허가를 받지 않은 촬영은 스파이 행위로 오인받을 수도 있다. 공장에서 사진을 촬영할 수 있는 사람은 후쿠오카 군수 감리부의 허가를 받은 보도 관계자로 한정될 수밖에 없었다. 사진을 보면서 이시이는 다음과 같이 말했다.

자연스럽지가 않다. 게다가 '그때'의 사진도 아닌 것처럼 보인다. 좀더 전에 찍은 것일까.

이시이는 자신이 공장에서 기획반으로 옮긴 6월부터 종전 시기인 8월 사이에 촬영된 '전의 고양 사진'이 아닐까 추측했다. 그의 말대로 이 사진이 8월 15일 이전에 촬영되었을 가능성을 부정할 수 없다. 실제 규슈 비행기 공장을 무대로 한 전의 고양 사진은 아사히신문사의 도미시게 특파원에 의해서 촬영되었다. 가미카제 머리

사진 6 가미카제 띠를 맨 생산전사(生産戰士)들에게 환영을 받고 공장에서 출하되는 비행기(규슈 비행기 모 공장에서), 도미시게(富重) 특파원 촬영, 《아사히신문》 토쿄 본사판, 1945년 1월 4일 제2면.

띠를 한 여자 정신대원이 만세를 하며 비행기를 내보내는 사진(사진 6)은 1945년 1월 4일자 《아사히신문》 도쿄 본사판에 "결전장에 잘 가거라, 첫 출하"라는 제목으로 게재됐다. 가시이 공장의 사진도 예를 들어 사진 설명을 "가미카제 특공의 성과에 감격해 눈물을 흘리는 여자 정신대원"으로 바꾸면 전의 고양 선전에 사용된 사진으로 보아도 전혀 이상하지 않다. 가미카제 머리띠를 한 여자 정신대원이 비행기에 기원을 바치는 사진(사진 7)이 "가라, 특공기, 신의 독수리 밑으로"라는 제목으로 게재된 것은 오키나와전이 한창인 4월 27일이었다.

'광장에서 옥음방송을 들은 후 공장으로 돌아와 기체에 매달려 쓰러져 울었다'고 생각하기에는 확실히 무리가 있다. 쓰러지듯이 울며 공장 안으로 들어간 그녀들이 무슨 이유로 손에 공구를 잡고 있는 것일까. 옥음방송 직후라고 생각하면 더욱 어색해지는 장면이고 이해하기 어려운 행동이

사진 7 새벽의 어둠 속, 비행기 공장에서 완성된 특공기로 적함(敵艦)을 침몰시킬 것을 경건하게 기원하는 가미카제 정신대, 미야시게(宮重) 보도반원 촬영, 《아사히신문》 토쿄 본사판, 1945년 4월 27일 제2면.

다. 또 머리띠에 쓰인 가미카제가 지나치게 선명한 것도 지나칠 수 없다. 최초의 가미카제 특공대 출격은 1944년 10월 25일, 여름 옷차림인 이 사진이 그해 여름에 촬영되었다고는 생각할 수 없다. 그렇다면 1945년 6월 이후에 촬영된 것이 확실하다.

1944년 가을부터 전쟁이 끝날 때까지 의장공장에서 일한 이네나가에게도 7월에 그러한 선전 촬영이 있었다는 기억은 없다. 어쨌든 8월 15일에 가시이 공장에 있던 이네나가도 니시도 이시이도 신문기자나 카메라맨을 목격하지 않았다는 것이다. 이상의 증언내용을 종합하면 사진 속 주인공들이 '옥음방송을 듣는' 여자 정신대원이 아닌 것은 틀림없어 보인다.

《니시니혼신문》의 기념사진

여기서부터는 나의 추론이다. 나는 이 사진이 옥음방송 후 수시간이 지난 8월 15일 오후에 군사기밀 유지가 필요없어진 공장에서 망연자실해 있는 여자 정신대원을 모아서 촬영한 것으로 추정한다.

그러면 누가, 무슨 목적으로 이 사진을 촬영했을까. 실은 이 사진과 한 벌이라고 여겨지는 사진, 즉 가미카제 머리띠를 맨 그 여학생들을 찍었다고 생각되는 사진을 만났다. 1945년 8월 17일, 옥음방송이 있은 지 이틀 후,

사진 8 비행기를 만들던 직장에서 결별의 기원, 《니시니혼신문》 1945년 8월 17일 제2면.

《니시니혼신문》 제2면에 게재된 "비행기를 만들던 직장에서 결별의 기원" 이라는 제목이 붙은 사진이다(사진 8).

저 비행기도 이 비행기도 우리가 만든 것. 비행기와 이제 헤어지지 않으면 안 된다. 밤낮을 가리지 않고 열심히 일했지만 그 힘이 아직 부족해 마침내 오늘 에 이르렀다. 울어도 울어도 눈물이 나오지만 울고만 있어서는 안 된다. 입술 을 깨물고 이를 악물고 참지 않으면 안 된다. 그리고 앞날을 위해 신에게 기도 할 뿐이다(사진은 비행기에 기원하는 여자 학도들).

이 사진은 여학생들의 슬픈 마음을 드러내기 위해 찍었다기보다는 단지 그런 모습을 보여주기 위해 찍은 포즈사진인 것처럼 보인다. 우선 기체와 그 앞에서 손을 모으는 여학생 두 사람이 프레임에 잘 맞추어져 있는 것으 로 미루어 카메라맨은 바로 옆에 서 있었을 것으로 짐작된다. 게다가 여 학생의 표정을 아주 잘 잡은 것을 보면 바로 앞에서 셔터를 누른 듯하다.

여학생들은 카메라로 촬영하는 모습을 보았던 것이 확실하다. 포즈를 요청했는지는 단정할 수 없지만 여학생들은 사진 촬영을 하고 있다는 것을 의식하고 있었을 것이다. 선거보도에서 필승을 기원하는 포스터나 인형과 함께 같은 프레임에 잡힌 당선자의 만세 사진과 비슷하다. 무엇을 기원하고 있는 장면을 잡은 기념사진이라기보다 무엇을 남기려 한 기념사진이라고 보는 편이 낫다.

  단순히 포즈를 취한 기념사진이라고 해서 문제의 가시이 공장 옥음사진과 한 벌이라고 말하는 것은 아니다. 두 사진을 놓고 원래 한 벌의 사진이 아니었을까 추측한 것은 나름대로 근거가 있다. 《니시니혼신문》에 사진과 기사가 실리기 하루 전인 8월 16일에 이 신문 제2면에는 "제작된 비행기에 보내는 사랑의 합장—무념, 피눈물 자아내는 직장"이라는 기사가 실렸다. 그 기사는 옥음방송 후 공장의 모습을 자세하게 전하고 있다. 하지만 기사에 첨부된 사진은 도쿄에서 보낸 황궁 앞의 사진(사진 9)과 후쿠오카 시내에서 사람들이 서서 라디오를 듣고 있는 사진 등이었다. 사진 9가 같은 날짜《교토신문》제1면에도 동일한 캡션으로 게재된 것으로 미루어 동맹통신사가 전송했다고 생각할 수 있다.

  8월 17일의 합장 사진(사진 8)은 16일자의 이 기사를 위해서 촬영되었을 것이다. 그런데 무슨 이유에서인지 16일 지면에는 이 사진이 게재되지 않고 전혀 관련없는 사진(그림 9)이 실렸다. 이해를 돕기 위해 16일자 2면 기사를 좀 더 자세히 인용해보자.

  내일의 비행기 10대보다는 오늘의 1대가 더 중요하다는 생각으로 밤샘에 밤샘을 거듭해왔다. 숨쉴 틈도 없이 비행기 생산에 들인 노력도 허무하게 성단이 내려졌다. 조칙의 옥음을 라디오를 통해서 배청한 국민은 하나같이 무념의 눈물로 지샜지만, 그날도 비행기 공장에서 망치를 휘두르며 줄질하던 학도, 여자 정신대원과 공원 등 산업전사들은 누구보다 더 피눈물을 흘렸을 것이다. 정오의 방송이 끝나고 남녀 산업전사들은 무거

사진 9 궁성 앞에서 국체호지를 기원하는 백성들, 《니시니혼신문》 1945년 8월 16일 제1면.

운 다리를 공장으로 옮겼다. 듀랄루민 부품에 쓰러져 우는 여자 학도, 창밖의 일각을 응시하며 우는 남자 학도 그리고 충성하는 마음으로 혼을 넣어 만든 비행기의 동체 앞에 앉아서 합장하는 자, 드릴이나 망치를 손에 든 채 망연히 서 있는 공원. 보는 이로 하여금 시선을 돌릴 수밖에 없게 하는 그날의 비행기 공장 풍경이다. 후쿠오카 제1741공장 공작과장 나가사와 기사는 분노의 눈물에 숨막혀 하면서 다음과 같이 말했다. "원자폭탄을 적이 사용한 이래, 공습경보 중에 조업을 하는 것은 매우 위험한 일이었습니다. 그럼에도 남자 공원들은 직장을 사수할 것을 맹세했습니다. 상황은 악화되었지만 산업전사들의 투혼은 오히려 활활 타올랐습니다. 추석연휴 3일째지만 우리 공장은 하루도 쉬지 않고 비행기 한 대 한 대에 온 힘을 집중하고 열심히 일했습니다. 하지만 천황의 말씀을 듣고는 모두 할 말을 잃었습니다. 모두 울고 울고 울 뿐입니다. 유감스럽습니다."

후쿠오카 제1741공장이란 후쿠오카 군수 감리부 관할하의 군수공장에

붙인 비밀 이름이다. 규슈 비행기의 가시이 공장의 경우 후쿠오카 제1032 공장으로도 불렸다. 그렇다면 이 기사는 종전 당시의 가시이 공장의 상황을 전하는 기사가 아님은 분명하다. 그렇다고 이 기사를 후쿠오카 제1741 공장 풍경을 전하는 기사라고 확언하기도 힘들다. 예를 들어 사진이나 기사와 관계없이 적당한 코멘트를 넣기 위해 알고 지내던 나가사와 과장에게서 이야기를 들었을 가능성도 배제하기 어렵다.

니시니혼신문사에 문의해보았다. 당시의 사진은 전후의 혼란으로 없어져서 해당 사진에 관한 이력은 알 수 없다는 답을 받았다. 또 당국에서 제공된 사진일 가능성도 있다는 언질도 받았다. 그렇다면 이 옥음사진도 전의를 고양시키기 위한 프로파간다(선전) 사진일 가능성이 높은 셈이다.

훨씬 단순하게 말할 수도 있다. 동일 지면에 기사와 사진이 나란히 있으면 우리는 보통 같은 대상을 말한다고 믿고 의심을 하지 않는다. 하지만 《홋카이도신문》의 포즈사진이 그랬던 것처럼, 그 당시 카메라맨이 기사 이미지에 맞춰 사진을 찍는 것은 일상적으로 행해졌다. 또는 사진의 이미지에서 기사를 창작해내는 일도 있었을 것이다. 즉 《니시니혼신문》의 경우도 기사에 맞는 사진을 찍기 위해 카메라맨이 후에 가시이 공장을 방문했을 가능성도 부정할 수는 없다.

그렇다면 '비행기 동체 앞에 앉아서 합장하는 것'으로 17일에 게재된 사진(사진 8)이 찍힌 이상, '듀랄루민의 부품에 쓰러져 우는 여자 학도'라는 사진도 같은 장소에서 촬영되었을 가능성이 높다.

다만 그 시대에 쓰인 기사답게 '종전방송에 쓰러져 우는 여자 정신대원'과 같은 실수는 범하지 않았다. "정오 방송이 끝나고 남녀 산업전사들은 무거운 발걸음을 공장으로 옮겼다"고 되어 있다. 즉 여기서 묘사된 광경은 옥음방송이 끝난 뒤의 것이다. 기사에 드러난 것과 같은 광경, 즉 "창밖을 바라보며 우는 남자 학도"가 가시이 공장에 실제로 있었는지에 대해서는 니시나 이네나가도 부정적이다. 가시이 공장의 사진이 《니시니혼신문》 관계자에 의해서 찍힌 것이라면 역시 창작품이라고 해야 할 것이다.

8월 15일 오후, 후쿠오카 군수 관리부 공장에서 카메라맨이 찍은 창작품 몇 장 중 한 장이 다음 17일자 《니시니혼신문》 지면을 장식했다. 그렇다면 그때 사용되지 않았던 사진 중 한 장이 10년이 지난 후, 즉 1955년 즈음 아사히신문사에 종전 기획자료로 반입되었다고 생각해도 무리가 없다. 사진 촬영 허가가 필요한 군수공장에서 수많은 카메라맨이 촬영을 했다고 생각하기는 어렵기 때문이다.

미디어 연구자의 실패

실은 여기까지 글을 쓴 단계에서 나는 미디어 연구자로서 치명적인 잘못을 하고 있음을 깨달았다. 그래서 이미 쓴 글들을 수정하고, 잘못된 앞장의 추론 부분을 지우려 했으나, 미디어 연구에 교훈을 남겨두고자 내가 실수한 기록을 전하고자 한다.

1940년 9월 1일부터 《아사히신문》의 본사 네 군데(도쿄, 오사카, 중부, 서부)의 제호는 모두 《아사히신문》으로 통일되었다. 1941년 2월호부터 오사카판 《아사히신문》 축쇄본이 정간(停刊)되어 《아사히신문》 축쇄본은 도쿄 본사판으로 일원화되었다. 이 같은 사실은 연구를 하면서 충분히 인지하고 있었다. 오늘날에도 도쿄 본사판과 오사카 본사판은 상당히 다른 편집을 하고 있다. 이번 연구를 위한 조사에서 축쇄본(도쿄 본사판)을 이용한 나도 1945년 8월의 오사카 본사판의 마이크로필름도 같이 체크할 만큼 조심했던 것도 사실이다. 종전 당시의 신문은 단 한 장만 발행했다. 사설이나 칼럼을 실은 〈가미카제보〉나 전황보도 등은 도쿄판과 오사카판이 큰 차이가 없는 탓에, 서부 본사판을 우선해서 확인하려고는 하지 않았다. 서부 본사에서 게재한 사진이라면 도쿄 본사의 상세한 이력 조사로 밝혀질 거라고 믿고 있었던 까닭이다. 그만큼 도쿄 본사의 회답은 상세했고 신뢰할 만한 것으로 여겨졌다.

또 하나 내가 이 사진을 고집한 것은 그것이 '전후 처음으로 《아사히신문》에서 게재한 옥음사진'이었기 때문이다. 나는 《아사히신문》이라면 당연히 도쿄 본사판이라는 생각을 지니고 있었다. 어쨌든 그것은 소재와 자료에 대한 예단이었다. 또 나 자신이 중앙미디어에 편향된 태도를 가지고 있었던 것도 부정할 수는 없다.

그럼에도 일단은 서부 본사에 무엇인가 실마리가 있을까 생각해서 1945년 8월 16일 전후의 서부 본사판 복사본을 입수했다. 그랬더니 서부 본사판의 1945년 8월 16일 제2면 중앙에 이 사진이 크게 게재되어 있었다 (사진 10). 군사기밀을 배려한 탓에 비행기 기종을 추정할 수 없도록 신중하게 사진을 잘라놓았다. 하지만 그 여자 정신대 사진과 동일 사진인 것은 틀림없었다. 밑에 배치된 또 한 장의 사진은 광장에 정렬해서 옥음을 듣는 공장 직원을 찍은 통상적인 보도사진인 데 비해, 위쪽 사진은 프로 카메라맨이 꼼꼼하게 촬영한 작품임에 분명해 보인다. 여기에서도 사진과 기사의 관계는 명시되어 있지 않지만, 오른쪽에 그때의 공장 모습이 묘사되어 있다. 그 기사를 읽어보면 사진과는 전혀 다른 정경임을 알 수 있다.

15일 한낮, 기타규슈 전 공장지대에는 사이렌 소리도 없고, 크레인의 굉음도 용접의 섬광도 없었다. 모든 것이 정지되고 조용해진 직장에서 학도도 여자 정신대도 공원도 똑같이 고개를 깊이 숙여 숙연한 모습으로 조서를 맞이했다. 아아, 그 순간 흘러내리는 눈물을 닦지도 못한 남자 공원과 여자 정신대원들. 돌이켜보면 12월 8일 이래 5년, 제국의 필승을 기원하여 모든 고난을 견디고 생산증강에 힘쓴 우리가 아니었던가. 때로는 혈서의 탄원서를 제출하며 잔업에 힘쓰고, 적기 아래서도 생산을 유지했던 산업전사가 아니었던가. 지금 돌이켜보면 모든 힘을 쏟아 노력했다. 하지만 황공스러운 조서를 맞이해서는 단지 영령을 애도하고 전쟁희생자에게 합장하고 국체수호, 새

사진 10 옥음을 들으며 군 비행기를 제작하던 손을 멈추고 우는 가미카제 공원들—모 공장에서(위). 방송을 듣고 격정에 못 이겨 울다—모 공장에서(아래). 《아사히신문》 서부 본사판, 1945년 8월 16일 제2면.

로운 일본 건설에 매진할 첫걸음을 지금부터 내딛는 것이다. 우리의 전도에는 지금까지보다 더 많은 가시나무가 있을 터인데, 일억이 단결하여 이 가시나무를 무너뜨리고 새로운 일본을 건설하지 않고서 무슨 낯으로 후손을 만날 수 있을 것인가. '그렇다. 일억이 단단히 힘을 합해, 새로운 일본 건설에!' 전 공

원의 미간에는 새로운 결의가 넘치고 있었다.

전의 고양의
프로파간다 사진?

즉시 《아사히신문》 서부 본사 홍보실
에 문의했다. 얼마 후 원본 사진도, 그 이력 기록도 전혀 존재하지 않는다
는 회신을 받았다. 신속하고 면밀하게 조사한 것처럼 보였다. 니시니혼신
문사의 경우와 같이 "우리 직원이 촬영한 것이 아닐 수도 있다"는 코멘트
도 있었다. 어쩌면 그 말이 맞을지 모른다. 확실히 아래의 보도사진에 비
해서 이것은 예술사진이라고 할 수 있을 만큼 높은 완성도를 보이고 있다.
그렇다면 8월 15일 이전에 '가미카제 공격에 감격의 눈물'이라고 하는 전
의 고양 목적으로 군 보도 관계자가 촬영한 선전사진일 가능성도 부정할
수 없다. "군 비행기를 제작하던 손을 멈추고 쓰러져 우는 가미카제 공원
들—모 공장에서"라는 설명을 그대로 옮겨 가미카제 공격을 찬미하는 데
도 사용할 수 있었을 것이다. 만약 해군이 사전에 신문사에 제공한 선전
자료였을 경우 같은 날짜 《니시니혼신문》의 "듀랄루민의 부품 위에 쓰러
져 우는 여자 학도"라는 전형적인 묘사도 동일한 선전사진을 본 기자가
문장화한 것이라고 이해할 수 있다.

진상은 아직도 역사의 어둠 속에 있다. 그러나 적어도 1955년 종전 특
집 때 《아사히신문》 서부 본사에는 이 사진의 유래를 알려주는 기록이 남
아 있었거나 사정을 아는 인물이 있었던 것은 확실하다. 그렇지 않고서야
1945년 8월 16일자 지면에서는 '모 공장에서'라는 설명과 함께 실렸던 사
진이, 그로부터 10년 후에는 규슈 비행기의 가시이 공장이라고 단정되어

실리기는 힘들었을 것이다. 결국 사진 한 장을 둘러싼 나의 조사는 '잘 모르겠다'라는 결론을 내리고 끝났다. 그러나 종전을 둘러싼 미디어 연구가 '모른다'는 것을 전제로 해서 출발하는 것은 적절하다고 할 수 있다. 우리 전후세대에게 종전은 알기 힘든 내용인 것만큼은 사실이다.

　이 책이 출간되고 난 뒤 이 옥음사진 또는 전의 고양 사진에 찍힌 여자 정신대원의 존재가 밝혀지기를 기대해본다. 그렇게 되면 더욱 정확한 사실이 드러날 것이다. 그러나 이 사진이 옥음방송 직후에 찍은 보도사진이 아니라는 것이 밝혀지는 것만으로도 이 책의 논의는 충분한 가치를 갖는다. 우리는 지금까지 이러한 출처 불명의 사진으로 8월 15일의 이미지를 만들어왔으니 말이다.

4장

옥음사진이 자아내는 이야기

굳이 창작을 해서까지 만든 '패자'의 옥음사진이 한 역할을 미디어론으로 정리해보자.

확실히 패자는 영상을 가지고 있지 않다. 그러나 자신들의 역사를 말하기 위해서 사진은 불가결한 수단이다. 사진은 한순간의 사건을 시간의 흐름에서 꺼내 고정시키는 개인적인 매개체로 발명되었다. 하지만 사건을 망각에서 지키는 '역사'를 낳는 매개체로 발전했다. 이렇게 해서 증거사진을 소유하는 일은 과거를 소유하는 일이 되었다. 이처럼 모든 사진에는 역사의 정치가 내재되어 있다.

앞에서도 분명히 밝혔듯이 전후 일본인들은 옥음방송을 한 8월 15일을 종전기념일로 기억하고, 전함 미주리호에서 항복문서에 조인한 9월 2일 항복기념일은 망각하고 있다. 그러나 국제적으로 보면 오늘날에도 연합국의 상당수는 9월 2일을 대일본전승기념일로 기념하고 있다. 실제로 항

사진 11 1945년 9월 2일, 미주리 함상의 항복문서 조인식에 임하는 일본 대표단(사진은 마이니치신문사 제공).

복 조인 사진은 승자의 사진으로 대량 존재한다(사진 11). 즉 연합국(현재 일본에서는 국제연합이라고 번역하지만, 연합국이 옳다) 각 대표가 사인하는 장면이 모든 각도에서 반복 촬영되었다.

교과서의 종전

촬영자도 촬영일자도 알아내기 어려운 옥음사진보다 이 항복 조인 사진이 기록사진으로 신뢰할 수 있는 것임은 말할 필요도 없다. 이 책의 마지막 장에서 자세하게 검토하겠지만, 역사교과서에서 기록사진으로 채용하고 있는 것은 8월 15일이 아니고 압도적으로 9월 2일의 사진이다.

현행 고등학교용 일본사 교과서 중 옥음사진을 게재한 교과서는 하나도 없다. 중학교에서는 『사회과 중학교 역사』(데이코쿠서원, 2003)만 싣고 있으며, 초등학교에서는 『사회 6 상』(미쓰무라도서, 2002)만이 싣고 있을 뿐이다. 그 채택률은 데이코쿠서원판 10.9%(2002), 미쓰무라도서판 2.6%(2005)로 높지 않은 편이니 교과서의 옥음사진 게재는 예외적이라고 해도 과언이 아니다. 미쓰무라도서는 강당에 모인 여학생의 사진(사진 12)을, 데이코쿠서원은 흔히 보는 거리 사진(사진 13)을 싣고 있다. 흥미로운 것은 둘 다 서 있는 모습이 아니고 정좌하고 있는 사진이라는 점이다. 후자는 1945년 8월 16일자 《마이니치신문》 도쿄 본사판 제2면에 실린 "신전에서 라디오를 듣는 오이(大井)교의 피난 학생들" 사진이다. 기사에 따르면 오이 제1국민학교의 4, 6학년 학생들은 히라야마 신사의 신전에 참배하여 정좌한 채 라디오를 들은 것 같다. 전자의 거리 사진은 동맹통신사가 촬영한 것인데 "전국의 청취자 여러분 기립하시기 바랍니다"라고 아나운서가 말하던 옥음의 순간(12시에서 12시 5분 사이)에 촬영된 것이 아니고, 정부 발표가 끝난 12시 반 정도에 촬영되었을 가능성이 높다.

덧붙여서 『소학교의 사회 6학년 상』(니혼분쿄출판, 2000)에도 데이코쿠서원에 실린 옥음사진이 사용되었지만, 2002년판에서는 사라졌다. 대신 "전쟁 중의 일상생활을 체험하자"라는 제목을 붙인 학습란에 "8월 15일 정오의 고시엔 야구장"(151쪽 참조) 사진이 사용되고 있다. 머리 스타일이나 차림새로 보아 비교적 최근 사진인 듯하다. 역사 교과서에 이처럼 현대 사진을 사용하는 것이 거북하기는 하지만, 나는 하나의 본보기로 평가하고 싶다.

사진12 불탄 자리에서 라디오를 듣는 요쓰야의 모 동네 사람들 (위). 라디오를 듣는 오이교의 피난 학생들(아래). 《마이니치신문》 오사카 본사판, 1945년 8월 16일 제2면.

사진 13 패전을 고하는 라디오 방송을 듣는 국민(동맹통신사 촬영).

단편적인 사진이 전하는
전체적인 이야기

　　　　　　　　　　그렇다고 해서 모든 옥음사진이 위조품이며 미주리 사진만 진짜라고 이야기하고 싶지는 않다. 항복문서 조인식 그 자체도 사진을 찍기 위한 정치의식이며, 미디어 이벤트라고 주장하는 것도 미디어론으로 보면 맞는 말이다.

　다른 각도에서 이 이야기를 계속해보자. 사진은 개인의 기억처럼 연속적인 경험의 흐름을 따라가는 그런 매체가 아니다. 상호 관련이 없는 순간의 사건을 불규칙적으로 제시하는 미디어다. 그 때문에 '이야기＝역사'에서 잘라낸 한 장면의 사진을 이해하려면 전체 이야기에 대한 이해가 전제되어야 한다. 즉 한 장의 기록사진으로부터 의미를 읽어내기 위해서는 기록된 사건의 과거와 미래까지 제시되어야 한다.

쉬운 예를 들어보자. 미국의 미디어가 '진주만 공격의 재연'이라고 보도한 9·11의 사진이 있다고 하자. 2001년 9월 11일 오전 9시 3분(미국 동부 시간) 유나이티드 항공 175편이 국제무역센터 빌딩을 들이박은 순간을 찍은 사진이다. 이것을 '동시다발 테러 사진'이라고 이해하려면 적어도 전후 세 가지 사건을 아는 일이 전제되어야 한다. 오전 8시 46분 아메리칸 항공 2편이 북쪽 빌딩에 충돌했고, 오전 9시 38분에는 아메리칸 항공 77편이 미 국방성 빌딩을 박았으며, 오전 10시에 유나이티드 항공 93편이 펜실베이니아주에서 추락했다는 것을 알아야 한다.

이 한 장의 사진을 올바르게 이해하려면 그것을 연속적인 시간과 공간 축의 좌표에 배치해야 하는 것이다. 더 깊이 통찰하려면 제2차 세계대전 이후 미국이 전개한 중동정책에 대한 체계적 지식이 필요하다. 즉 카메라가 잡아낸 그 순간은 독자가 공간의 확대와 시간의 길이를 읽어야 올바른 의미를 가질 수 있는 것이다.

전후를 위한 프로파간다 사진

그렇다면 그 옥음사진도 1945년 8월 15일 정오 4분 37초라는 시간과 규슈 비행기 가시이 공장이라는 공간에서부터 해석이 이뤄져야 한다. 4분 37초의 옥음방송으로 전전과 전후가 나뉜다면 이 사진은 분명히 전후의 문맥으로 해석돼왔다. 그런 의미에서 촬영자의 의도가 어떠했든 간에, 전후를 향한 전의 고양의 프로파간다 사진으로 이용돼왔다고 할 수 있다. 종전 직후 다양한 패전 원인론이 발표되었지만, 일본 국민이 패전을 당연시하고 받아들인 직접적인 원인은 원자폭탄이라는 과학기술과 비행기를 비롯한 생산력의 격차였다. '비행기에 비는 여자 학도들(사진 8)'의 사진 설명을 그런 관점에서 다시 읽어보면 의미가 명확해진다.

> 울고만 있어서는 안 된다. 입술을 깨물고 이를 악물고 참지 않으면 안 된다. 그리고 앞날을 위해 신에게 기도할 뿐이다.

고도 국방체제에서 고도 경제성장으로 이행한 심성과 미디어의 연속성 위에, 이 사진을 자리매김해야 하는 것이 아닐까. 그러한 연속성 때문에 전전과 전후를 연결하는 시점이 되는 옥음방송의 확고한 증거로 이 사진은 필요했다. 미주리호에서의 '항복'이 아니라 옥음방송의 '종전'을 기억하고 싶었던 일본 국민에게 옥음사진은 존재하지 않으면 창조해야 할 필요가 있는 증거사진이었던 셈이다.

사진이 지닌 불확실성은 국민적 기억에서 더욱 심각한 불안의 원천이 될 수도 있다. 그런 이유에서인지 홋카이도신문사가 스스로 특종화한 포즈사진의 기사는 거의 모든 중앙 미디어에 의해 묵살되었다. 옥음사진의 불확실성은 '8월 15일이라고 하는 이야기 = 역사'의 불안정함을 상징하고 있다. 옥음방송의 연구는 어쨌든 이러저런 이유로 옥음사진의 검증을 고의로 회피했던 것은 아닐까. 이렇게 해서 안정적인 사진보다 유동적인 방송에 국민사의 기준점을 둔 것일 수 있다. 그 때문에 우리의 역사의식은 옥음이 말하는 "시운(時運)이 흘러가는 바"대로 지금도 계속 표류하고 있는 것일 수도 있다.

《아사히신문》
8월 15일의 예정원고?

검증이 회피돼온 것은 옥음사진뿐만이 아니다. 여기서 검증한 규슈 비행기의 가시이 공장 사진과 《홋카이도신문》의 어린 국민 사진을 나란히 표지에 실은 잡지가 있다. '여성들의 현재를 묻는 모임'이 편집한 《총후사(銃後史) 노트—복간 제6호》(JCA출판, 1984)는 '여성들의 8 · 15'를 특집으로 다뤘다. 이 잡지에는 고조노(小園泰丈)의 "어제 오늘 이야기—8월 15일의 권"이 실렸다. 고조노는 옥음방송 당일의 《아사히신문》 도쿄 본사판의 기사에 대해서 의문을 던지고 있다. "굵은 자갈을 꽉 쥔 채 궁성(宮城)을 바라보아도 단지 눈물", "아아, 가슴이 찢어질 것 같은 8년의 싸움"이라고 표제를 붙인 10단이 넘는 기사는 다음과 같이 글을 맺는다.

살아오면서 오늘 같은 날을 만나 슬픔의 눈물에 젖은 운명의 군복. 그것을 입고 궁성 앞에 조아리는 오늘의 우리. 영령을 그리워할 유족을 생각하면 "오장육부가 찢어진다"라는 말씀에 몸의 떨림을 참을 수 없다. 영령이여, 용서하라. 우리는 싸웠다. 싸우고 싸웠으나 충성이 부족해, 결국 성단을 접하여 싸움을 그만둔 것이다. 가슴을 태우는 무념의 통한. 게다가 대군의 "시운이 흘러가는 바 참기 어려움을 참고, 견디기 어려움을 견뎌 만세를 위해 태평을 열고자 한다"라는 염려에 가슴이 사무쳐 스스로 고개를 숙이고…… 흐느끼며 우는 소리, 내 앞 몇 걸음 떨어진 곳, 아아, 거기에는 굵은 자갈에 조아리다가 대군에게 불충을 사과드리는 민초의 모습이 있었다. 나는 일어서서 "여러 분……"이라고 말했다. "천황 폐하께 드릴 말씀이 없습니다……"라고 외쳤지만 소리가 나오지 않았다. 하지만 나는 하나의 목소리를 듣고 둘의 목소리를 들었다. "압니다", "나도 백성의 한 사람입니다", "앞으로 무슨 일이 생겨도……" 더 이상 말을 잇지 못하고 흐느꼈다. 일본인. 아아, 우리 일본인 위에 만세일계, 일천만승의 대군이 계시는 한, 우리의 마음은 하나. 어떤 괴로움도 참고 견디다가 언젠가 이날 역사의 흐름을 닦아 없애 맑게 하고, 천년의 역사를 다시 빛나게 할 것이다. 천황 폐하께서도 황송하게도 "이로써 짐은 국체를 수호할 수 있을 것이며, 너희 신민의 적성을 믿고 의지하며 항상 너희 신민과 함께할 것이다"라고 말씀하셨다시피, 아아, 성상을 어두운 세상을 비추는 빛으로 보고 나아가는 것이야말로 우리 일억의 유일한 길이다. 눈물 속에서 그 기쁨에 접해 나는 "그렇게 합시다"라고 큰 소리로 외쳤다. (한 기자 삼가 적음)

이 기사는 옥음방송을 들은 직후에 기자가 황궁 앞 광장에서 체험한 사건의 기록이다. 황궁 앞에서 쓰러져 우는 민초의 모습이 생생하게 묘사되어 있다. 이 기사가 8월 15일자 신문에 게재된 것에 고조노가 당황한 것은 당연한 일이다. 알다시피 이날 조간은 옥음방송이 끝날 때까지 배달을 늦춘 상황이었다. 신문은 옥음방송 이후에 배달되어 조간이 아닌 주간(또는 석간)이 된 것은 널리 알려진 사실이다. 아무리 오후에 배달되었다고 해도 12시를 넘긴 사건을 묘사한 기사가 어떻게 당일 지면에 게재되었을까.
고조노가 아사히신문사에 문의했더니 상대방은 태연하게 14일에 인쇄가 완료되어 15일 아침에 배포되었다고 대답했다고 한다. 그렇다면 이 감동적인 작문은 옥음 전에 쓰인 예정원고인 셈이다. 고조노는 만일을 위해 아사히신문사에 문서로 조회해서 과거의 사원에게 오후에 배포되었다는 증언을 듣고, 어떻게든 납득하려고 했다. 이 조회 결과 덕분인지 아사히신문사 사보《아사히인》1984년 8월호에는 당시의 정리부장인 스기야마와 제2면 담당인 오시마의 증언이 게재되었다. 『아사히신문사 역사』(1995)를 인용해보자.

> "한 기자 삼가 적음"이라고 적힌 기사는 당시 제2보도부의 스에쓰네(고인) 기자가 집필한 것으로, 그 사실은 오시마가 기억하고 있었다. 오시마의 말에 따르면 정오의 옥음방송 시작 시간에 맞춰서 스에쓰네가 황궁 앞에 가서 취재하고 돌아왔다. 회사에 돌아와서도 감동한 나머지 글을 적기 힘든 상태였다고 한다. 이 원고를 정리부에 건네준 것이 12시 반쯤 그리고 인쇄부로 넘겨 3시쯤에 신문을 발송했다. (중략) 결국 보통의 경우에는 전날 밤에 인쇄하지만, 그날은 긴급사태였으므로 오후에 편집이 끝났고 인쇄, 발송 등이 석간 수준으로 이뤄졌다. 신문 발송에도 일손이 모자라 다른 부서에서 도와주었고, 가까운 곳에서부터 발송을 시작해 독자의 집까지 배달되었다.

아사히신문사의 사사(社史)가 전재하는 이상, 그 신문사의 공식견해라고 보아야 할 것이다. 그러나 나는 "이 원고를 정리부에 건네준 것이 12시 반쯤"이라고 하는 점이 납득하기 어려웠다. 스에쓰네 기자의 초인적인 필력과 기동력을 전제로 해도, 그 정감 넘치는 기사 내용과 입고까지가 부자연스럽다. 만약 정말로 스에쓰네 기자가 정오에 황궁 앞에서 조아리고 있었다고 한다면 옥음방송의 내용을 사전에 알고 있었다 치더라도, 황궁 앞 광장에 라디오 확성기가 없는 이상 대군에 불충을 사과드리는 민초들은 옥음방송을 안 들은 것이 아닌가. 협의의 옥음, 즉 4분 37초만 듣고 그 자리를 박차고 황궁까지 달려온 사람들이 있었다고 생각하기는 어렵다. 협의의 옥음 4분 37초에 이어 내각이 내보낸 평화재건의 조서 환발까지 포함한 광의의 옥음방송 37분 30초도 라디오 앞에서 귀를 기울였다고 보는 것이 더 자연스럽다. 이 기사가 정리부에 입고된 12시 반쯤까지도 아직 광의의 옥음방송이 흐르고 있었다.

게다가 정오에 "굵은 자갈을 눈물로 적셨다"는 스에쓰네 기자가 감동한 나머지 글을 적기 힘든 상태로 귀사하고, 재빠르게 12시 반쯤 정리부에 입고했다는 상황도 상상을 초월한다. 당시 황궁 앞에서 《아사히신문》 본사가 있던 유라쿠초까지는 걸어갈 수 있는 거리이긴 하다. 하지만 차를 몰아 이동했다고 해도 자신의 데스크에 도착할 때까지 10분 정도는 족히 걸릴 것이다. 12시 20분에 원고를 쓰기 시작하기 위해서는, 스에쓰네 기자가 자신의 체험으로 쓴 "울고 조아리고 외치는" 감동적인 행위는 협의의 옥음 후 불과 5분 내외의 사건이어야 한다. 감동한 머리를 순간적으로 전환해서 단 10분에 400자 원고지 6매 이상, 10단짜리 장문을 정리해서 입고할 수 있었을까. 『총후사 노트』를 편집한 가노 미키요(加納實紀代)는 다음과 같은 감상을 남겼다.

신문의 예정원고, 즉 '본 것 같은 거짓말을 쓴' 예가 아닐까. 이 기사가 오히려 방송을 들은 후 사람들을 황궁으로 이끈 것은 아닌가 등등, 우리 사이에서도 논의가 분분했다.

가노의 의심은 당연하다. 이 옥음기사를 미리 쓰인 예정원고라고 한 고발은 『총후사 노트』가 나오기 10년 전, 《주간신초(週刊新潮)》에 연재 중인 가세 히데아키[17]의 "천황가의 싸움 제23회 폐하에게 사과하자"(1974년 10월 10일호)에 이미 등장한다.

이 기사는 미리 쓰인 예정원고였다. 물론 《아사히신문》의 기자단은 옥음방송이 끝난 후 황궁 앞 광장에 나갔다. 그랬더니 눈물이 자꾸 나와 어쩔 수 없었다. 그리고 벌써 신문이 나와 있었으므로 기사에 있는 대로 "여러분, 천황 폐하에게 드릴 말씀이 없습니다"라고 외쳤던 것이다. 다음 날 조간에는 15일 오후의 황궁 앞 광장을 묘사한 기사가 한 번 더 실렸다. "니주바시 앞의 어린 백성들의 무리, 일어서는 일본 민족"이라는 표제가 있고, 기사는 "(천황의) 마음을 받들고" 있는 이상 "일본 민족은 지지는 않았다"라는 말로 끝난다.

8월 14일에 촬영된 옥음사진?

가세의 취재는 틀림이 없었겠지만 그가 연재기사를 단행본으로 묶어내는 과정에서 큰 실수를 했다. 『천황가의 싸움(天皇家の戰い)』(1975) 부분에 "궁성 앞 광장의 국민(《아사히신문》8월 15일 게재)"이라는 설명을 붙여 옥음사진을 실었다. 그런데 이 사진은 아사히신문사의 것이 아니다. 8월 15일자 《아사히신문》에 실린 사진은 니주바시를 찍은 풍경사진이어서 인물을 세세하게 확인할 수 없다. 가세의 연

---

17 | 일본의 외교 평론가. 1936년(쇼와 11) 12월 22일 도쿄생. 아버지는 전쟁 전후에 외교관으로서 활동한 가세 도시카즈(加瀬俊一). 『추악한 한국인』의 저자로 알려져 있다.

사진 14 황궁 앞에 모인 군중은 땅에 엎드려 조아려서 사과했다. 《주간신초》 1974년 10월 10일호에 게재된 옥음사진(사진은 Kyodo News 제공).

재기사에 실린 사진은 동맹통신사가 촬영한 것이다. 《주간신초》에 연재할 당시의 사진(사진 14)에는 근거할 만한 글이 없었던 관계로 편집부가 자료사진이라고 보았고, 그 설명을 첨부했을 것이다. 가세는 그 경위를 잊었기 때문에 기사를 묶어 단행본으로 펴낼 때 《아사히신문》 게재 사진이라고 믿은 것 같다.

그런데 이 사진 덕분에 놀랄 만한 사실이 드러났다. 아오모리현의 교원인 하나다 쇼조가 땅에 엎드려 조아리고 있는 사진 속 사람 중 한 명이 자신이라고 밝힌 것이다. 하나다는 당시 근로동원된 항공 무선기 공장에서 네온관의 재촉을 위해 도쿄에 와 있었고, 8월 14일 황궁 앞의 메이지생명 빌딩 6층에 있던 히타치 제작소 사무소를 방문했다. 그때의 사건을 다음과 같이 증언한다(『천황가의 싸움』의 맺음말에서 그 편지가 공개되어 있다).

거기를 나와서 '궁성 앞까지 왔으니까 가보자'는 기분으로 니주바시 방향으로 걸어갔다. 때마침 그 사진이 찍힌 위치에서 완장을 찬 카메라맨이 나를 멈춰 세운 뒤 "사진을 찍고 싶다. 거기 땅에 엎드려 조아려주었으면 한다"고 말했다. 사진에 있는 것처럼 많은 사람이 앉혀져 촬영하니 절을 해달라는 말을 들으며 찍힌 것이 그 사진이다. 뒤를 돌아보니 그 카메라맨이 팔로 눈물을 닦고 있었으므로 뭔가 이상하다고 생각하고, 또 이것이 기념이 될지도 모른다고 생각해서 사진이 되면 한 장 주었으면 좋겠다고 부탁했다. 그러자 "이 사진은 특별한 것이니 줄 수는 없다. 그러나 내일(15일) 정오가 지나서 회사에 오면, 혹 줄 수 있을지도 모르겠다"고 말하고 또 눈물을 닦았다. 이상한 기분으로 그 자리를 떠났다. 그때까지도 패전, 종전이라는 생각은 못했다.

자세히 읽어보아도 분명 하나다는 카메라맨이 아사히신문사인지, 동맹통신사인지 말하지 않았다. 그런데도 가세의 기억 속에는 예정원고와 포즈사진이 아사히신문사를 매개로 결합한 것 같다. 덧붙여 이 같은 하나다의 증언은 실증적인 역사가로 알려진 후지와라 아키라, 구리야 겐타로, 요시다 히로시 세 사람이 편집한 『최신 자료를 기초로 철저하게 검증하는 쇼와 20년/1945년』(쇼가쿠칸, 1995)에도 인용되고 있다.

실은 이 '예정원고, 포즈사진' 문제는《아사히신문》축쇄판(도쿄 본사판)만이 아니고, 같은 날의 오사카 본사판과 비교 검토하는 것으로도 진실을 해명할 수 있다. 놀랄 만한 일은 8월 15일 12시 반쯤 도쿄 본사 정리부에 건네준 스에쓰네 원고가 같은 날 오사카 본사판에도 등장했다. "성상을 어두운 세상의 빛으로 바라보는 궁성 앞, 슬픈 역사의 날에 통곡"의 기사는 약 3분의 1 정도로 정리되었지만, 서두와 맺음 문장은 도쿄 본사

사진 15 국체호지를 기원하면서 궁성 앞 광장에서 울며 사과드리는 민초.《아사히신문》오사카 본사판, 1945년 8월 15일 제1면(도쿄대학 대학원 정보학환 소장).

판과 동일하다. 그 오른쪽에 "국체호지를 기원하면서 궁성 앞 광장에서 울며 사과드리는 민초"(사진 15)의 사진이 게재되어 있다. 이 사진이 8월 15일 정오에 촬영되어 도쿄 본사에서 오사카로 전송되었을 가능성은 낮다. 왜 도쿄 본사판은 그 사진을 게재하지 않았던 것일까. 아마 이전에 다른 문맥으로 촬영된 사진이 아니었을까. 그 사진이 찍힌 날은 하루 전인 1945년 8월 14일이 아닐지도 모른다. 1941년 12월 8일 일미전쟁의 개전 이후, 니주바시 앞이나 야스쿠니 신사에서 '조아리는 민초' 사진은 몇 번씩이나 신문 지면을 장식했다. "선전포고한 날 아침 궁성 앞에 엎드려 조아리는 어린 백성들"(사진 16)과 같이, 4년 전에 찍힌 사진이 8월 15일자에 실려도 이상해 보이지 않는다. 이 개전 사진은《아사히신문》오사카 본사판에서도 "역사적인 아침, 궁성에 참배드리는 어린 백성들(도쿄 본사 전송)"로 실려 있다.

오사카 본사판에 진짜 옥음사진이 게재된 것은 다음 날인 16일이다. 제1면에 "숙연히 옷깃을 여미며 옥음을 배청하고 비분의 눈물에 잠기는 사람들(오사카 역전에서)", 제2면에 "아아, 역사의 일순간, 옥음을 배청해

사진 16 선전포고한 날 아침 궁성 앞에 엎드려 조아리는 어린 백성들. 《아사히신문》 도쿄 본사판. 1941년 12월 9일 제4면.

눈물에 목이 메는 여자 정신대원(15일 모 공장에서)"(그림 1)이 실렸다. 16일자의 캡션에 "15일 모 공장에서"라고 명기된 것으로 미루어 보아도 전날의 니주바시 사진은 기사에 첨부된 자료사진임을 시사하고 있다.

물론 전전과 전후를 통해 일본을 대표하는 《아사히신문》을 검증했지만, 8월 16일자 《마이니치신문》(도쿄 본사판) 제1면 "충성이 충분치 못함을 사과드린다(궁성 앞)"의 사진, 같은 날 16일자 《요미우리호이치신문》 제2면 "야스쿠니의 영령에 사과를 고한다"의 사진을 비롯해서 유사한 옥음사진도 검증이 필요한 것은 말할 필요도 없다.

1부의 집필을 마치고 우연히 도서관에서 오랫동안 인기를 끌어온 전쟁사진집 『어린이들의 쇼와 역사』(오츠키서점, 1984)를 손에 들었다가 깜짝놀란 일이 있다. 이 책은 도쿄의 교직원조합이 기획한 동명 영화 〈어린이들의 쇼와 역사—대동아전쟁〉(마쓰우라 아쓰시 감독)의 부산물로 생긴 작품이다. 책에 실린 "어린이들의 8월 15일" 페이지에는 두 장의 사진이 크게 게재되었다. 여기에서도 홋카이도신문사의 어린 국민 사진과 규슈 비행기 가시이 공장의 여자 정신대 사진이 실렸다. 노련한 영상작가가 선택

해도 역시 옥음사진으로 남아 있는 걸작은 이 두 장의 사진이다. 내가 우연히 만난 두 장의 사진은 이처럼 보이지 않은 실로 연결되고 있었다.

아마 전후에 태어난 우리에게 필요한 것은 창작사진을 꼭 껴안는 일은 아닐 것이다. 기록사진을 가질 수 없는 패자였다는 사실을 참아내는 것 아닐까. 이 책의 목적은 패전의 사실을 미디어에 대한 검증을 통해서 전후사 속에 자리매김하는 것이다. 그런데 독자 가운데 이 책의 서두에서 말한 종전조서의 글자 수가 정말로 815자인지 아닌지 세어본 사람이 있었을까. 나는 혹시나 해서 다시 세보았다. 그러나 정식각의안, 천황 이름의 조서 원본, 보도용 조서안 어느 것을 세워 보아도 802자로 구성되어 있었다. 이것에 '어명어새'를 더한다 하더라도 806자밖에 되지 않는다. 각의안이나 신문 게재문에 실린 날짜인 '쇼와 20년 8월 14일'을 더하면 간신히 816자다. 그리고 다시 몇 번을 세어도 815자는 아니었다. 요나이 미쓰마사는 어디서 잘못 센 것일까. 혹은 고의인가. 즉 '8 · 15 종전'을 정통화하기 위해서 짜낸 정보 조작인 것일까. 하지만 조서 원본의 서명으로 대체하면 즉 '히로히토(裕仁)' 두 글자와 일자 '쇼와 20년 8월 14일'로 세면 '814자의 8 · 14 조서'가 된다. 이것도 '옥음신화'의 수수께끼 중 하나다.

2부

항복기념일에서 종전기념일로,
단절을 연출하는 신문보도

일본 항복. 1945년 8월 10일 스위스 《바젤신보》 호외.

8월 15일이 되면 "요즘 젊은이들은 이날이 무슨 날인지 모른다"며 한탄하는 소리가 표면화되기도 한다. 또는 이날 변변찮은 수제비를 먹고, 그 시대의 괴로움을 상기한다면서 자기도취라고도 생각되는 행위에 집착하는 사람들도 있다. 물론 그 시대를 산 사람들에게 이러한 말이나 행동은 자신의 궤적을 확인하기 위해 빠뜨릴 수 없는 일인지도 모른다. 하지만 후세 사람들이 이런 행위를 전혀 이해하지 못하겠다고 말하더라도 어쩔 수 없는 일이다. 9월 2일 도쿄만에 정박한 미주리호에서의 항복문서 조인식 날이 역사적으로는 '제2차 세계대전 종결의 날'이며 태평양전쟁이 국제법상 정식으로 끝난 날이 되는 것은, 앞으로 3세대나 4세대 후에는 일본에서도 정착되지 않을까.

-호사카 마사야스[18], 『패전 전후의 일본인』, 아사히문고, 1989.

---

18 | (1939~). 논픽션 작가, 평론가. 주로 일본 근대사(특히 쇼와사)의 사상, 사건, 인물을 소재로 한 논픽션, 평론, 평전 분야의 작품을 발표하고 있다.

1945년 8월 15일에 라디오로 방송된 천황의 종전조서, 즉 옥음방송을 나도 학교에서 배웠다. 국민학교 6학년이었던 1972년 당시, 국민학교 사회과 교과서는 6종류가 발행되고 있었다. 1971년 당시의 출판사 이름과 채택률은 다음과 같다. 교이쿠출판 26.0%, 도쿄서적 25.6%, 주교출판 16.5%, 오사카서적 14.7%, 갓고도서 10.0%, 니혼서적 7.2%다. 그중 교이쿠출판의 『신판 표준사회 6학년 상』의 기술을 살펴보자.

그해 4월, 미군은 마침내 오키나와에 상륙했고, 8월에는 히로시마와 나가사키에 원자폭탄을 투하했습니다. 또 일본과 중립조약을 맺었던 소련이 일본에 전쟁을 선언하고, 만주로 공격해 들어왔습니다. 그래서 일본은 미국 · 영국 · 중국 · 소련이 제시한 포츠담선언을 받아들였고, 연합국에 항복하기로 결정하고 1945년(쇼와 20) 8월 15일 그것을 국내외에 알렸습니다.

그 당시 6일 히로시마, 9일 나가사키 원폭투하를 기술한 책은 도쿄서적의 교과서뿐이었다. 주교출판, 오사카서적, 갓고도서의 교과서는 15일만 언급하고 있었다. 놀랍게도 니혼서적의 『소학 사회 6 상』은 8월 15일마저도 언급하지 않았다.

> 일본에 대한 공격이 더욱 격렬해지면서 오키나와를 빼앗겼고, 히로시마와 나가사키에 원자폭탄이 투하되었습니다. 일본은 마침내 연합국의 포츠담선언을 받아들여 항복했습니다. 많은 희생을 치른 전쟁은 이렇게 해서 끝났습니다.
> (강조는 원문)

어쨌든 히로시마에서 태어나 자란 나에게 초등학교에서 받은 평화교육은 8월 6일 히로시마가 원점이었다. 부교재가 사용되었겠지만 8월 15일 중심의 교과서가 실제 수업에서 많이 사용되었다고 볼 수 없다. 그럼에도 8월 15일이 종전기념일이라는 걸 아는 것은 어린이를 위한 역사책이나 신문의 사회면, 또는 텔레비전 드라마 등을 통한 일종의 자율학습 덕분이었다.

음악 그룹 지로즈가 부른 노래 〈전쟁을 모르는 아이들〉은 앞에 언급한 교과서들이 발행된 1971년에 발표되었다. 이 노래는 역사 교과서가 전쟁에 대한 기술을 극단적으로 최소화한 시대의 배경음악이다. 즉 고도 경제성장의 고취감에 싸여 있던 1970년대 초, 우리 세대는 전후 전쟁에 대해 가장 적게 언급한 역사 교과서로 역사를 배운 것이다. 4부에서 자세하게 분석한 뒤 언급하겠지만, 역사 교과서 역시 사회를 반영하는 거울이었다.

현행 초등학교 교과서의 종전 기술에는 오키나와, 히로시마, 나가사키, 만주의 상황이 상당히 자세하게 기술되어 있다. 교이쿠출판의 『사회 6 상』

(2002)을 인용해보자. 여유교육[19]에 의한 교과 내용의 축소와 그로 인한 학력저하를 문제시하고 있지만 종전에 대한 교과서 기술은 이것과는 상관없어 보인다. 20년에 걸쳐 초등학교 교과서의 종전에 대한 기술은 3배 이상 증대했다.

1945년(쇼와 20) 4월, 약 20만의 미군이 오키나와에 상륙했습니다. 중고생 정도의 남학생들은 학도대에 소속되어 일본군과 함께 싸웠습니다. 여학생들은 히메유리(산단꽃) 학도대 등에 소속되어 부상병의 간호 등을 담당했습니다. 그러나 6월 하순, 일본군은 전멸하고 여학생들도 전사하거나 포로가 될 것을 두려워해서 자결하곤 했습니다. 오키나와는 일본에서 벌어진 유일한 지상 전장이 되었고, 여기에 휩쓸려 오키나와 인구 60만 명 중 2만 명 이상이 목숨을 잃었습니다.

유럽의 전투에서는 그해 5월, 미국·영국·소련 등의 연합국 군대에 공격당하던 독일이 항복했습니다. 미군은 8월 6일에 히로시마, 9일에는 나가사키에 원자폭탄을 투하했습니다. 지상 1만 미터까지 버섯구름이 솟았고 열선과 폭풍으로 일순간에 건물이 무너지고 시민들이 불에 타는 등 지옥 같은 상황이었습니다. 원자폭탄으로 히로시마, 나가사키 두 도시에서 30만 명 이상이 고귀한 생명을 빼앗겼습니다. 지금도 후유증에 시달리는 사람이 많습니다.

게다가 소련군이 만주와 사할린(가라후토) 남부로 공격해와서 많은 일본인이

---

19 | 교과 내용의 축소, 수업 일수의 축소, 심신수양, 창의성 제고 등을 골격으로 내세운 일본 교육정책의 경향을 의미한다. 여유교육은 2000년대 중반 이후 일본의 경쟁력 약화의 주범으로 인식되어 공격을 받고, 아베 총리는 여유교육 정책을 철폐하기 위한 개혁작업을 강조했다.

희생되었습니다. 이런 가운데 일본은 연합국의 포츠담선언을 수용하고 8월 15일 쇼와 천황이 라디오로 일본의 항복을 국민에게 발표했습니다. 이렇게 해서 15년에 걸쳐 아시아 · 태평양을 무대로 했던 한 전쟁이 끝났습니다.

앞에서 인용한 1971년판과 비교해보면 전쟁 피해에 대한 기술이 크게 증가했음을 알수 있다. 뿐만 아니라 8월 15일에 끝난 전쟁에 대한 의미부여가 제2차 세계대전에 국한되던 것에서 15년 전쟁(아시아 · 태평양전쟁)으로 변했다는 것도 알 수 있다.

그것보다 더 눈에 띄는 중요한 변화는 종전의 정의와 관련해서 일어나고 있었다. '포츠담선언 수락＝8월 15일＝종전'(1971년판)이라는 등식이 '8월 15일＝국민에게 항복 발표＝종전'(2002년판)으로 바뀌었다. 즉 현행판에 따르면 포츠담선언 수락이 14일에 있었고, 그 발표가 15일이라는 것이다. 적에게 수락을 통지한 14일이 종전일이 아니고, 국민에게 그것을 발표한 15일이 종전이라는 주장이다. 그렇다면 도대체 종전이란 무엇인가.

1장

종전이란 무엇인가

전쟁을 전혀 체험하지 못한 세대에 속한 내게도 '8월 15일 종전'은 의심할 수 없는 역사적 상식이었다. 그러므로 요시다 히로시(吉田裕)가 그의 논문 「전쟁의 기억」[20]에서 종전기념일의 법적 근거는 전후 18년이나 경과한 1963년 5월 14일에 제2차 이케타 하야토(池田勇人) 내각에서 결정한 '전국 전몰자 추도식 실시요항'이라고 주장한 사실을 알았을 때 왠지 기묘한 느낌을 가졌다.

종전기념일은 1960년생인 나보다 3년이나 늦게 탄생한 셈이다. 게다가 종전기념일의 정식 명칭인 '전몰자를 추도하여 평화를 기원하는 날'은 1982년 4월 13일 스즈키 젠코(鈴木善幸) 내각에 의해 결정되었다. 두 달 뒤 1982년 6월에는 중학교 역사 교과서의 '침략, 진출' 고쳐 쓰기를 둘러

---

20 | 『암파강좌 세계역사 제25권』, 1997.

싸고 일본과 중국 간의 역사인식 문제가 급부상하고 있었다.

　나 자신이 종전기념일 제정의 경위를 몰랐던 것처럼, 일반 국민들도 마찬가지였을 것이다. 대부분의 일본인이 8월 15일을 종전기념일이라고 생각하는 근거는 법의 제정 경위가 아니다. 오히려 전후세대가 다수를 차지하는 현재 일본에서의 8월 15일에 대한 기억은 신문보도나 텔레비전 프로그램의 구성에 의해 만들어진 것이 아닐까. 텔레비전 세대인 나도 8·15 종전 특별 프로그램으로 기획된 드라마나 영화를 보고 자랐다. 그러한 작품을 통해 옥음방송을 들은 사람이 라디오 앞에 쓰러져 우는 장면들을 보아왔다. 8월 15일에 대한 국민적 체험은 이 같은 상징들을 통해 반복적으로 묘사돼왔다.

　전쟁을 경험한 세대만이 생생하게 '8월 15일＝종전'을 말할 수 있는 특권을 가진 것은 아니다. 그것은 특정인에 한정된 테마가 아니다. 오히려 전후세대인 우리가 이러한 미디어 체험을 검증해야 할 과제로 가지고 있는 것이 아닐까. 다음으로 매스미디어에 의해 매년 8월 집중적으로 행해지는 '종전보도'의 기원, '8·15 종전기념일'이 자리를 잡아가는 과정을 검토하고자 한다.

8월 10일의 종전?

　　　　　　왜 8월 15일이 종전기념일인가. 이러한 의문을 갖게 된 것은 우연히 스위스의 오래된 신문인 《바젤신보》 1945년 8월 10일자 호외를 손에 넣었을 때부터다(87쪽 사진 참조). 붉은 종이에다 큰 활자로 "일본 항복"이라고 인쇄되었고, 쇼와 천황과 맥아더의 사진도 실렸다. 기사는 도쿄 라디오의 통보를 통해 천황 대권을 침해하지 않는 조건으로 일본은 포츠담선언을 수락할 준비가 되어 있다고 보도했 있다. 이 호외 이후 유럽 신문들은 일본의 항복을 기정사실로 보도했다. 스위스 고등학교 교과서 『20세기의 세계』(오이겐렌치출판, 1992)는 일본 의 종전에 대한 내용을 "8월 10일에 항복의 수용을 표명하여, 9월 2일에 협정이 서명되었다"고만 적고 있다. 이제 종전에 이르는 역사적 경과를 미디어와 연관지어 간단하게 정리해보자.

8월 9일 밤부터 10일까지 이뤄진 어전회의에서 본토 결전론을 주창하 는 육군장관과 육해군의 참모총장들을 뿌리치고 천황은 포츠담선언을 수 락하는 '성단'을 내렸다. '공동선언에 있는 조약 중 천황의 국가통치 대권 을 변경하는 요구는 포함하지 않는다는 것을 양해하여, 일본제국 정부는 이 선언을 수락하겠다'는 내용으로 결정되었다. 이 결정은 즉시 해외 주 재 일본 공사관에 공식통고되었는데, 10일 오전 6시 45분 스위스의 가세 도시카즈(加賴俊一) 공사와 스웨덴의 오카모토 수에마사(岡本季正) 공 사에게 발신되었다. 받는 이는 스위스 정부와 스웨덴 정부이지만, 각각 전문(電文)의 상대방은 미국과 중국, 영국과 소련이었다. 이것과는 별도 로 마츠모토 슌이치(松本俊一) 외무차관의 지시에 의해 10일 오후 8시쯤 동맹통신사의 모르스 신호와 일본방송협회의 해외방송이 포츠담선언 수 락 전문(全文)을 해외로 발신했다. 《바젤신보》호외는 이 사실을 담았던 것이다.

해리 트루먼 미국 대통령도 스위스 경유의 공식전보보다 먼저 미국 동 부 시간 10일 오전 7시 33분(일본 시간 10일 오후 8시 33분)에 도쿄 라디오 가 발표한 내용에 대해 보고를 받았다. 이 시점에 세계 각지에서는 승리

만세의 환성이 울려 퍼졌다. 해외 주둔 일본군도 이 해외방송을 수신하고 있었으며, 프랑스령 베트남 지역의 달라트 남방군 총사령부에서는 '괴방송'을 수신했다면서 대본영에 조회하기도 했다.

10일 밤, 샌프란시스코(및 하와이)에서 일본을 향해 내보내는 단파방송은 포츠담선언 수락준비라는 일본 정부의 신청이 스위스 정부를 통해 들어왔다고 반복해 방송하기 시작했다. 일본계 2세의 특징 있는 억양으로 "일본인 여러분, 여기는 '미국의 소리'입니다"로 시작된 이 방송은 일본 각지의 통신대, 단파수신기를 가진 육해군부대에서도 수신되고 있었다.

12일 오전 0시 45분, 일본 측의 수락 통보에 대한 연합국의 회답[21]이 샌프란시스코에서 라디오로 방송되었다. 이 내용은 천황의 지위에 대해서는 언급하지 않았다. 다만 '최종적인 일본 정부의 형태'는 포츠담선언에 준하여 일본 국민의 자유로운 의사 표명에 따라 결정되어야 할 것이라고 적고 있었다. 이 회답에 대한 해석과 재조회 시비로 일본 지도부는 각의, 최고전쟁지도회의에서 대립했다. 그리고 정식 회답으로 볼 수 없다는 판정을 내렸고 그로 인해 최종 수락 결정이 연기되었다.

한편 13일 오후 9시 34분(동부 시간), 미국의 UP통신사는 '일본으로부터 항복 신청 정식수락'이라는 속보를 흘렸다. 실수임을 깨닫고 2분 뒤에 취소했지만 종전 뉴스에 미국 전체가 흥분하고 있었다. UP전송뉴스는 각 연합국에 전송되어 캐나다에서는 사전에 녹음되어 있던 킹 수상의 전승 축하 메시지가 전국에 라디오 방송되었다. 오스트레일리아에서도 치프리 수상이 이날(현지 시간 13일)을 경축일로 한다는 성명을 발표했다가 정정

---

21 | 미국 국무장관 제임스 번즈(James Byrnes)는 반일적 여론을 중시해 무조건 항복의 원칙을 주장했다.

했다.

　한편 13일 저녁 도쿄 상공에서는 미군기가 일본 정부가 포츠담선언을 수락한 전단을 대량으로 뿌렸다. 일본 군부에 의한 국민 정보통제는 이미 금이 가고 있었다.

8·14와 8·15 사이

　　　　　　　　　14일 오전 10시 50분, 천황은 최고전쟁지도회의와 각의를 묶은 연합회의를 소집했다. 이 회의에서 다시 '성단'에 의해 포츠담선언 수락이 확정되었고, 오후 8시 천황은 종전조서에 서명했다. 천황의 서명에 이어 각 국무대신이 서명했고, 조서가 환발된 것은 14일 오후 11시다. 그와 거의 동시에 외무성은 스위스와 스웨덴으로 공식문서를 전송했다. 가세 공사가 스위스 외무성에 수락문을 전달한 것은 14일 오후 8시 5분(스위스 시간), 그 소식이 다시 백악관의 트루먼 대통령 집무실에 닿은 것은 14일 오후 4시 5분(미국 동부 시간)이었다. 번즈 미국 국무장관은 영국, 소련, 중국의 정부 수뇌에게 전화를 걸어 14일 오후 7시(일본 시간 15일 오전 8시)에 4개국이 전쟁 종결을 동시에 발표할 것을 제안했다. 같은 시간 트루먼 대통령은 라디오 마이크와 뉴스 영화 카메라 앞에서 일본의 항복을 발표했다. 일본 정부의 공식 수락문을 낭독한 것을 포함해 약 2분의 짧은 내용이었다.

　나는 이 회답이 무조건 항복을 명기하고 있는 포츠담선언에 대한 일본의 전면적 수락이라고 간주합니다. 우리가 보내는 회답 안에는 다른 조건은 없습니다. 일본의 항복을 수락하는 연합국 최고사령관에 맥아더 장군을 임명했고, 수락의 자리에는 영국, 소련, 중국의 고급장교가 참석합니다. 연합국 군에는 공격을 정지하도록 명령이 내려졌습니다. 대일본전승기념일(VJ데이)의 포고는 일본이 항복문서에 정식으로 서명할 때까지 기다려야 합니다.

15일 정오, 천황이 낭독한 종전조서의 녹음이 라디오로 방송되었다. 신문에 게재된 이 조서의 날짜 역시 8월 14일이다. 종전조서 문서에 근거한다면 종전기념일은 14일이 되지 않으면 안 된다.

실제로 이시바시 단잔(石橋湛山)[22]은 《도요케이자이신보》 1945년 8월 25일호(발매 8월 18일)의 사설 "새로운 일본의 출발─전도는 실로 양양"의 시작을 다음과 같이 적고 있다.

쇼와 20년 8월 14일은 그야말로 일본 국민이 영원히 기념할 만한 새로운 일본의 출발일이다.

종전이란 외교사항이므로 상대국 통보(8월 14일)보다 자국민에 대한 고지(8월 15일)를 우선하는 것은 국제 규정에 어긋나는 것이 틀림없다. 공문서로 보나 전통적 역사인식으로 보나, 8월 14일이어야 할 종전이 15일로 받아들여지는 이유를 설명하기 위해 당시 국민적 언론매체였던 라디

---

22 | (1884~1973). 평론가, 정치가. 도요케이자이신보 사장을 거쳐 제1차 요시다 내각의 장(蔵相). 자유민주당 총재. 제2차 세계대전 전에 '소일본주의(小日本主義)'를 주창하는 등 자유민주적 의견을 전개하여 전후에도 중국, 소련과의 교류에 공헌했다.

오의 기능을 설명하는 것이 필요하다. 이에 대해서는 3부에서 다시 언급하겠다.

동시대를 산 일본인들이 8월 14일을 종전으로 간주할 수 없는 현실적인 이유도 존재한다. 이미 포츠담선언 수락 전보가 워싱턴에는 도착했지만, 14일 밤부터 15일 오전 2시까지 미국 제20항공군은 엄청난 폭격을 감행했다. 유도기를 포함하여 766대의 B29가 총동원되어 재고정리식 폭격을 일본 본토에 감행했다. 아키타시, 오다와라시, 다카사키시, 구마가야시, 이세사키시 등 5개 도시에서 376명이 사망하고, 3,231명이 부상했으며, 가옥 6,479동이 소실되었다. 일본 국민이 14일에 전쟁이 끝난 것이 아니라고 생각하는 것은 어찌보면 당연하다.

9월 2일 오전 9시 4분, 미주리호 위에서 일본 정부를 대표한 외상 시게미츠 마모루(重光葵), 대본영을 대표하여 참모총장 우메즈 요시지로(梅津美治郎)가 전권으로 항복문서에 서명하여 일본의 항복이 확정되었다. 맥아더 장군은 본국을 향한 라디오 연설에서 "오늘 포성은 멎었다. 일대 비극은 끝났다"고 말했다. 미국 전역과 전 세계에 중계방송된 그 전승 의식은 일본 국민에게는 방송되지 않았다. 패자는 그 방송을 바라지 않았을 것이다. 조인에 앞서서 같은 날짜로 쇼와 천황의 항복조서가 발표되었다.

짐은 쇼와 20년 7월 26일, 미·영·지(중국) 각국 정부의 수반이 포츠담에서 발의하고 후에 소연방이 참가한 항복문서에 기재된 제반 조항을 수락하여, 제국정부 및 대본영에 대해 연합국 최고사령관이 제시한 항복문서에 짐을 대신하여 서명하고, 동시에 연합국 최고사령관의 지시에 의거하여 육해군에 대한 일반명령을 내리는 것을 명했다. 짐은 신민에 대해서도 적대행위를 즉시 그만

두고 무기를 버리고 항복문서의 모든 조항 및 제국정부와 대본영이 내리는 명
령을 성실하게 이행할 것을 명한다.

어명어새

쇼와 20년 9월 2일

대일본제국 헌법 제13조 "천황은 전쟁을 선포하고, 평화협정을 맺는 등
제반 조약을 체결한다"는 규정대로 항복이 집행되었다. 또한 대원수인 천
황은 육해군 전 부대에 작전활동 정지를 명령했다.

응징의 날 VJ데이

미국의 대일본전승기념일, 이른바 VJ
데이는 말할 필요도 없이 9월 2일이다(일부 지역, 예를 들면 로드아일랜드주
는 8월의 두 번째 월요일을 '승리의 날' 휴일로 지정하고 있다).

1945년 9월 3일자 《아사히신문》은 트루먼 대통령의 VJ데이 선언을 다
음과 같이 전했다. 트루먼의 선언문 중 말미에 적힌 "원자폭탄을 발명할
수 있는 자유로운 민중은 미래를 가로막는 모든 곤란을 정복할 수 있는 정
력과 결의를 사용할 수 있을 것"이라는 부분이 승자의 말로서 훨씬 더 상
징적이지만, 여기서는 선언서의 앞부분을 인용한다.

(워싱턴 2일발 동맹) 트루먼 대통령은 2일 아침 미주리 함상의 항복 조인식 직
후 라디오 연설을 했다. 일본이 정식으로 항복한 9월 2일을 '대일본 승리의
날(VJ데이)'로 선언하면서 다음과 같이 말했다. "VJ데이는 아직 전쟁의 종결

내지는 전투의 정지를 정식으로 선언한 날이 되지 못하지만, 우리가 오명의 날(진주만의 날)을 기억하는 것처럼 이날을 응징의 날로서 기억할 것이다. 이 날로부터 우리는 안보의 새로운 시대를 맞이한다. 여타 연합국과 함께 우리는 평화와 국제적 우호 및 협력으로 가득 찬 더욱 좋은 신세계를 향해 전진할 것이다. 진주만에서 시작된 문명에 대한 큰 위협은 이제야 종식됐다. 도쿄까지의 길은 멀고 피비린내 나는 것이었다. 우리는 결코 진주만을 잊지 않고 일본의 군국주의자들은 미주리를 잊지 않을 것이다."

여기서 트루먼은 12월 7일 오명의 날과 대비해 9월 2일을 응징의 날로 정의했다. 이것에 대응할 만한 일본인의 발언도 있었다. 《주부의 벗》(1945년 9, 10월호)에서 이 회사 사장인 이시카와 다케요시는 다음과 같은 사내 훈화를 남겼다.

패전은 참기 힘든 슬픔이지만 (중략) 쇼와 20년 9월 2일 항복 조인의 날을 우리는 20년, 30년 후에도 감사의 날로 하지 않으면 안 된다. 그렇게 하지 못하면 일본 민족은 진정한 굴욕 속에서 살게 될 것이고, 멸망에 이르게 될 것이다.

그러나 현재 일본은 미주리호의 9월 2일을 '감사의 날'로 기억하지 않는다. 그것은 우리 일본인이 더 이상 군국주의자들이 아니기 때문일까, 아니면 민족의 진정한 굴욕 속에 살고 있기 때문일까.

종전의 국제기준

8월 10일부터 9월 2일까지의 종전에 대한 언급의 흐름을 미디어 중심으로 개괄해보았다. 그렇다면 원래 '종전'이 갖는 의미란 무엇일까. 나카타니 가즈히로(中谷和弘)는 『역사학 사전』(1999)에서 이렇게 정의하고 있다.

전쟁 자체가 위법화되어 있는 현대에서 전쟁 개시를 선언하는 일은 통상적인 일이 아니다. 개전 선언이 실시되는 일 자체가 없어졌다. 또 휴전 후에 평화조약이 체결되지 않은 경우에도 휴전협정이 일반화 및 항구화됨을 찾아볼 수 있다. 그런 의미에서 휴전협정이 사실상 전쟁종결이라는 합의가 되어 있다.

즉 근대 전쟁에서 전면적인 휴전 후에 전쟁이 재개될 가능성이 거의 없기 때문에, 휴전이 항복적 성격을 띤다. 그 선례로 보불전쟁의 1871년 1월 28일의 베르사유 휴전협정이 있다. 독일과 프랑스 양측의 신문들이 휴전을 '프랑스의 항복'으로 보도했다.

같은 일은 승패가 역전된 제1차 세계대전에서도 반복되었다. 1918년 11월 11일, 독일군과 연합국군은 콩피에뉴에서 휴전협정을 조인했다. 36일간의 휴전 기간이 정해져 있었지만 사실상 교전은 없었고, 독일 측의 전투 재개 의지도 없었다. 이것을 프랑스에서는 정확하게 '휴전(L' armistice)'이라고 부르지만, 현재도 제2차 세계대전의 5월 8일과 함께 11월 11일을 프랑스의 종전기념일로 기념하고 있다. 부연해서 이 11월 11일을 영국은 '추도의 날'로, 미국에서는 '참전용사의 날'로 기념한다. 미국은 한국의 한국전쟁 후의 1954년, 이 11월 11일을 제1차 세계대전 뿐만 아니라 미국이 관여한 모든 전쟁에서 전사한 군인을 기리는 날로 정했다.

이러한 근대 전쟁의 전통에서 보면 일본의 종전기념일도 휴전문서 조인식이 있었던 9월 2일인 셈이 된다. 이것이 국제기준이며 외국의 역사 교과서 대부분이 그렇게 기술하고 있다.

8 · 15 종전설에 대한 의문

이러한 국제표준을 전제로 8 · 15 종전설에 일본에서 의문을 표시한 선례로 일본 내 좌우파의 논의를 인용해두고 싶다. 우선은 이노우에 기요시(井上淸)[23] 편 『일본역사강좌 제7권 현대편』(1953)부터 살펴보자.

천황은 8월 15일 정오에 항복을 방송했다. 대미 · 영국, 대중국(원문은 중경전쟁으로 표기) 전쟁은 끝났다. 그럼에도 관동군은 소련 동맹군에게 한 명이라도 더 피해를 주겠다고, 항복하지 않고 9월 하순까지 대소련 전쟁을 계속했다. 그 결과는 일본군과 재류 일본인에게 더 많은 희생을 가져왔을 뿐이다. 이렇게 해서 천황제 파시스트의 부정한 전쟁은 대패배로 끝났다.

---

23 | (1913~2001). 역사학자. 고치현 출신. 도쿄대학 사학과 졸업. 츠지 요시유키(辻之善) 조교수에게 사사하여 졸업논문은 「근대개혁사」, 1954년 도쿄대학 인문과학연구소 조교수, 1961~1977년까지 교수. 지은 책으로는 『일본의 역사』, 『일본현대사1 메이지유신』, 『일본여성사』, 『일본의 제국주의』, 『사이고 다카모리(西鄉隆盛)』 등이 있다.

9월 하순이란 초순의 오식이라고 생각되지만 이노우에의 뇌리에는 9월 3일 소련 동맹군의 '군국주의 일본에 대한 전승기념일'이 남아 있었던 것이 확실하다. 비슷한 관점으로 소련과학아카데미 동양연구소 편 『일본현대사』(1959)에는 다음과 같은 기술이 있다.

> 1945년 8월 10일에 일본 정부는 천황제 유지를 조건으로 동맹국가들의 항복 요구를 수용할 뜻이 있음을 밝혔다. 8월 14일에는 일본의 포츠담선언 수락에 관한 공식통보를 받았다. 그러나 일본의 군국주의자들은 바로 항복하지 않았다. 일본 지배세력은 항복을 성명한 후에도 교전 당사자 중 한 나라인 소련연방과는 전쟁을 계속하려 했다. 일본 관동군 22개 사단을 항복시키기 위해 소련군은 맹공을 퍼붓지 않으면 안 되었다.

사회주의 신화, 즉 '소련연방＝노동자의 조국'이라는 신화가 소멸한 오늘날에는 이 같은 낡은 설명을 찾아보기는 힘들다. 다음으로 이노우에와 소련과학아카데미의 설명과는 반대편에 있는 보수파의 입장 중 에토 준(江藤淳)[24] 편 『점령사록 상』(1995)의 내용을 살펴보자.

> 전쟁은 원래 주권국가 상호 간의 투쟁상태를 말한다. 그러므로 교전 당사국 한편에 의한 일방적인 선언이 전쟁 상태의 종결은 물론이고 작전 정지에 대해서도 즉시 효과가 발생할지에 관해서는 국제법상으로 논란의 여지가 있다.

---

24 | (1932~1999). 전후 일본을 대표하는 문예평론가. 도쿄 출신. 나쓰메 소세키의 연구자로 알려져 있으며, 보수파 지식인으로서 전후 민주주의를 비판했다.

(중략) 정전의 의미를 갖는 종전의 시기는 역시 8월 15일 정오가 아니라, 항복문서 조인이 완료된 9월 2일 오전 9시 8분으로 봐야 한다. 즉 이것이 전전과 전후를 나누는 시각이다. (중략) 부연해서 미국의 여러 학회가 채용하고 있는 종전의 시기는 1945년 9월 2일이다. 최근 일본과 미국 간의 이른바 인식의 차이가, 경제와 방위 등 다양한 문제에 걸쳐 지적되고 있지만 그 기원은 아마 8월 15일과 9월 2일의 종전 시기, 또는 시대 구분에 관해 일미 사이에 존재하는 인식의 차이로까지 소급할 수 있을 것이라고 생각한다. (중략) 만약 전쟁 상태의 종료를 말한다면 그것은 쇼와 27년(1952) 4월 28일, 샌프란시스코 평화조약이 발효하고, 연합국의 일본 점령이 종료한 이외의 날이 될 수는 없다.

실제로 보수파 일부에서는 샌프란시스코 조약 발효일인 4월 28일을 '종전기념일'로 하자는 움직임이 있었다. 물론 전면 강화인가 단독 강화인가를 둘러싸고 논란을 벌이던 국민의 기억과 4월 28일의 종전기념일은 어긋날 것이다. 게다가 4월 28일을 종전 시점으로 잡을 경우, 평화조약을 체결하고 있지 않은 러시아와는 오늘날까지도 정전 상태인 것으로 받아들여야 한다.

8·16을 강조한
에토 준

그러나 역사검토위원회 편 『대동아전쟁의 총괄』(1995)에 수록된 강연에서 에토 준은 '9월 2일'도 아닌 '8월 16일'의 중요성을 강조한다.

국제적 관점에서 말하면, 이것(옥음방송)은 천황의 종전 의지가 국민에게 주지철저(周知徹底)된 것일 뿐이어서 그렇게 중요한 의미가 없다. 국제적으로 의미 있는 것은 군사적으로 말해서 8월 16일 16시, 즉 오후 4시다. 왜냐하면 16일 16시를 기하여 제국 대본영이 전 군대에 휴전명령을 내렸기 때문이다. 8월 15일은 아직 교전 상태가 계속되고 있었지만, 16일 16시에 대본영은 전 일본국 군대에 대해서 즉시 전투행위를 중지하도록 명령을 내렸다. 이것은 봉칙명령이었다.

정전명령에 대해서는 여기서 약간 보충할 필요가 있다. 대본영은 8월 14일 전개 중인 부대 사령부 앞으로 이날 종전조서가 공포되고, 다음 날인 15일 정오에 그 내용을 옥음방송한다는 사실을 예고했다. 거기에 조서 공표도, 옥음방송도 즉시 정전명령을 의미하지 않는다는 것을 첨부해서 알렸다. 옥음방송에 의해 군이 무통제 상태가 될 것을 피하기 위해서였지만 국제법상으로도 적절한 대응이었다. 그리고 대본영은 8월 15일 옥음방송 후에 적극적인 진공작전의 금지, 16일에 자위 전투를 제외한 즉시 정전을 발령했다. 그리고 곧 전면적인 정전을 실시하는 예고가 해군에서 17일, 육군에서 18일에 발령되었다. 실제로 내지(內地) 부대의 전면적인 전투정지(19일 발령)는 22일에 실시되었다. 홋카이도와 외지 부대의 전면적인 전투정지(22일 발령)는 25일 실시되었지만, 중국 대륙만은 예외였다. 그리고 무장해제, 복귀 명령이 계속되었다.

그러나 에토는 8·15 종전에 의문을 표시하면서도 공적으로는 8월 15일이 종전기념일이라는 것에 반대하지 않았다. 전몰자를 추도하여 평화를 비는 날이 정식으로 제정된 1982년 당시, 에토는 그 자문위원회 멤버

였지만 강하게 반대한 흔적을 찾을 수는 없다. 아마 전중세대(戰中世代)의 반미 감정 때문에 9·2 항복기념일만은 극복하고 싶다는 심리가 에토에게도 공유되었던 것이 아닐까.

9월 2일 항복문서 조인식의 전권 대표가 결정된 것은 6일 전의 8월 27일 각의 때였다. 이어키베 마코토(五百旗頭眞)는 『전쟁, 점령, 강화』(2001)에서 다음과 같이 서술하고 있다.

그날이 그들 미군에게 대일전승의 날(VJ데이)이면, 우리 황군에게는 일본 개벽(開闢) 이래의 불명예의 날이 되지 않을 수 없다. 그 의식을 거행한 자로서 영원히 기억되는 굴욕만은 피하고 싶다고 생각하는 지도자가 많았다. 고노에 부총리는 끝까지 거절했다. 우메즈 대장은 나에게 가라고 하는 것은 자살하라는 것과 같다면서 저항했지만, 결국은 수락했다.

이러한 사실로 미루어 보는 한, VJ데이는 트루먼이 생각한 대로 당시 일본인에게는 굴욕의 날이었다. 이 '9·2 항복기념일을 잊고 싶다'고 생각한 것은 정치 지도자들뿐만이 아니었던 것은 확실하다.

：2장

승지와 패자의 종전기념일

종전을 둘러싼 이상의 논의를 감안하면 종전기념일을 8월 15일로 잡는 근
거는 더욱 희박해진다. 8·15 종전을 부정하는 기억의 정치학을 근년의
신문보도에서 찾아보자.

전승기념일을
9월 3일로 정한 소련

엘친 러시아 대통령은 5일, 상하 양원이 가결한 구 소련시대의 군국주의 일본
에 대한 전승기념일을 부활시키는 법안의 서명을 거부했다. (중략) 법안은 북
방영토[25]의 현지인, 극동 사할린주 의회가 제안한 것으로, 구 소련군이 북방 4
도 점령을 거의 끝낸 9월 3일(1945년)을 전승기념일로 하는 내용을 담고 있
다. 엘친 대통령은 대신 일본이 연합국을 상대로 항복문서에 조인한 9월 2일

을 제2차 세계대전 종결기념일로 할 것을 상하원에 요구했다(1998년 2월 6일 자《아사히신문》).

트루먼 대통령과 마찬가지로 소련의 독재자 스탈린도 9월 2일 저녁 승리를 축하하는 라디오 연설을 했다. 다음 3일자의 소련 공산당 기관지 《프라우다》는 "스탈린 동지의 국민에 대한 요청"을 제1면에 게재했다. 거기에는 일본과의 전쟁에서 승리한 것은 러일전쟁에서의 패배를 소련 국민이 설욕한 것이라는 내용이 담겨 있었다. 선동적인 문구였지만 러시아의 전쟁관과 북방영토 문제의 원점이라고 할 만한 기록이므로 인용해보자.

동지 여러분! 남녀 동포 여러분! 오늘 9월 2일, 일본 정부와 군부 대표자가 무조건 항복문서에 조인했습니다. (중략) 1904년의 러일전쟁에서 러시아 군대의 패배는 국민의 의식에 고통스러운 추억을 남겼습니다. 이 패배는 우리 국민에게 오점을 남겼습니다. 우리 나라 국민은 일본이 분쇄되어 이 오점이 일소되는 날이 올 것을 믿고 기다리고 있었습니다. 지난 40년간 우리 기성세대는 이날을 기다려왔습니다. 드디어 그날이 왔습니다. 오늘 일본은 패배를 인정하여 항복문서에 서명했습니다. 이것은 남가라후토[26]와 지시마 열도[27]가 소련에 합병되어, 향후에는 이것이 소련을 대양에서 단절하는 수단, 우리 극

---

25 | 사할린 남단, 홋카이도 동북단에 있는 4개의 섬을 의미한다. 이 섬에는 아이누족이 살았지만 이후 일본이 강점했고, 제2차 세계대전 이후에는 소련이 차지하고 있다. 일본은 이 도서지역이 원래 일본 땅이었다며 돌려줄 것을 요구하고 있고, 현재까지도 일본 우익들의 국가주의 선양의 중요한 상징이 되고 있다.
26 | 남사할린을 의미한다.
27 | 쿠릴 열도를 의미한다.

동에 대한 일본 공격 기지가 아니라 우리 소련을 대양과 직접 연결시키는 수단, 일본의 침략에서 우리 나라를 방위하는 기지의 역할을 할 것이라는 의미를 담고 있습니다.

이 연설은 일본의 패전 60주년이 러일전쟁 승리 100주년이기도 한 것을 구태여 상기시키고 있다. 이 연설에 이어서 소련 최고회의 간부회의 "대일전승기념일에 대해"라는 포고가 게재되었다.

일본에 대한 승리를 기념하여 9월 3일을 전 국민의 휴일 '대일전승기념일'로 할 것을 정한다.

전승기념일을 9월 3일로 정한 이유는 명확하지 않지만 아마 북방영토 점령의 목표가 섰기 때문일 것이다. 소련의 가라후토 침공부대가 마미야 해협을 사이에 둔 소후가와니만에서 출격한 것은 8월 15일이며, 소련 북태평양 함대 사령관이 하보마이 군도 점거 명령을 내린 것이 미주리함에서 조인식이 있던 9월 2일이었다. 다음 3일부터 하보마이 군도에 상륙이 시작되어 섬 전체가 소련군에 장악된 것은 9월 5일이었다. 소련 공산당 중앙위원회 부속 마르크스·레닌 연구소 편 『제2차 세계대전사 10권』(1966)에도 미주리함 조인식인 9월 2일은 명기되어 있지만, 대일전승기념일이 다음 날인 3일이 되는 이유는 언급하지 않고 다음과 같이 기재하고 있다.

소비에트연방국과 서방동맹국은 일본 정부의 항복 성명의 평가에 대해 의견을 달리했다. 미국과 영국은 8월 14일과 15일을 전쟁의 마지막 날로 간주했다. 영미 공인의 부르주아 역사 설명에서는 1945년 8월 14일이 '일본에 대한 승리의 날'로 들어가 있다. 실제로 일본은 미영군에 대해서는 그날들부터 군사행동을 정지했다. 그러나 중국, 조선, 남사할린, 지시마 제도에서는 전쟁이 계속되고 있었다.

물론 이 공인 전사는 지시마 작전이 8월 18일에 발동된 것 등을 언급하지 않는 등 올바르지 않게 기술하고 있다.

8 · 15 종전이
급부상한 중국

중화인민공화국(이하, 중국)의 항일전승기념일 역시 공식적으로는 9월 3일이다. 1949년 10월 1일, 국민당정부를 타이완으로 쫓아버린 후 오늘의 중화인민공화국이 수립되었다. 소련은 이를 즉시 승인했고, 1950년 2월 14일 모스크바에서 일본을 가상적국으로 하는 중소우호동맹 상호원조조약을 체결했다. 그 전문(前文)과 제1조에서는 일본 및 일본의 동맹국(미국)에 의한 새로운 침략에 공동으로 저지할 것을 약속했다. 이미 1949년 12월 23일 공포된 '전국연절급 기념일방가변법(全國年節及紀念日放假弁法)'에 따라 항일 8월 13일에 '9월 3일을 항일전쟁승리 기념일로 하는 통고'를 내렸다. 이 통고에는 "우리 나라의 군민에 의한 8년간의 위대한 항일전쟁 및 소련군 출병에 의한 동북해방에의 지원으로 대일전쟁에서 승리한 영광스러운 역사를 기념한다"면서 소련군에 대한 감사의 말을 명기했다.

중소우호동맹 상호원조조약의 유효기간은 30년이었다. 하지만 1956년에 시작된 중소분쟁으로 그 조약은 유명무실화되었다. 그 후 일본과 중국, 미국과 중국의 관계가 정상화되자 1979년 4월 중국 정부는 이 조약의 폐기를 결정했고, 1980년 4월 10일 그 수명을 다하게 된다. 그런 의미에서 중국의 9월 3일 기념일은 중소동맹의 역사적 유산이라고 볼 수 있다.

미주리 함상의 조인식에 참석한 중국 대표는 마오쩌둥의 공산당 정권에서 보낸 사람이 아니고 장제스 국민정부에서 군령부장이던 쑤융창(徐永昌)이었다. 이미 일본이 포츠담선언을 수락한 8월 14일, 장제스는 스탈린과 중소우호동맹 조약을 체결하고 있었다. 국민당 정부도 항일전승기념일을 9월 3일로 선언했지만, 소련과의 관계가 악화된 이후인 1955년부터는 9월 3일을 '군인절'로 고쳤다. 장제스의 타이완 정부에서는 '광복절'을 10월 25일, 즉 안도 리키치(安藤利吉)[28] 타이완 총독이 중화민국 대만성 장관 진의(陳儀) 앞에서 항복문서에 서명한 날로 잡고 기념해왔다. 중국에 반환되기 전의 홍콩은 영국식으로 8월 마지막 주의 월요일을 '중광절'이라고 부르며 기념했고, 1997년에는 8월 18일(월요일)을 항일전승기념일로 기념했다. 그러나 1998년 이후에 항일전승기념일은 휴일 목록에서 사라졌다.[29]

2005년 현재도 중국의 공식 달력에서 항일전승기념일은 9월 3일이다. 하지만 일본에서 역사 교과서 문제가 불거지기 시작한 1982년 이후, 중국에서도 기억의 재편 과정이 급속히 진행되었다. 즉 일본표준인 8·15 종

---

28 | (1884~1945). 미야기(宮城)현 출신의 대일본제국 육군 군인. 제19대 타이완 총독.
29 | 홍콩은 1997년 7월 중국에 반환되었다.

전이 중국에서도 부상한 것이다. 1995년 8월 15일에는 항일전쟁 승리 55
주년을 기념하고, 북경시 교외에서 항일전 기념조각 공원 완공식을 거행
했다. 야스쿠니 참배 등 역사문제를 정치적으로 쟁점화하는 데 9월 3일의
기념행사는 너무 늦다고 생각한 것일까. 북경에서 9월 3일에 승전기념 이
벤트를 하게 되면 일본인들에게는 그 소식이 피부로 느껴지지 않을 것이
다. 역사 인식을 정치적 쟁점으로 만들기 위해서는, 일본 내의 신문과 텔
레비전이 관심을 가질 8·15의 미디어 이벤트가 불가결하다. 이처럼 역
사인식이란 국제정치와 다름없다. 중국의 역사 교과서 종전 기술의 변화
에 대해서는 4부에서 한국의 교과서 분석과 함께 살펴볼 것이다.

프랑스와 영국의 경우

　　　　　　　　냉전체제 붕괴 후, 1990년대부터 활발
해진 기억의 전쟁의 과정에서 기념일을 외교 카드로 활용한 사례도 적지 않
다. 프랑스가 그 전형이다. 프랑스 정부는 21세기에 들어와서 새롭게 9월 2
일을 대일전승기념일로 축하하기 시작했다.

> 파리 중심부의 개선문에서 2일, 제2차 세계대전의 대일종전 55주년을 기념하
> 는 행사가 프랑스 국방부의 주최로 처음 열려 퇴역군인 등 약 500명이 참가했
> 다(2000년 9월 3일자《교토신문》).

사실 미주리 함상에서는 독일 항복 후에 인도차이나 주둔 프랑스군 최
고사령관이 된 르클레르 중장이 조인에 참석했다. 그러나 많은 일본인의

기억에 제2차 세계대전에서 프랑스군과 싸운 기억은 남아 있지 않다. 원래 일미개전의 직접적인 계기가 된 1941년 7월 28일의 일본군의 프랑스령 베트남 진주는 프랑스의 친독 비시정권[30]과 방위협정으로 행해졌다. 일본 측에서 보면 프랑스령 인도차이나 공동방위를 행한 프랑스 비시정권과는 동맹관계에 있었다고도 할 수 있다. 지금까지 공식적으로 대일전승기념행사를 프랑스가 하지 않았던 데는 프랑스 공화국사의 치부라고 여겨온 비시정권 문제가 배후에 있었기 때문으로 볼 수 있다. 이 기념행사가 제대로 정착할지 지켜보는 일도 흥미로운 일이다.

영국에서 행해진 대일전승 50주년 기념행사에 대해서는 마크스 도시코(マ−クス寿子)의 『전승국 영국에 일본이 하고 싶은 말』(1996)에 자세히 언급되어 있다. 유럽에 있으면서도 영국의 VJ데이가 미국과 달리 8월 15일(축일은 그 주말)인 이유는 확실하지 않다. 고시다 미노루(越田稜) 편저 『유럽의 교과서에 쓰인 일본의 전쟁』(1995)은 영국의 역사 교과서가 8월 15일에 "천황의 메시지는 라디오를 통해서 흘러나갔다"라고 비교적 자세히 언급된다고 한다. 하지만 미주리 함상의 조인식에 대해서는 9월 상순이라고 간략히 적혀 있다고 덧붙였다. 한편으로 정평 있는 A. J. P. 테일러의 『제2차 세계대전』(1975)에서는 8월 14일 포츠담선언 수락, 8월 15일 옥음방송, 9월 2일 미주리호 조인식, 9월 12일 싱가포르의 남방군 항복 조인식 등을 정확히 기술한 다음 9월 2일을 VJ데이로 규정하고 있다.

물론 미주리호 조인식에는 영국 대표로 태평양 함대 사령장관 프레이저

---

30 | 독일이 제2차 세계대전 중 프랑스를 점령한 후 프랑스 중부 휴양지 비시에 프랑스 페탱 장군을 주석으로 한 점령지 관할 허수아비 정권을 설립하고 비시정권이라 칭했다.

가 참석했다. 1945년 9월 3일자 영국의 《타임스》도 항복문서 전문을 국제면에 게재하고 있지만, 미국 주도의 이벤트라고 여긴 탓인지 제1면에 취급하지는 않았다. 영국의 경우 역사 교과서가 자국의 역사에서 중요한 날인 9월 12일을 언급하고 있지 않다는 점이 주목할 만한다. 이날은 싱가포르의 동남아시아 GHQ에서 마운트배튼과 일본의 이타가키 세이시로(板垣征四郎) 대장 간의 항복문서 조인식이 거행된 날이다. 어쩌면 영국인들은 이날을 축하할 생각을 별로 하지 않았을지도 모른다. 인도 독립은 그로부터 2년 뒤인, 1947년 8월 15일에 이뤄졌는데 인도 독립기념일을 8월 15일로 정한 것은 빅토리아 여왕의 증손이자 마지막 인도 총독으로 식민지제국의 와해를 지켜본 마운트배튼이었다. 어쨌든 일본의 패배와 함께 대영제국은 아시아에서 너무도 많은 것을 잃었다.

이 전쟁의 결과 세계제국의 지위를 완전하게 탈락한 영국으로서는 새로운 패권국가인 미국의 기준에 맞추는 것에 저항이 있었을 것이다. '자신 없는 전승국' 영국은 승전일을 패전국 일본의 기준에 맞추는 방법으로 전쟁의 승리를 국민사에 새기려고 한 것일까.

패전국들의 종전기념일

일본의 8·15 종전기념일의 타당성을 고찰하려면 같은 패전국인 독일과 이탈리아의 종전과 그 기념일을 살펴볼 필요가 있다. 우선은 대학교 수험용으로 채택률이 높은 현행 『상설 세계사』(야마카와출판사) '연합국의 승리' 부분부터 살펴보자.

1943년 7월, 무솔리니는 국왕으로부터 해임되고 파시스트당은 해산했다. 같은 해 9월 연합군이 이탈리아 본토에 상륙하자 **이탈리아 신정부**(바드리오 정권)는 무조건 항복을 신청했다. 독일은 1945년에 무너졌다. 4월 말 히틀러는 자살했고 베를린은 점령되어 5월 7일에 독일은 무조건 항복했다. 일본은 8월 14일 포츠담선언을 수락, 항복했고, 15일에 그 내용을 국민에게 밝혔다. 6년에 걸친 제2차 세계대전은 끝났다.(강조는 원문)

이탈리아 왕국과 독일 제3제국의 언급 방법 차이에 주목하자. 독일의 경우 항복문서 조인의 날짜를 명기해두었지만, 이탈리아는 조인이 아닌 "무조건 항복을 신청했다"고만 언급했고 날짜도 생략하고 있다.

이탈리아의 기묘한 종전

기묘한 것은 전후 점령체제 등으로 미루어 일본은 독일보다 이탈리아와 더 유사함에도 일본이 이탈리아의 종전을 언급하는 일이 거의 없었다는 점이다. 전후 이탈리아에서 왕정이 폐지된 적도 있어서 일본의 국체호지와는 어긋나므로 언급을 피했다고 생각한다면 무리일까.

제2차 세계대전은 독일군이 폴란드를 침공한 1939년 9월 1일에 시작됐다. 다음 날인 9월 2일에 중립을 선언했던 이탈리아는 독일군의 파리 입성 4일 전인 1940년 6월 10일 영국과 프랑스에 선전포고를 한다. 하지만 이탈리아군은 아프리카 전선 외에 각지에서 패퇴했고, 이윽고 1943년 7월 25일 쿠데타로 무솔리니 수상은 실각한다. 국왕 엠마뉴엘 3세는 후임 수상에 바드리오 원수를 임명한다. 바드리오 정권은 9월 3일 시칠리아섬에서 연합국과 비밀 휴전협정에 조인한다. 그리고 같은 달 8일 발효와 동시에 무조건 항복을 공표했다. 상식적으로는 이 9월 8일이 패전기념일이 되어야 하지만 이탈리아에서는 전쟁이 계속되었으므로 누구도 그렇게 받아들이지 않았다.

다음 날인 9일, 독일군은 북부 이탈리아를 점령하고, 바드리오 정권은 로마에서 미군 점령하에 있던 남부 이탈리아로 도망했다. 9월 15일, 구출된 무솔리니를 수상으로 하는 파시스트 공화정부가 독일군 보호하에 수립되었다. 10월 13일, 바드리오 정부는 독일에 선전포고하고 연합국에 참가했으며, 1945년 7월 14일 일본에도 선전포고했다. 무솔리니는 일본에 선전포고하기 3개월 전인 4월 28일 코모 호수에서 빨치산에게 사살되었다. 현재 이탈리아의 경축일 해방기념일은 무솔리니 사살 3일 전에 CNL(국민해방위원회)의 빨치산 부대가 독일군 방위선을 돌파하여 이탈리아 북부를 독일군과 파시스트로부터 해방시킨 4월 25일이다.

이상의 경위를 보면 패전국의 자각이 부족한 이탈리아가 특별히 종전기념일을 설정하지 않는 것도 이해된다. 이탈리아의 역사 교과서는 유럽에서의 종전을 독일 항복 날짜인 5월 7일, 제2차 세계대전의 마지막을 미주리호 조인식을 행한 9월 2일로 기술하고 있다.

덧붙여 전후 일본의 천황제 논의에 영향을 주었을 법한 사보이 왕가의 마지막에 대해서 간단하게 마무리하자. 파시스트 체제 지지와 대영 · 미 개전의 책임을 지고 1946년 5월 9일 엠마뉴엘 3세가 퇴위했다. 그 후 황태자가 움베르토 1세로 즉위했다. 그는 이탈리아 왕실과 무솔리니 독재정치와의 관계를 거듭 부정했다. 그러나 1946년 6월 2일 전후의 국가체제를 둘러싸고 행해진 국민투표에서는 가톨릭교회가 중립을 선언하여 근소한 차이로 군주제가 폐지되었다. 이 6월 2일은 현재 이탈리아 공화국의 축제일로, 휴일로 정해져 있다. 공화제 이행 후 국왕은 주로 포르투갈에서 망명생활을 하다가 생애를 마쳤다. 6월 2일 이탈리아에서는 공화국 대통령이 열병하는 군대 퍼레이드와 공군쇼가 있고, 월계수 화환을 조국 제단의 무명 전사 무덤 등에 헌정하는 행사를 갖는다.

두 개의 독일과 두 개의 종전기념일

1945년 4월 28일, 무솔리니의 사망 보고를 받은 히틀러는 같은 달 30일 오후 3시 반, 후계 총통에 되니츠를 지명한다는 유서를 남기고 베를린의 총통 지하호에서 자살했다. 5월 1일, 되니츠 총통은 함부르크 방송을 통해 국민에게 히틀러의 죽음을 알리고 전쟁을 지속할 것을 호소했다. 그리고 볼세비키가 적이라는 사실을 강조했다. 이는 소련과 영ㆍ미의 이간을 겨냥한 것이었다. 실질적으로는 영미에 항복하겠다는 성명과 다름없었다. 그래서 서부전선에서는 부대에 따라 부분적 항복을 하면서, 동부전선은 유지하여 가능한 한 많은 국민을 영미 점령지로 밀어넣으려는 작전을 취했다.

5월 4일, 되니츠 지휘하의 북부 독일군은 몽고메리 장군 지휘하의 영국군에 항복했다. 다음 날 5일, 비슷한 형태의 국지적 항복을 아이젠하워 미군 총사령관에게 신청했지만, 소련을 포함한 연합국에 대한 전면항복을 요구당해 되니츠의 부분적 항복계획은 실패하고 말았다. 이에 5월 7일, 독일 국방군최고사령부를 대표해서 작전부장 요돌 장군이 랑스의 아이젠하워 사령부로 가서 항복문서에 서명했다. 발효는 다음 날 8일 오전 0시였다. 이 유럽 전승기념일(VE Day)을 맞아 미국에서는 트루먼 대통령, 영국에서는 조지 6세와 처칠 수상이 특별 라디오 연설을 했다. 이에 비추어 보면 5월 8일은 서방국가들에 전쟁 당사자 쌍방이 납득할 수 있는 종전일이라고 할 수 있다.

소련의 스탈린은 독일에 대해 똑같은 조약 조인식을 요구했다. 같은 달 9일 베를린의 게오주코프 사령부에서 영국 테더 장군, 미국 스파츠 장군의 참석 아래 독일의 케이틸 장군이 5월 8일자 항복문서에 서명했다. 오늘에 이르기까지 러시아의 제2차 세계대전 대독일의 전승기념일은 5월 9일이다. 모든 항복문서에 독일군 대표의 서명만 있는 이유는 독일 정부의 대표격인 제3제국의 중앙정부가 존재하지 않았기 때문이다. 약 한 달 뒤인 6월 5일, 정식으로 미국, 영국, 프랑스, 소련 4개국이 독일의 최고 권력을 장악했다고 선언했다.

당연한 말이겠지만 베를린 장벽 붕괴 이전 동서 독일은 종전기념일에 대해 서로 다른 명칭을 붙였다. 독일연방공화국(서독)에서는 5월 8일을 '종전과 국민사회주의로부터 해방된 날', 독일민주공화국(동독)에서는 '히틀러·파시즘으로부터 해방된 날'이라고 불렀다. 다음 날인 5월 9일을 동독에서는 소련과의 우호를 의식해서 히틀러·파시즘에 대한 소련 인민 승리의 날로 기념했다. 1990년 10월 3일 동서독이 통일된 후 '종전과 국민사회주의로부터의 해방의 날'을 5월 8일로 통일해 기념하고 있다.

다만 통일독일에서도 5월 8일은 해방을 축하하는 건지 패전을 기억하는 건지를 둘러싸고 논쟁이 계속되고 있다. 전자의 경우 독일의 국민은 나치즘의 피해자가 되지만, 후자의 경우는 침략전쟁의 가해자가 될 수도 있다. 게다가 동서분단이나 동부 국경지역으로부터의 추방 등 전후의 국민적 비극에 대한 평가를 둘러싸고 독일에서 벌어지는 논쟁은 일본의 패전/종전 논쟁보다 훨씬 심각한 양상을 띤다. 이런 이유로 보더라도 아무도 반대하지 않는 일본의 8·15 종전이라고 하는 틀은 독일인에게는 일종의 자기기만으로 보일지도 모른다.

독일인의
8·15 종전기념일 비판

그 한 예로 《슈피겔》의 극동 편집인 바그너가 1995년 프라이부르크대학에서 행한 강연 〈미주리 함상의 일본의 항복〉(1997)을 인용해보자.

> 일본이 패배를 공식적으로 인정한 것은 1945년 9월 2일의 일이었다. (중략) 8월 15일 천황 히로히토의 라디오 방송과 동시에 전쟁은 끝난 일이었다. (중략) 오늘날 일본에서는 제2차 세계대전을 상기시키는 결정적인 일자는 8월 15일일 뿐 9월 2일은 아니다.

바그너에 따르면 일본 정부는 8월 15일 이후 보름 정도의 기간을 현실적으로 이용하여 문서 소각이나 진주군 전용 위안소 설치(8월 18일)를 끝마치며, 패전을 종전으로 살짝 바꾸는 작업을 했다고 한다. 그리고 일본과 미국, 미국과 독일의 관계에서 드러나는 종전기념일 차이를 다음과 같이 정리하고 있다.

독일은 종전기념일을 '독재로부터의 해방과 새로운 민주주의의 개시'라고 보고 적국 미국에 감사하며 좋은 신뢰관계를 만들었다. 그에 비해 일본은 종전 기념일에 원폭투하에 따른 희생자 의식을 들먹이며 미국에 민주화를 감사하는 날로 여기지 않았다.

즉 일본의 8·15 종전기념일은 '너무나 자국 중심주의에 집착한' 역사 의식의 출발점이라는 지적이다.

바그너의 논의를 모두 받아들일 수는 없다. 히틀러에게 열광한 독일 국민을 히틀러 독재의 피해자로 만들었을 뿐 아니라 패전을 종전은커녕 해방으로까지 살짝 바꾸었다고 말할 수도 있지 않을까. 만일 일본 국민이 9월 2일을 군국주의에서 해방된 해방기념일로 축하했다고 하자. 전쟁 책임이라고 하는 관점에서 보면 보통 국민은 군국주의의 희생자가 될 수 있다. 그러므로 독일의 방법은 책임을 모면하는 가장 교묘한 방법이라고도 할 수 있을 것이다. 이러한 '독일 국민≠나치스' 모델을 일본에 적용하려는 시도가 없지는 않았다. 1945년 8월 15일에 장제스가 항일 승리를 기념해 실시한 유명한 라디오 연설에서도 그러한 웅변술이 드러난다.

우리는 결코 보복을 계획해서는 안 된다. 특히나 적국의 무고한 인민에게 모욕을 가해서는 안 된다. 우리는 단지 그들이 나치스 군벌에 우롱되어 끌려가게 되었음에 연민의 정을 나타내고, 그들에게 착오와 죄악을 자성케 할 뿐이다.

이 나치스 군벌이란 말할 필요도 없이 일본 군벌일 것이다. 장제스가 총통을 자칭하듯이, 국민당 그 자체가 나치류의 규율을 채용한 전체주의

정당이었으며, 제3제국에서 군사고문단을 초빙한 것 등을 언급하지는 않
겠다. 이 연설의 웅변술은 중화인민공화국 성립 후에도 중국 정부의 공식
견해로 인정되고 있다. 물론 '일본의 일반 국민도 군국주의의 희생자'라
는 언변의 허구를 알면서도 그대로 받아들이는 전략을 구상한 일본 정치
가도 있었을 것이다. 그러나 야스쿠니 신사에 A급 전범을 합사함으로써
이 전략은 문이 닫혀버렸다.

사실 나치스 군벌이라는 허구를 받아들여서 A급 전범과 천황에게만 전
쟁책임을 전가하고, 독일처럼 8월 15일을 해방의 날이라고 한다면 이야
기는 간단할지도 모른다. 그러나 그것은 온 국민이 총력전을 벌였다는 역
사에 대한 올바른 기억이 아니고, 국민 총동원 체제의 과거 역사로부터
배워야 할 교훈을 눈감아버리는 일이 되지 않을까.

:: 3장

창작되는 기억

앞에서 우리는 국제적으로는 9·2 항복기념일이 주류이며, 중국이나 영국 등에서 일본표준화와 함께하는 경향이 있음을 확인했다. 그러면 일본에서 8·15 종전기념일이 미디어 이벤트로 정착한 것은 언제일까. 이 문제에 대해서는 아리야마 데루오(有山輝雄)가 지은 『전후 일본의 역사, 기억, 미디어』(2003)에 잘 정리되어 있다.

점령 말기부터 미디어가 제2차 세계대전의 과거를 기념해야 할 날로 서서히 제시하기 시작한 날짜는 8월 6일과 8월 15일이었다. 그 이외의 기념일, 예를 들어 만주사변의 시작인 유조호 사건[31]이 터진 9월 19일, 중일전쟁의 시작인 노구교 사건[32]이 일어난 7월 7일, 진주만을 공격한 12월 8일, 나가사키에 원

---

31 | 1931년 9월 일본 관동군이 만주지역을 장악하기 위해 펼친 자작극 사건.

폭이 떨어진 8월 9일, 항복문서에 조인한 9월 2일은 전혀 언급하지 않았다. 강화조약 조인(9월 8일), 강화조약 발효일(4월 28일)에 대한 기억도 사라졌다. 여기에는 선택된 기억과 망각이 자리 잡고 있다.

히로시마 원폭투하의 날, 8월 6일의 기억에 대해서도 아리야마는 날카롭게 지적한다. 확실히 종전 전까지 히로시마의 피해와 관련된 자세한 내용은 일본 정부에 의해 은폐되었고, 미군 점령기에는 미군에 의해 정보 통제의 대상이 되었다. 《아사히신문》 사설에서 원폭에 대해 처음 언급된 것은 점령 말기인 1949년 8월 6일에 이르러서였다. 즉 전후 일본에서 원폭의 기억은 국지적인 것에 머무르고 있었다. 그런 의미에서 8월 6일은 미국의 점령이 끝난 뒤 국민적 기억으로 새롭게 만들어진 것이라고 할 수 있다. 1950년 8월 6일자 《요미우리신문》에 게재된 국가공안 위원장 츠지 지로의 글 〈원폭 5주년〉을 분석한 후 아리야마는 이렇게 평가했다.

거기서 죽은 사람들은 숭고하게 전쟁 반대라는 인류의 비원을 담은 희생자가 되었다. 그리고 그것을 자각하고 있는 우리 일본 국민은 "노 모어 히로시마(No more Hiroshima)"를 외침으로써 세계를 향해 발언할 수 있는 국민이 되는 것이다. 그것은 패전으로 의기소침해 있는 사람들의 자존심을 회복시켜주고, '새로운 일본 국민의 정신적 자각'을 형성하게 하는 좋은 소재가 되고 있다.

그렇다면 8월 6일의 부각은 '종전≠항복기념일' 문제와 불가분의 관계에

---

32 | 1937년 7월 중일전쟁의 발단이 된 중국과 일본군의 충돌 사건.

놓인다. 다음에서는 8 · 15 종전과 9 · 2 항복 간의 상관관계 속에서 이뤄진 남은 기억과 망각의 과정을《아사히신문》지면을 통해 살펴보려 한다.

1945년 당시의 신문보도

옥음방송 다음 날인 8월 16일자《아사히신문》제1면 톱은 "옥음을 맞아 감읍명인(感泣鳴咽)", "옥음에 맹세해 드리는 결의"라는 표제를 실었다. '아라히토가미(現人神)[33]의 목소리는 민족의 역사의 날에나 들을 수 있는 것, 그날은 왔다. 그러나 그날은 영광의 날이 아니라, 슬픈 역사의 날이었다.' 사설〈아아, 옥음을 맞이한다〉에서도 기념해야 할 일이라고 반복된다.

> 이것은 어떤 날인가. 황기(皇紀) 2605년 8월 15일. 이날 우리 일억 국민은 황공스럽게도 옥음을 삼가 맞은 것이다. 그 환희는 또한 한없는 비통이기도 했다.

《아사히신문》은 옥음이 방송된 8월 15일을 전쟁에 마침표를 찍는 날로 보고 있지만, 8월 14일의 '성단'과 '종전조서'를 내세우며 종전이라고 파악한 신문도 존재한다. 8월 15일자《교토신문》은 "명기하라, 8월 14일"이라는 표제를 크게 내걸었다. 이 지면도《아사히신문》과 동일한 니주바시

---

33 | 신은 은신을 상태(常態)로 하지만, 사람의 모습이 되어 이 세상에 나타난 신으로 하는 것부터 천황의 별칭으로 사용된다.

의 사진을 싣고 있으며, "궁성 앞에 엎드리는 어린 백성들, 눈물 흘리면서 봉답(奉答)"이라고 적어, 마치 보고 온 듯한 예정 기사를 게재하고 있다. '맹세드리는 새로운 충성'이라는 문장의 의미도 비슷하다. 기사의 시작 부분은 다음과 같다.

> 쇼와 20년 8월 14일, 황송하게도 성단은 내려졌고, 어두운 구름 속에 은은하 게 맞이한 오우치야마[34]는 조용하고 한없이 장엄한 모습을 하고 있었다. 조칙 을 맞이하여 니주바시 앞에 조아리는 어린 백성 무리는 고개를 숙여 눈물을 쏟아낸다. 아아 어떤 표정으로 머리를 들 수 있을까. "폐하 용서해주세요. 우 리는 최선을 다하지 못했습니다." 쏟아지는 눈물과 함께 고개만 숙일 뿐이다.

조칙을 맞아 니주바시 앞에 조아린다는 행위는 8월 15일 옥음이 방송된 뒤에 일어날 일이지만, 여기에서는 '성단을 내리신' 8월 14일을 명기해야 한다는 것을 강조하고 있다.

물론 정확히 말하면 1945년 8월 15일에 처음으로 옥음이(육성으로) 라 디오에 흐른 것은 아니다. 1928년 12월 2일 대례 관병식 실황방송을 할 때 라디오로 옥음이 흘러나온 옥음사건에 대해서는 다케야마 아키코의 『라디오의 시대』(2002)가 자세하게 논의하고 있다. 이때 쇼와 천황은 정 렬한 장병을 앞에 두고 칙어를 낭독했다. 사전에 합의된 대로 옥음은 방 송할 수 없었기 때문에, 마이크는 천황의 자리에서 멀리 떨어져 설치되어 있었다. 그런데 목소리가 고음이었기 때문에 우연히 마이크에 목소리가

---

34 | 황궁, 궁중을 가리키는 말. 교토시 우쿄구 닌나지(仁和寺) 북쪽의 산. 우다 천황의 별궁이 있었다.

담겨 전국에 생중계되었다. 이 우발적인 사건은 청취자를 감격시켰지만, 궁내성은 일본방송협회에 엄중한 주의를 주었다. 이 사건 이후 칙어 낭독 시에는 마이크의 스위치를 끄게 되었다.

《아사히신문》의 '옥음＝종전'이라는 논조의 지면은 정말 전후적인 것일까. 8월 15일자 옥음 체험기사의 예정기사 의혹에 대해서는 1부에서 언급한 바 있다. 《아사히신문》의 같은 지면에는 "항공모함과 순함을 대파, 가시마 나다 동방, 아군기가 기동부대를 포착"이라는 표제로 대본영의 전과 발표가 게재되었다. 다음 날 16일의 제1면에도 《육군 화보》 8월호의 광고를 실었으며, '본토 결전은 정말 승산 있는 일억 특공의 길, 국민의 용전투대'의 기사도 싣고 있다. 에토가 지적한 대로 일본의 전군에 작전 정지가 하명된 것은 8월 16일 오후 4시였고, 옥음방송이 실시되던 중에도 많은 지역에서 전투가 계속되고 있었다.

한편 미주리 함상의 조인식 사진과 항복문서의 '맹세이행조서'를 늘어놓은 1945년 9월 3일자 신문 제1면 톱에서는 "9월 2일의 조인으로 대동아전쟁은 정식 종결"이라고 명기하고 있다. 또 미국 전역에 방송된 "9월 2일을 대일 전승일 VJ데이로 기념한다"는 트루먼 대통령의 라디오 선언 요지도 게재했다. 칼럼 〈가미카제보〉는 미주리호 깃대에는 91년 전 페리 제독이 흑선[35]에 내걸었던 깃발이 있었음을 소개했다.

이 항복문서 조인 후, GHQ가 우선 착수한 일은 미국 본위의 역사의식을 패전국에 주입하는 것이었다. 점령군은 '대동아전쟁'이라는 호칭을 금

---

35 | 1853년 미국의 페리 제독이 이끄는 함대가 도쿄만에 나타나 일본에 수교를 요청했고 이듬해 일본은 미국과 화친조약을 맺는다. 당시 도쿄만에 나타난 미군함을 일본인들은 흑선이라 불렀다.

지하고 대신 '태평양전쟁'이라는 용어를 사용하도록 했다. 종전 3개월 뒤인 1945년 12월 8일 일본 신문들은 일제히 GHQ 민간정보국이 작성한 '태평양전쟁사' 연재를 시작했다. 다음 날인 9일부터는 일본의 군국주의 정책을 폭로하는 라디오 프로그램 〈진상은 이렇다〉의 방송도 시작했다. 이 같은 내용들은 다음 해부터 시작된 전범들에 대한 '도쿄재판'의 검사 측 조서의 원형이 되었다. 말할 필요도 없이 그 연재와 방송이 시작된 12월 8일은 4년 전 일본이 진주만을 공격한 날이며, 미국으로서는 '오명의 날'이다. 이후 일본 측의 8 · 15 종전과 미국 측의 9 · 2 항복의 줄다리기가 시작되었다고 해도 틀린 말은 아니다.

다음 해인 1946년 8월 15일 제1면에 "재건 2주년을 맞이하며"와 함께 "포츠담선언 수락 1주년"이라는 제목을 붙인 사설과 새로운 일본의 기원 원년을 주창하는 〈천성인어(天聲人語)〉[36] 칼럼을 나란히 실었다. 같은 지면에 트루먼 대통령이 8월 14일을 일본 항복 1주년인 전승기념일로 지정해, 이날 미국 국민에게 메시지를 발표했다는 '워싱턴 14일발 AP특약' 기사도 실었다. 그러나 9월 3일의 제1면 톱의 "항복 조인 1주년 맥아더 원수 성명 발표하다" 기사에는 9월 2일을 기념일로 명기하고 있다. 이후 1947년 9월 3일, 1948년 9월 2일, 1949년 9월 2일, 1950년 9월 2일 지면에서는 일본 항복기념일의 맥아더 성명을 제1면에 크게 게재하고 있다.

그에 비해 점령이 종료되는 해인 1952년까지 8월 15일의 신문 지면이 '종전기념일'을 언급하는 일은 드물었고, 옥음이라는 말마저 사용하지 않았다. 게다가 1950년 8월 15일 제1면의 종전 5주년 기사는 8월 14 일자

---

36 | 칼럼 제목이 나중에 '가미카제보'에서 '천성인어'로 바뀐 것이다.

《뉴욕타임스》의 "태평양전기념일"이라고 제목을 붙인 기사를 소개했다.

　미국 점령하에서 8월 15일을 종전기념일이라고 주장하기 위해서는 미국의 통신사나 신문의 인용이 필요했던 것일까. 미군 점령하에서는 GHQ의 '국가 신도에 대한 각서(신도지령)'[37]에 따라 국가적 전몰자 제사는 제한되었다. 충혼비나 충혼탑이 철거되었고, 공적 차원의 전쟁에 대해 기억은 상당히 제한되어 있었다. 전몰자를 애도하는 표현이나 옥음 등과 같은 표기는 자제할 수밖에 없었음이 분명하다.

샌프란시스코 강화조약[38]과 항복기념일의 소멸

　　　　　　　　　　　한국전쟁의 작전을 둘러싸고 트루먼 대통령과 대립했던 맥아더는 1951년 4월 16일자로 해임되어 일본을 떠나 귀국한다. 같은 해 8월 15일자《아사히신문》제1면 톱은 샌프란시스코 강화회의에 소련이 출석한 목적에 관한 것이었다. 그리고 사회면의 작은 기사 '평화대회 금지'에서 일본 공산당[日共]의 평화대회, 조선인 단체의 해방기념일 등의 집회는 총사령부 위로비 성명과 공안 조례 위반에 해당하는 것으로서, 엄중하게 단속할 방침이라고 보도했다.

　미군의 일본 점령 말기, 전국지로서 가장 화려하게 8・15 이벤트를 시도한 언론사는 요미우리신문사였다. 점령기간 중에도《요미우리신문》은 8・15에 관한 기사에 한해서는 대체로《아사히신문》이나《마이니치신문》

---

37 | 1945년 12월에 GHQ가 일본 정부에 발한, 국가 신도의 금지와 정교분리의 실시를 명한 지령.
38 | 제2차 세계대전의 종료를 위하여 연합국이 일본과 맺은 평화조약. 1951년 9월 8일 조인되고 1952년 4월 28일 발효되었다.

보다 앞서고 있었다. 이미 1948년 8월 15일의 제1면에 바바 츠네고(馬場恒吾) 사장의 시평인 '패전 3년'을 게재하고 있었다. 요미우리신문사는 1951년 9월 8일의 강화회의를 앞두고 그해 8월 15일부터 자사 비행기 '요미우리 평화호'의 전국 순항(도쿄-홋카이도-오사카-가고시마-도쿄)을 시작했다. 평화호의 명칭은 별도로 하더라도, 항공 이벤트라는 발상 자체는 가미카제호 아시아·유럽 연락 비행(아사히신문사, 1937), 닛폰호 세계 일주(마이니치신문사, 1937)라는 전시기(戰時期)의 일본 미디어 이벤트의 부활이며, 전쟁 전 기념 이벤트의 연장선상에 있었음에 주목해야 한다.

샌프란시스코 강화 조인 6일 전, 1951년 9월 2일자 지면에는 늘 있어 왔던 GHQ 최고사령관에 의한 항복기념 성명은 사라졌고, 대신 대일강화 회의 관련 기사로 가득 차 있었다. 다음 날인 9월 3일 제1면 톱에도 요시다 전권대사가 샌프란시스코에 도착한 기사가 실렸다. 이 1951년을 경계로 9·2 항복기념일 기사는 홀연히 자취를 감추었다. 샌프란시스코 강화 조인과 함께 항복의 기억은 신문 지면에서 사라진 것이다.

미군의 점령 종료가 가까워짐에 따라, 항복기념일과 함께 신문 지면에서 사라진 미디어 이벤트로는 헌법 관련 특집기사가 있다. 1946년 2월 3일에 공포되어 1947년 5월 3일에 시행된 일본의 새로운 헌법을 축하하는 신문 특집은 점령기 동안 매년 반복돼왔다. 1948년 7월, 국민 축일에 관한 법률에 따라 11월 3일은 '문화의 날[39]', 5월 3일은 '헌법기념일'로 지정되었다.

그러나 일본의 새로운 헌법에 대한 미디어 이벤트는 GHQ라는 유력한

---

39 | 원래는 메이지 천왕 탄생일(명치절)이었으나 패전 후 일본 내 축일법에 의해 1948년 문화의 날로 개명했다.

스폰서가 사라지면서 모습을 감추었다. 1955년, 강요된 헌법 개정을 당의 주요목표로 내세운 보수연합인 자유민주당이 탄생하면서, 두 기념일은 미디어에서 영향력을 상실했다. '문화의 날'을 전쟁 전의 '명치절(明治節, 메이지 천황의 생일)에서 유래한 것이라고 믿는 국민도 적지 않을 것이다. 헌법기념일에 신문이 펼쳤던 이벤트의 쇠퇴와 8·15 종전기념일의 대두는 시기적으로는 정확하게 일치한다.

1951년 9월 10일, 문부차관과 원호청 차장은 "전몰자 장례식 등에 대해"라는 제목의 통첩을 냈다. 그전까지는 1945년 12월 15일의 GHQ 신도 지령에 의해 공무원의 자격으로 신사를 참배하는 일은 금지되었다. 그러나 이 1951년의 통첩으로 제한은 완화되었다. 공무원이 위령제 등에 참석하여 공공단체 명의로 화환과 향값을 바치는 것은 인정되었다. 1951년 9월 8일, 샌프란시스코 강화조약이 조인되자 야스쿠니 신사는 화려하게 복권되었다. 같은 해 10월 18일에는 내각총리대신 요시다시 게루(吉田茂) 외 각료들이 야스쿠니 신사 예대제(例大祭)에 참배하였다. 다음 해인 1952년에는 쇼와 천황의 참배도 부활했다. 같은 해 2월 6일자의 문부차관 통첩에서는 지방 공공단체가 위령제 등을 주최하는 것도 허가했다.

8·15 종전 기획의 시작

샌프란시스코 강화조약은 1952년 4월 28일자로 발효되었다. 그해 8월 15일부터 《아사히신문》은 사회면을 통해 8·15 종전 기획을 본격화했다. 일본의 첫 종전기념일에 즈음해 '지하의 종전 정치, 이제 본 무대에'와 '오키나와 사범 건아의 마지막'을 사진과 함께 특집으로 실었다. 이후 이 같은 스타일의 8·15 종전 기획은 사회면을 중심으로 늘 이뤄졌다. 다음 해인 1953년에도 오키나와전에서 집단자결한 게라마소학교 어린이들을 기리는 '오키나와 제도 일본 복귀 기성연맹'의 이벤트를 소개했다. 석간에서는 '종전기념일에 즈음해—떠오르는 고구마 이야기'로 종전시의 식량난을 회고했다.

8·15 종전과 전몰자 위령의 요소가 결합된 최초의 기사는 1954년 8월 15일 석간에 실린 "평화선언을 채택, 세계평화 기원 국민대제"라는 제목의 기사다. 우에노공원에서 개최된 초당파의 세계평화 기원 국민대제는 "매년 8월 15일을 세계평화의 날로 한다", "원수폭의 사용 금지", "세계 정치기구의 확립" 등의 선언을 담은 평화선언을 채택했다. 동시에 메이지 진구 서쪽 참배길에서 행해진 신사 본청 내의 국민총반성운동 동지회 주최의 '국민 총사과의 모임'도 보도했다. 그러나 이들을 모두 사회면에 실었으며, 전 지면을 사용한 대형 기획은 아니었다.

다음 장에서 자세히 분석하겠지만, 이 1954년을 경계로 라디오 방송은 '오봉[40] 행사' 편성에서 종전기념일 편성으로 크게 변화한다. 물론 이전에도 라디오의 8·15 종전을 기념하는 단발 프로그램은 있었다. 1951년에 NHK 제2방송이 8시 30분부터 방송한 〈8월 15일의 추억〉(진주만 공격 포로 제1호, 사카마키 가즈오)이나, 1953년 라디오 도쿄가 심야 1시 15분부터

---

40 | 일본의 대부분의 집에서 조상의 혼에 예를 차리는 명절이라 할 수 있다. 지역에 따라 날짜가 다른데 지방의 경우 7월 13~15일, 대도시는 8월 13~15일이다. 점차 8월로 수렴돼가는 경향이 있다. 오봉의 공식 명칭은 우라봉에(우란분회)다. 13일에는 영혼을 맞이할 준비를 한다고 해서 무카에봉을 지낸다. 14~15일은 봉나카비로 제사를 지내고, 16일은 오쿠리봉이라고 해서 불을 지피고 영혼을 보내주는 행사를 한다. 이에 대해서는 3부에서 상세하게 다루고 있다.

방송한 〈이날로 생각하는〉(오가타 다케토라[41], 노무라 요시자부로) 등이 있었다. 모두 이른 아침 혹은 심야 프로그램이었다. 그리고 당일에 전반적으로 오봉 관련 프로그램을 더 비중있게 편성했다.

1954년에 이르러서도 〈전국 봉오도리[42] 대회〉(NHK 제2)를 더 크게 취급했다. 신문의 라디오란에서도 〈추억의 사람들〉(NHK 제2)을 음력 8월 15일과 연관지으며 강조했다. 그러나 전 내각 서기관장 사코미즈의 인터뷰를 포함한 다원방송 〈북에서, 남에서—8월 15일〉(라디오 도쿄), 히가시쿠니 나루히코[43], 오가타 다케토라의 〈종전 당시를 돌아보고〉(NHK 제1), 〈청년의 주장—종전기념일에 생각한다〉(NHK 제2) 등 종전 프로그램이 눈에 띄게 증가하고 있었다.

1955년, 기억의 전환점

이러한 종전 프로그램의 미디어 편성이 본격적으로 확립된 시기는 1955년이다. 그해 《아사히신문》은 종전 10주년 대형기획을 펼쳤다. 우선 8월 15일의 전날인 8월 14일 석간 제1면에 '하토야마 수상의 종전 10년에 대한 감상'을, 제2면 가정란에는 특집 '우리 집의 10년'을 실었다. 8월 15일 조간은 제1면 톱에 '오늘 종전 10

---

41 | 저널리스트, 정치가, 자민당 총재를 지냈고, 국무대신, 내각정보국 총재, 내각관방장관, 부총리 등을 역임했다.

42 | 봉오도리는 오봉을 맞아 남녀노소가 광장에서 함께 추는 춤을 의미한다. 요즘은 종교적 의미가 희박해지고 공동체의 오락행사가 된 경우가 많다. 한국의 백중놀이와 유사하다.

43 | 황족 출신으로 육군대장을 지냈고, 일본 제43대 내각총리대신을 지냈다(1945~1945).

주년—각지에서 개최하고 평화를 빈다`, 제2면의 사설에 `종전 10주년`, 제4면에는 `종전 직후의 고심, 본사 좌담회` (다나카 에이치, 후쿠다 다케오, 소네 에키[44] 등), 제5면에 `1,000엔 권으로 본 10년`, `종전자 말한다` 그리고 1부에서 고찰한 옥음사진이 실린 제6, 7면에 `사진으로 보는 그 시절` 등을 실었다. 같은 날 석간 톱으로는 `방위청 국방성으로 전환 검토 착수` 기사를 실었지만 바로 아래에 패전기념일이라고 명기한 칼럼을 게재하고 있다. 방위청의 확대를 은근히 견제했던 것으로 보인다.

> 10년 전 오늘은 몹시 무더운 날이었다. 그렇게 더웠던 정오, 쥐죽은 듯 조용한 가운데 라디오에서 흘러나오는 항복의 `옥음방송`에 귀를 기울였다. 그날의 기억은 사라지지 않을 것이다. (중략) 일본을 둘러싼 다양한 군사계획에 국민이 의문을 갖는 것은 당연하다. 그 의문은 전쟁의 비참한 체험으로부터 오는 것이다. 패전기념일인 오늘 밤, 정부 수뇌부까지 포함하여 국민 각자가 10년 전 이날을 조용히 회상해야 한다. 너무나도 큰 희생을 10년에 얼마나 갚을 수 있었는지 진지하게 생각해봐야 한다.

전년까지 종전 특집을 내보내지 않았던 민영 라디오 방송국들도 기념 프로그램을 편성하느라 여념이 없었다. 라디오 해설 코너에서는 특히 기자 좌담회 〈사회 10년사〉(닛폰방송), 종전시 농상을 지낸 마츠무라 겐조 등의 인터뷰를 담은 〈쌀의 10년사〉(NHK 제2), 요시다 시게루 · 고이즈미 신조 · 시모무라 히로시의 〈종전 회고 좌담회〉(NHK제2), 가두녹음 〈푸른

---

44 | 소네 에키는 일본 참의원, 중의원 의원을 지냈고, 사회당 초대 서기장을 역임했다.

하늘 회의〉(분카방송), 미키 도리로[45] 외 〈말의 변천〉(라디오 도쿄) 등이 방송되었다.

이날 NHK 제1방송의 종전 기념 프로그램을 정리해보면 다음과 같다. 6시 15분 〈모자(母子) 가정의 10년〉, 7시 15분 〈도쿄 행정 10년〉, 8시 30분 〈외지에서 맞이한 종전 1, 카토 다이스케〉, 10시 15분 〈종전기념일과 연관해, 엔도 슈사쿠〉, 0시 15분 〈그날과 나, 후지야마 아이치로 · 츠지 마사노부 외〉, 1시 5분 〈다원방송 가정으로부터 사회로〉, 5시 15분 〈전후 10년의 범죄〉, 5시 45분 〈앞으로의 10년〉, 6시 〈전후 10년의 동요〉, 9시 15분 〈종전 회고 좌담회〉. 그 외에도 라디오 편성표만으로는 내용을 확인할 수 없는 뉴스 프로그램이나 칼럼 등에서 종전을 언급했다고 추정하면 그날 NHK 라디오는 종일 종전 일색이었다고 해도 틀림없다. 덧붙여 본방송 개시 3년째인 텔레비전도 전후 10년 특별 프로그램에 힘을 쏟았다.

1955년 9월 2일, 항복 10주년 기사를 실은 《아사히신문》 제1면은 역사에 대한 조롱이라고 할 만하다. 덜레스 국무장관이 일미회담에서 시게미츠 외상에게 제안한 '일미혼합군사 전문위원회' 보도가 상세히 실려 있다. 시게미츠는 10년 전 9월 2일 미주리호 조인식에서 일본 정부 대표로 항복문서에 서명한 사람이다. 그 기사 아래에 있는 '10일이나 일주일 내에 A급 전범 석방 실현'의 기사도 '9 · 2 항복기념일'에 맞춰 실었다고 생각할 수밖에 없다. 물론 이날의 신문 지면에는 9월 2일에 대한 역사적 해설은 없었다. 독자의 상당수는 벌써 항복기념일의 존재를 망각하고 있었을 것이다. 어쨌든 1955년을 경계로 9월 2일의 지면에서 항복의 흔적은

---

45 | 일본의 대중음악 작사 · 작곡가.

완전하게 지워졌다.

'이제 전후가 아니다', 그래서 종전기념일을

1956년 7월 17일 발행된 『1955년도 경제 백서』에는 유명한 구절이 적혀 있다.

> 이제 전후가 아니다. 우리는 다른 국면에 직면해야 한다. 회복을 통한 성장은 끝났다. 향후의 성장은 근대화에 의해 유지되어야 한다.

분명히 1955년 당시 경제지표는 전쟁 전 수준을 회복하고 있었다. 경제 성장은 새로운 단계를 맞이하고 있었다. 그러나 새로운 현상에도 복고적인 신화의 이미지에 영향받은 것에 유의해야 한다. 서민이 바라는 최고의 내수 소비재(텔레비전, 냉장고, 세탁기)는 3종의 신기(神器)[46]라고 불렸다. 또 1954년에 시작된 경제붐을 진무경기(神武景気)[47]라고 부른 이래, 경제 호황의 명칭에 이와토(岩戸)경기[48], 이자나기경기[49] 등의 이름을 붙였다. '이제 전후가 아니다'라는 자신감 어린 회복 속에 8월 저널리즘은 점차 제도화되었다.

---

46 | 황위의 표지로서 역대 천황이 계승해왔다고 하는 세 개의 보물. 여기서는 서민생활의 필수품을 세 가지 신기로 비유하는 말.

47 | 진무(神武)는 기원전 660~585년 재위했다는 초대 천황을 가리킨다.

48 | 이와토(岩戸)는 『고지키(古事記)』에 나오는 아메노이와라는 동굴 신화에서 빌려온 말. 경제 불황기를 벗어나 상승기에 접어든 것을 동굴에서 벗어난 것으로 비유하고 있다.

49 | '이나자기'는 일본 신화에서 나라를 생성한 남자신을 의미한다.

또한 점령하의 검열로 엄격히 제한되던 히로시마와 나가사키의 피폭 체험도 공개되기 시작했다. 특히 1954년 3월 비키니 환초에서 벌어진 미국의 수소폭탄실험으로 일본의 어선인 제5후쿠류마루가 피폭당하는 사건이 있었다. 이 사건을 계기로 히로시마와 나가사키는 평화운동의 국민적 상징이 되었다. 1954년에는 히로시마 평화기념공원이 완성되었다. 1955년에 히로시마 원폭 자료관이 개관했고, 제1회 원수폭 금지 세계대회 개최를 계기로 8월 6일은 일본에서 국민적 기념일로 부상하게 된다. 이에 따라 8월 6일의 피폭 체험에서 시작하여 8월 15일 옥음체험으로 마감되는 '국민적 기억'이 미디어에 의해 재편성되어갔다.

1955년 10월에 사회당 내 좌우 파벌이 통합했고, 11월에 민주당과 자유당이 통합해 자유민주당(자민당)이 만들어졌다. 미소냉전시스템을 일본 국내에 투영시킨 형태로 여야 체제가 이뤄졌다. 의석의 3분의 2는 자유민주당이, 3분의 1은 사회당이 차지하는 안정된 양립체제, 이른바 '55년 체제'가 성립되었다. 8·6 평화기원과 8·15 종전기념도 비슷한 시기에 탄생한 것으로 보아 '국민적 기억의 55년 체제'라고 요약할 수 있다.

일본 대부분의 미디어는 1955년의 종전 10주년 특집을 새로운 전통의 시작으로 보았고, 다음 해인 1956년부터 8월 저널리즘을 본격화된다. 1956년 8월 15일자《아사히신문》지면을 보자. 〈천성인어〉칼럼에서 "이대로 영원한 전후로, 다음 전쟁의 전전만은 절대로 해서는 안 된다"라고 적고 있다. 사설은 '전후 의식의 탈각'을 논의하고 있었다. 논단란에는 도쿄대학 총장 야나이하라 다다오의 "종전기념일에 생각한다―왜곡되는 신일본의 성격", 오야 쇼이치의 "포츠담선언을 다시 읽는다", 학예란에 히로쓰 가주오의 "근원은 옛날에 있다―깨닫는 패전의 어려움", 사회면에 "오늘 2번째 종전기념일, 세상은 이렇게 바뀌었다—생활, 교육, 범죄" 등 기획기사로 짜여졌다. 라디오 방송 프로그램 해설에서도 종전기념 특별 프로그램 〈그 노래 이 노래 2년〉(분카방송), 〈3년째 일본〉(NHK), 〈나의 8월 15일〉(라디오 도쿄)을 소개하고 있다. NHK 텔레비전에서도 7시 5분 〈기록 영화, 태평양전쟁〉, 10시 25분 〈미래의 일본〉을 방송했다.

1956년 8월 15일에는 예전 군인들의 사상단체인 일본향우연맹이 일본유족회, 신사본청과 함께 종전시의 군관민 자결자, 전쟁 재판의 형사자, 옥사자 및 불법 억류 중의 사망자 등을 제사 지내는 '순난제 영혼 현창 위령제'를 거행했다. 다음 해 1957년에는 제사 지내는 신의 범위를 전화의 비운에 스러진 남녀노소 전부로 확대하여 '대동아전쟁 순국영령 현창 위령제'가 되었다. 1958년부터는 중의원 의장을 제사위원장으로 하는 대동아전쟁 순국자 현창 위령제가 정례화된다. 이러한 국가 위령제에 신문이 관여한 예로는 1957년 10월 천황의 시즈오카현 호국신사 참배와 관련해 《시즈오카신문》이 벌인 봉축 캠페인이 널리 알려져 있다.

대일 강화조약 조인 직전까지 《아사히신문》은 8·15 종전과 9·2항복 사이에서 미묘하게 밸런스를 맞추고 있었다. 1950년 8월과 9월을 보면 8월 15일에는 제1면을 통해 '이곳에 평화의 종이 세계에 울려 퍼진 의의 깊은 날'이라는 기사를 싣고, 9월 2일에는 '일본 국민 반성의 날'이라는 칼럼을 〈천성인어〉에 담았다. 그러나 현재 일본 국민 반성의 날은 사라졌고, 8·15 종전의 기억만이 남았다. 즉 전쟁에 대한 기억은 반성에서 평화로 바뀌었다. 그것은 '패전＝점령의 기억'을 '종전＝평화'로 바꾸려 진행된 것이라 할 수 있다.

4장

옥음의 기억에 뿌리내린 전몰자 추도식

1963년 5월 14일 각의에서 결정한 8월 15일 '전국 전몰자 추도식'은 분명히 일본 유족회나 일본 향우연맹과 같은 보수파의 요구로 실현된 것이다. 일본국 헌법 제20조의 정교 분리원칙에 의거해 종교적 의식의 요소를 없앤 국민의례였다. 1963년 5월 14일자 《아사히신문》 석간은 이를 다음과 같이 해설하고 있다.

덧붙여 지금까지는 쇼와 27년 5월 2일에 샌프란시스코 평화조약의 발효를 기념해 도쿄의 신쥬쿠교엔에서 전몰자 추도식을 거행했고, 또 쇼와 34년 3월 28일에 도쿄의 지도리가후치 전몰자 묘지에서 묘지 완성을 기념하여 똑같이 추도식을 거행한 예가 있지만, 연례행사로 실시되는 것은 이번이 처음이다.

이 종교적 의식을 수반하지 않은 전몰자 추도식을 같은 날짜 《요미우리

신문》석간은 이렇게 해설하고 있다.

> 이 식전 때, 천황의 옥음방송이 있던 8월 15일 정오부터 전 국민이 각각의 장
> 소에서 일제히 묵도하는 것 외에, 달리는 열차도 기적을 울려 전몰자의 영혼
> 을 추도한다고 한다. 정부는 각 시, 읍, 면에 적극적인 협력을 요구해, 각지에
> 흩어져 있는 전 육해군 군인의 묘지 등을 철저하게 청소하라고 요청했다.

　이 식전을 통해 추모한 전몰자의 대상은 "중일전쟁 이후 전쟁에서 사망
한 자(군인, 군속 및 준군속, 외지에서 사망한 자, 내지에서 사망한 자 등을 포
함)이다"라고 규정되었다. 그것은 오로지 국내용 의식이었다. 교전국이
나 아시아 여러 국가에 대한 배려는 전혀 존재하지 않았다. 당시의 주요
전국지 신문을 보면 대외적인 배려의 필요성을 강조한 기사는 눈에 띄지
않는다. 1963년 8월 15일자《아사히신문》은 오늘날의 관점에서 볼 때 정
부 주최의 국가행사에 전면적인 찬성을 보여주고 있다. 아사히의 그날 사
설 〈일본인이라고 하는 의식〉에서는 다음과 같이 적고 있다.

> 국가에 대한 생각에 도달할 수 있어야 비로소 국제적인 부분까지 생각하게 된
> 다. 양자는 모순되는 것이 아니고 동전의 앞뒤와 같은 관계라는 것을 일본인
> 은 체험을 통해 느끼기 시작했다. (중략) 전쟁이 악인 것과 전쟁으로 말미암
> 아 죽은 사람의 영혼을 위로하는 것은 완전히 별개의 문제다. 그럼에도 지금
> 까지 전쟁과 관련된 모든 것에 대한 혐오가 존재하고 있다. 그로 인해 이런 종
> 류의 행사도 불가능했다. 그러나 전몰자를 생각해봄으로써 전쟁이란 무엇인
> 가, 왜 일어났는가, 그 과오를 반복하지 않기 위해서는 어떻게 하면 좋은가

등 더욱 구체적인 사고를 할 수 있다.

고도 경제성장의 궤도에 편승한 건전한 내셔널리즘론이라고 말해야 할까. 그래서 그런지 3년 후인 1966년, 이자나기 경기(1965~1970)의 고양감 안에서 『고지키』[50]와 『니혼쇼키(日本書紀)』[51]의 신화 기술을 근거로 삼은 건국기념일도 제정되었다. 1948년 점령군에 의해서 금지되어 폐지된 기원절의 부활에 반대하는 지식인이 적지 않았고, 신문도 그에 대한 비판적인 논설을 게재하였다. 그러나 신화의 기술이 아닌 옥음의 기억에 의거하는 종전기념일 제정에 대해서는 반대의 목소리가 거의 없었다. 적어도 1963년 8월 15일자《아사히신문》지면에서는 찾을 수 없다.

아마 신생 일본의 8 · 15 혁명(마루야마 마사오)을 믿는 사람들이 종전기념일 속에서 일본의 건국기념일을 찾아낸 것일 수도 있다. 그것을 두고 전후 일본 민주주의의 허망(虛妄)이었다고 말하는 것은 과하다 하더라도, 새로운 신화인 것은 아무도 부정할 수 없을 것이다.

'전몰자를 추도하며 평화를 기원하는 날' 탄생

1963년의 '전국 전몰자 추도식' 제정이 유족회 등이 중심이 된 자연발생적 운동이었다고 하면, 1982년의 '전몰자를 추도하며 평화를 기원하는 날'이 제정된 것은 기념일을 제정하

---

50 | 고대 일본의 신화, 전설 및 사적을 기술한 책. 덴무조(天武朝, 678~686)에 의해 편찬이 기획되어 712년 정월에 완성되었다.
51 | 나라시대에 편찬된 일본의 역사서.

는 국제적인 유행 안에서 행해졌다고 생각할 수 있다. 존스턴은 그의 저서 『기념제/기념일 행사』[52]에서 "왜 1980년대가 기념일 행사의 전성기가 되었는가"라고 묻고 있다. 그는 포스트모던으로 알려진 의식과 관련되어 있기 때문이라고 진단한다.

1979년의 도쿄 서미트와 제2차 오일쇼크, 1980년부터의 일본과 미국 간 무역마찰, 1982년 이후의 구미에서의 반핵운동의 고조 등 정치·경제의 국제화 물결은 역사적 기념일을 이용한 국민 통합 정체성의 재편을 국민국가에 요구했다. 1981년 여름 자민당은 야스쿠니 신사 공식참배 실현 요구와 함께 8월 15일을 '전몰자 추도의 날'로 제정하는 것을 당의 방침으로 정했다. 스즈키 내각의 다나베 구니오(田辺國男) 총무장관으로부터 1981년 9월 25일에 자문을 받아서 전몰자 추도의 날에 관한 간담회[53]가 설치되었다. 간담회가 1982년 3월 25일 정리한 보고서에 따라서 같은 해 4월 13일 '전몰자를 추도하며 평화를 기원하는 날'을 제정하기로 결정되었다.

기념일 제정의 배경에 야스쿠니 문제가 있었던 것은 누가 보더라도 분명하다. 일본 유족회는 벌써 1956년에 야스쿠니 신사의 국가운영을 결의하고 있었지만, 자민당은 1969년이 되어서야 간신히 야스쿠니 신사의 국영화를 목표로 하는 법안을 국회에 제출했다. 1974년까지 이 법안은 다섯 번이나 상정되었지만, 야당의 심한 반발로 통과되지 못했다. 그래서 일본

52 | Johnston, William M., *CELEBRATIONS : The Cult of Anniversaries in Europe and the United States Today*,1991. 일본어 번역, 고이케 가즈코(1993).

53 | 이시카타 게이오 대학교 총장을 비롯해 에토, 소노, 다카쓰지, 다카하라, 나카야마, 모로이 등으로 구성.

유족회와 자민당은 8월 15일에 수상의 공식참배를 정례화하여 실질적으로 국가가 보호, 운영하려 했다. 그러나 1978년에 야스쿠니 신사에 도조 히데키 외 A급 전범 14명을 합사함으로써 공식참배는 정치색을 띤 사건으로 바뀌었다. 종전기념일에 수상이 야스쿠니에 참배하는 것은 도쿄 재판 판결의 의미를 부인하는 것으로 이해될 수밖에 없었던 것이다.

이렇게 해서 1970년대 후반부터 야스쿠니 신사의 공식참배는 8·15 종전의 정치적 쟁점으로 부상한다. 그래서 쇼와 천황은 1975년을 마지막으로 야스쿠니 신사 참배를 중지했고, 지금까지 천황의 야스쿠니 참배는 행해지지 않았다.

A급 전범을 합사한 후 벌어진 각료의 야스쿠니 공식참배와 '전몰자 추도의 날' 제정의 움직임에 대해서, 1963년 전국 전몰자 추도식의 경우와는 달리 신문 논조는 비판적이었다. 정치적 타협의 산물인 '전몰자를 추도하며 평화를 기원하는 날'에 대한 각의 결정을 전달하는 1982년 4월 13일 석간의 표제도 '평화 기원의 날'이라고 한 《아사히신문》 등과 '전몰자 추도의 날'로 칭한 《교토신문》 등으로 이분화되었다. 긴 정식명칭의 진의에 대해서 같은 날짜 《교토신문》 석간은 이렇게 설명하고 있다.

이날은 전몰자 추도의 색조를 강하게 요구하는 자민당 측의 입장뿐만 아니라 평화를 기원하는 입장도 반영하는 절충적 형태를 취하고 있다. 하지만 자민당은 추도의 날 제정을 돌파구로 하여 야스쿠니 신사에 공식적으로 참배하고, 그 신사를 국가가 운영 및 보호하는 것을 목적으로 하고 있어 앞으로 새로운 논쟁을 부를 것으로 예상된다.

8월 15일을 반전·평화에 대한 국민적 결의의 날로 정하자고 제창한 일본 공산당 기관지 《아카하타(赤旗)》[54]도 있긴 했지만, 8·15 종전의 저의를 의심하는 기사는 별로 눈에 띄지 않는다.

악평이라도 없는 것보다는 낫다

이날을 제정한 뒤 약 두 달이 지난 1982년 6월, 중국과 한국이 일본의 역사 교과서 검정에 항의하는 역사 교과서 문제가 발발했다. 당연히 그해 8월 저널리즘은 역사 교과서 문제를 의식하여 전쟁책임 문제나 반전반핵을 중심으로 하는 테마를 다루었다. '아시아 여성들의 모임' 등 시민운동 그룹은 기념일 제정에 반대하는 집회를 열었다. 이렇게 하여 8·15 종전기념일은 신들의 분쟁 무대가 되었고, 제정 후 얼마 안되었지만 이런 논쟁으로 최대의 홍보효과를 거두기도 했다.

8·15를 종전으로 잡은 기념일 선정은 미디어와 상호작용을 일으켰기 때문에 홍보 효과는 예측할 수 있었다. 즉 8·15 종전을 고집하는 한 아무리 종전기념일이 일본 중심적이고 일본 내부의 관점을 반영한다고 비판해도 비판 그 자체가 기념일 이벤트의 일부가 되고 만다. 오히려 국민의 정체성을 강화하는 기능을 할 수도 있다. 앞서 잠깐 언급한 존스턴의 말을 인용해보자.

---

54 | 1928년 창간된 일본 공산당 중앙 기관지.

우상 파괴를 주장하는 사람도 국가를 칭송하는 사람과 같은 대접을 받는다. 국가기관은 제사 자체에 대한 언급이 쏟아지는 한 반대의 목소리든 찬성의 목소리든 크게 개의치 않는다. 모든 목소리는 국가기관이라는 행사 집행자에 초점을 모으게 한다. 그래서 기념일과 관련된 다음과 같은 격언에 귀 기울일 만하다. '아무런 비판이 없는 것보다는 악평이라도 있는 게 낫다.' 국가가 기념일을 집행할 때 쏟아지는 말들은 그것이 칭찬이든 비판이든 관계없이 국가에 주목케 하고 그것을 통해 국가 정체성의 강화라는 목표를 달성한다.

한편으로 오늘날까지 일본인이 9·2 항복기념일을 의식하는 것 같지는 않다. 중국과는 다른 목적으로 미국은 VJ데이를 8·15 종전으로까지 앞당기는 경향을 보이고 있다. 일미동맹 강화를 위해 기억을 재편하는 것으로까지 이어지고 있는 셈이다. 1985년 8월 15일 종전 40주년을 맞아 나카소네 야스히로(中曾根康弘) 수상이 전후 처음으로 8·15 종전기념일 야스쿠니 공식 참배를 감행했다. 그날 《아사히신문》은 제2면에 "미국이 첫 대일전 승리식을 거행─미국 부대통령, 일미동맹의 강화 호소해"라는 기사를 실었다. '샌프란시스코만에 정박한 항공모함 엔터프라이즈 함상에 부시 부대통령과 정부고관이 참석해 최초의 정부 공식행사로 태평양 평화 40주년을 성대하게 축하했다. 전후의 일미관계에 매듭을 짓고, 새로운 태평양 시대의 도래라는 인상을 남길 목적으로 보인다'고 보도했다. 친일본적인 이 식전에 대해 반핵집단 2,000여 명이 반대 시위를 했고, 7명이 체포되었다고 보도했다.

그럼에도 VJ데이의 날짜가 변경된 것으로 보기는 어렵다. 1995년 9월 2일 클린턴 대통령이 호놀룰루에서 개최된 대일전승 50주년 'VJ데이 기념식전'에 참석한 것을 상기하면 이는 명명백백한 일이다. 9월 3일자《아사히신문》사설〈VJ데이에 대해〉에서도 미국이 태평양전쟁을 종결한 날이 9월 2일임을 명기하고 있다. 하지만 이 항복기념일 사설을 읽은 이들 중 몇명이나 그 의미를 의식하며 읽었을까.

문서의 패전에서
전파의 종전으로

9·2 패전이 아니라 8·15 종전을 기념일로 선택한 것은 가토 노리히로(加藤典洋)가 『패전후론』(1997)에서 지적한 것처럼 국민의 상당수가 졌다고 목소리를 내야 하는 시점에서 '싸움은 좋은 것이 아니다'라고 소리지른 것과 다르지 않다.

> 1945년 8월 그날 부족한 것은 무엇이었을까. 그 시점에서는 다른 국가들 사이에서 계속 게임이 진행되고 있었다는 걸 알려줄 만한 패배라는 언급이 없었다는 사실이다. 일본 국체를 지키는 일보다 더 소중한 일은 게임에서 졌다고 인정하는 것, 그리고 그 패배를 계승하는 일이었을 것이다.

일본인은 전쟁에서 지는 순간 '졌다'는 사실로부터 눈을 돌렸다. 더 정확하게 말해 8·15 종전기념일의 옥음방송 신화의 중요성을 생각하면 눈을 돌렸다기보다는 귀를 막았다고 해야 할지도 모른다.

이미 말한 것처럼 방송된 옥음과 방송되지 않았던 미주리 함상의 조인의 차이는 무시할 수 없다. 옥음방송이 전달한 종전은 국민 체험의 기억에서 공식문서를 통한 항복을 덮어서 가려버렸다.

오늘날 8 · 15 종전기념일의 정착에 기여한 영향력을 생각해보면, 신문 보도보다는 텔레비전 드라마가 더 큰 힘을 발휘했을 것으로 짐작된다. 8월에 정례보도를 하면서 내용이 고갈되고, 매너리즘에 빠져버린 신문의 종전 특집은 기자의 여름 휴가용으로 준비된 것은 아닌가 하는 생각이 들 정도다.

오봉과 종전기념일이 중복되고 있다는 사실에 대해서는 벌써 1949년 8월 15일자《아사히신문》칼럼〈천성인어〉가 핵심을 찌르는 지적을 하고 있다.

> 오봉은 정령을 맞이하는 관습이다. 각자의 집에서는 고인이 된 사람의 영혼을 모셔서 과거의 추억을 불러오곤 한다. (중략) 친했던 사람들의 영혼은 맞이해도, 구 일본의 망령은 맞이해서는 안 된다.

민속 전통인 오봉행사의 쇠퇴와 함께 정치적 기억의 종전행사가 활발해진 것은 우연이 아니다. 다시 존스턴으로 돌아가 그가 언급한 유럽의 사례를 들어보자.

> 기념일 행사가 1980년대에 활발해진 이유는 종교행사를 대체할 만한 것을 세속의 리듬 속에서 갈망하고 있기 때문이다. 이제 주일마다 교회를 가지 않기 때문에 이것을 대신해 반복적인 일상을 상기시키는 무엇인가를 필요로 하게 되었다. 역사 기념일은 사람들의 정체성을 새겨넣게 만들고, 궁극적으로는 사람들의 갈망과 필요성을 충족시켜주고 있다.

다음 장에서는 대부분의 종교적 행사 날짜를 포기한 시대인 오늘날에도 계속되는 오봉 라디오 방송에 초점을 맞춰 종전과 방송의 관계를 재고해 보려 한다.

3부
옥음방송의 내력,
전쟁 전후를 잇는 오봉 라디오 방송

8월 15일 정오의 고시엔(甲子園) 구장, 『소학생의 사회 6 상』(사진은 시사통신사 제공).

14일 밤, 샌프란시스코의 라디오 방송은 우리에게 해방을 알렸다. 전쟁은 끝났다! 그렇지만 엄격히 비밀이 지켜졌기 때문에 대부분의 일본인은 아직 아무것도 모르고 있었다. (중략) 당분간 침묵이 계속되었다. 그리고 한 번도 들어본 적이 없는 목소리가 울려 나왔다. 조금은 쉰 목소리였고, 천천히, 마치 원고를 읽는 것처럼 간격을 길게 두었다. 모두 놀랐다. 아무것도 이해할 수 없었기 때문이다! 천황은 천자만이 사용하는 특별한 언어로 말하셨다. 오래된, 그리고 마치 중국어와 같은 그 말씀은 서민의 말과는 공통점이 거의 없는 것이었다. 국민은 천황의 칙어를 문장으로 가끔 읽어본 적은 있어도 직접 들은 적은 한 번도 없었으니 국민들로서는 이해하기 힘든 것이었다. 기묘한 이야기지만, 그 말씀 직후에 알기 쉬운 말로 번역하는 아나운서의 소리가 들어간 것은 당연한 일이었다. 그렇게 해서 겨우 의미가 분명해졌다. 천황의 말씀이 시작되고 놀라서 귀를 기울이던 마을 사람들도 엄숙한 말씀의 의미만은 알아들은 것 같았다. 마을 사람들의 얼굴이 새파래졌다. 라디오를 경청하는 사람들은 부동의 자세를 취한 채 살며시 눈물을 닦기도 했다. 그들의 경직된 몸짓은 일본 고전극의 순수한 형식을 방불케 하는 것이었다. 그러한 연극에서 연기자는 안에서 끓어오르는 격렬한 정념을 일부러 무감동으로 가장한 최소한의 몸짓으로 나타낸다.

-R. 길랜 지음, 네모토 조베이 · 아마노 츠네오 옮김,

『일본인과 전쟁』, 아사히신문사, 1979.

1장

성령월과 8월 저널리즘

기억의 55년 체제로 성립된 일본의 8월을 이로카와 다이키치는 이슬람 달력에 있는 단식월을 인용해 비유하면서 성령월(聖靈月)이라 부르고 있다.

8월 6일이나 8월 15일에 하루 단식하고 비명에 죽은 모든 사람을 기리는 새로운 풍습이 생길 것을 기대한다. 8월이라고 하는 성령월이, 패전 후 일본에 새로운 국민적 의례로 성립되고 있다는 사실에 큰 의의가 있다.

실제로 8월 6일의 히로시마 원폭기념일에서 9일의 나가사키 원폭기념일을 징검다리 삼아 8월 15일 전몰자를 추도하여 평화를 기원하는 날까지 신문이나 잡지, 텔레비전 등이 '8월 저널리즘'을 통해 전쟁 회고를 반복해오고 있다.

누가 뭐래도 틀림없이 전통적인 행사다. 거의 모든 계절어[55] 사전에서 종전기(終戰忌), 종전일, 패전일, 종전의 날, 8월 15일, 옥음 등을 가을의 용어로 수록하고 있다. 같은 날짜인 8월 15일에 행해지는 불교행사인 우란분회나 가톨릭교회의 성모 승천제와 마찬가지로 '8 · 15 종전'은 하이쿠(俳句)[56] 전통 안에서도 자리 잡기 시작했다. 그 더웠던 여름(도쿄 중앙기상대의 관측기록에 따르면 당시 8월 15일 정오의 기온은 섭씨 30.9도였다고 한다)의 추억을 '여름'의 계절어로 분류하고 있는 사전도 있지만 이것은 예외적이다. 가을의 계절어로 인정받는 덕에 8월 15일은 더욱더 전통적이라는 여운을 띠게 되었다. 당연하겠지만 어떤 계절어 사전도 전쟁에서 항복했던 항복기(降伏忌), 9월 2일은 물론이고 미국과 전쟁을 시작한 날인 개전기(開戰忌), 12월 8일은 다루지 않고 있다. 계절을 읊는 전통적인 일본시 하이쿠 두 편을 소개한다.

いつまでもいつも八月十五日 綾部仁喜
언제까지나 언제나 8월 15일
-아야베 진키

何處に居ても今日は八月十五日 溪口さ莱江
어디에 있어도 오늘은 8월 15일
-계구 사나에

---

55 I 연가(連歌), 연구(連句), 배규(俳句) 등에서 계절을 나타내기 위해 반드시 포함되어야 하는 말.
56 I 5 · 7 · 5의 17음을 정형으로 하는 짧은 시. 하이쿠는 주로 계절과 관련된 내용을 적는다.

내용은 알아듣기 힘든 것이었지만 옥음방송에 대한 기억은 시간과 이처럼 공산을 초월하여 일본인들의 계절감각에까지 자리 잡은 것 같다. 위의 두 하이쿠를 수록한 『신일본대세시기(新日本大歲時記)』(1999)에는 다음과 같은 해설이 첨부되어 있다.

> 쇼와 20년(1945) 8월 15일, 일본이 포츠담선언을 수락하고 종전의 조칙을 선포하여 제2차 세계대전이 종결되었다. 일본에서는 이날을 종전기념일로 정하고 국가재건과 부흥을 맹세한다. 그와 동시에 전몰자에 대해 전국 각지에서 행사를 벌여 희생자의 혼을 위로하고 있다. 종전기, 패전기는 하이쿠 시인들이 만든 말이지만 기일(忌日)이라고 적는 것에는 두 번 다시 잘못을 반복해선 안 된다는 기원이 담겨 있다.

8월 15일은 공식적으로는 경축일이 아님에도 오봉에 맞춘 성묘나 마을 축제로 여겨 귀성하는 사람들이 많다. 관청과 기타 공공기관에 정식으로 오봉 휴가는 없지만, 통념적으로 일제히 유급휴일을 지낸다. 비슷한 불교 행사인 피안회는 춘분·추분으로서 경축일이지만, 오봉은 종전기념일과 겹침에도 불구하고, 사실은 겹치기 때문이겠지만, 공식 축제일은 아니다.

이로카와가 이슬람의 단식월을 인용, 비유하여 성령월이라는 용어를 사용한 것은 1986년이다. 하지만 그보다 약 25년 전에 《사상의 과학》 동인인 쓰루미슌스케(鶴見俊輔)[57], 야스다 다케시(安田武), 야마다 무네무

---

57 | 문예평론가이며 철학자이다. 전후 《사상의 과학》을 창간하고 『공동연구전향(共同研究轉向)』 등 사상 연구에서 성과를 거두었다. 스루 시게도(都留重人), 마루야마 마코토(丸山眞) 등과 함께 전후 언론계의 지도적 인물이다.

츠(山田宗睦) 등은 '승려회'를 결성해 이미 8월 15일을 제사 지내는 날로 기념하고 행사를 치르고 있었다. 이들 3명은 15년 전쟁을 잊지 않기 위해 매년 8월 15일 삭발을 해 승려 머리를 15년간이나 계속해왔다고 한다. 그중 쓰루미는 8월 15일에 단식을 하는 것으로 알려져왔다.

그들이 1962년 승려회를 결성한 다음 해에, 정부가 주최하는 '전국 전몰자 추도식'이 시작되었다. 8월 15일에 대한 기억이 점차 희미해질 것을 우려하는 미디어와 개인 혹은 정부에 의해서 이벤트가 끊임없이 제공되었다. 그 이벤트는 미디어가 펼치는 8월 저널리즘에 걸맞는 소재임에 틀림없다.

종전인가, 패전인가, 8 · 15 혁명인가

이슬람의 단식월에는 먹는 것뿐만 아니라 거짓말이나 욕, 분노도 삼갈 것을 강조한다. 유감스럽게도 일본의 '8월 15일'은 추도와 기도의 정적 속에서 이뤄지지는 않는다. 현실적인 정치 일정으로는 야스쿠니 신사 참배 문제를 둘러싸고 기억의 전쟁, 외교가 더욱 치열해지는 순간이 된다. 이러한 기억의 전장에서는 종전의 호칭조차 널조각이 된다. 1970년 8월 15일자 《아사히신문》은 사회면에서 '패전 또는 종전'을 기획했다. 8월 15일을 종전이라 부를지 패전이라 부를지를 놓고 12명에게 물었다.

'종전'에 동의하는 사람은 작가 요시무라 아키라(吉村昭), 오사카 만국박람회 일본관 안내원 오카무라 히로코(岡村裕子), 문부성 교과서 조사관 무라오 지로(村尾次郎), 전 해군 중위 구보타니 유지(窪谷雄二) 이렇게 4명이었다. 만화가 쇼지 사다오(東海林さだお), 일본 공산당 간부회 부위원장 하카마다 사토미(袴田里見), 총평의장 이치카와 마코토(市川 誠), 후지츠 화콤(FACOM) 사장 안도 가오루(安藤馨), 방위대학교장 이노키 마시미치(猪木正道), 이상 5명은 '패전'에 동의했다. 기타 3명은 오봉이라고 답변한 고시엔 야구대회 출장 선수 미노시마고등학교의 투수 시마모토 고헤이(島本講平), 이겼거나 졌다는 느낌이 없다고 답변한 극단 덴조사지키의 기타다 도시코(北田登志子), 그리고 도쿄 교육대학 교수 이에나가 사부로(家永三郎)이다. 이에나가는 답변에 '8·15 혁명, 국민 주권의 날'이라고 적고 다음과 같은 말했다.

그리고 포츠담선언을 수락한 것은 14일이기 때문에 정확히는 15일이 패전으로 국민에게 알려진 날이라고 하겠지요. 하지만 주권이 천황에게서 국민에게 옮겨진 날로 '8·15혁명'이라고 하는 것이 가장 낫지 않을까 생각합니다.

그야말로 실증역사가이며 이상주의자다운 대답이다. 이에나가의 교과서 재판과 '8·15 혁명'에 대해서는 4부에서 자세하게 논의하겠다. 《아사히신문》처럼 '패전인가', '종전인가'의 양자택일로 질문하는 것은 답을 매우 한정되게 몰아갈 여지가 있다. 예를 들어 히로시마의 원폭기념공원을 평화공원이라고 명명한 국민성을 이해하려면 더욱 섬세한 배려가 필요할 것으로 보인다. 종전파의 답변은 아주 미묘한데, 먼저 작가인 요시무라의 이야기를 들어보자.

패전이라고 하면 분하다는 생각이 든다. 전쟁에 졌기 때문에 전쟁은 죄악이라

는 것을 나는 비로소 깨달을 수 있었다. 그러므로 져서 다행이었다고 생각하
면 분하지도 않다. 그래서 종전이라는 말이 더 좋다.

패전이나 항복이라고 하면 와신상담, 권토중래라는 고사를 떠올리겠지
만, 종전이라는 말에는 그러한 의지를 끌어낼 힘이 없다는 것이다. 무의
식적으로 말할 때는 종전이라고 하지만 이치를 따져보면 패전이라고 말하
는 무라오는, 종전파에 포함되어 있지만 오히려 패전에 더욱 동의하는 패
전파로 분류해야 할지도 모른다. 동일 인물이라도 전쟁을 어떤 장소에서
그리고 어떤 측면에서 논의하느냐에 따라 답변은 달라진다.
여기서 고시엔 야구소년인 시마모토의 발언에 특별히 주목해보자.

8월 15일? 오봉 아닙니까?(빙긋이 웃으면서) 아, 그런가, 종전기념일입니까.
그…… 저…… 매년, 텔레비전이나 신문 등에서 특집으로 다루는데…….
(잠시 침묵하며 곤란해하는 모습) 직접 피해를 입지도 않았고…… 별로……
감상이라고 할 만한 것도……. (질문이 어려웠느냐고 했더니) 네.

오봉과 종전기념일, 종교와 정치가 겹치기에 8월 15일은 성격이 애매
하다. 그 애매함이야말로 전쟁 후의 역사 인식을 상징한다. 다음에서는
8 · 15 종전의 기억이 성립되는 과정을 오봉 라디오 프로그램의 연속성을
분석하면서 정리해보려 한다.

옥음신화와 라디오

종전과 관련된 노래를 모은 『쇼와 만 엽집 제7권 산하통곡』(1980)을 들여다보면 직접 라지오(ﾗﾁﾞｵ) 혹은 라 디오(ﾗﾂﾞｵ)를 읊은 노래가 많음을 알게 된다. 라디오라는 새로운 표기 는 1941년 '국민학교 신교과서'에서부터 사용되었다. 그런 탓에 노래 가 사들은 예전 표기와 새로운 표기를 혼용하고 있었다.

1945년 8월 15일 정오의 옥음방송은 오랜 세월 반복적으로 단가의 소 재가 되었는데 1941년 12월 8일 정오에 전달된 미국과의 전쟁 개시를 선 언한 '선전조서'의 라디오 방송은 자주 언급되지 않는다. 전쟁 개시를 알 린 그날의 라디오 방송을 재구성해보자.

1941년 12월 8일 오전 7시, 시보와 동시에 임시뉴스의 차임벨이 울렸 다. 진주만을 공격했다는 사실을 알리는 임시뉴스가 라디오를 통해 흘러 나왔다. 그 뉴스를 읽은 사람이 유명한 다테노 모리오(館野守男) 방송원 이다.

임시 뉴스를 말씀드립니다. 임시 뉴스를 말씀드립니다. "대본영 육해군부 오 전 6시 발표. 제국 육해군 부대는 본 8일 미명, 서태평양에서 미국, 영국 양군 과 전투 상태로 돌입." …….

다테노는 이를 두 번 반복한 후 "오늘은 중대 뉴스가 있을지도 모르니 라디오의 스위치는 끄지 말아주십시오"라고 호소했다. 그리고 오전 7시 18분, 8시 30분, 9시 30분, 11시 30분에 임시 뉴스를 통해 전과를 발표하였고, 정오의 특별방송을 예고했다.

오전 11시 40분에 시작한 주식시황 전달이 끝나고 정오의 시보가 울렸다. 이어서 기미가요의 주악이 시작되었고, 업무국 고지과장인 나카무라 시게루가 선전조서를 낭독했다. 이어서 도조 총리가 수상 관저 방송실에서 정부성명인 '선전조서를 맞이하여'를 읽었다. 『쇼와 만엽집 제6권 태평양전쟁의 기록』(1980)에 수록된 내용을 보면 종전을 알린 옥음방송처럼 학교에서도, 공장에서도, 사무실에서도, 라디오 앞에서 엄숙한 국민 의례를 진행했음을 알 수 있다.

선전조서를 읽은 나카무라 방송원은 2 · 26 사건[58] 때 '병사들에게 고함'의 낭독으로 널리 알려진 아나운서이다. 〈애국 행진곡〉 연주를 끝으로 특별방송은 끝났다. 오후 12시 16분부터는 말레이 반도 상륙, 홍콩 공략 개시 등을 전달하는 대본영 발표가 이어졌다. 이어 12시 30분 정부 성명을 다시 낭독했다. 오후 6시, 정보국 제2부 제3과장인 미야모토 요시오는 "라디오 앞에 모여주십시오"라고 말하고 다음과 같이 호소했다.

드디어 때가 왔습니다. 국민 모두 진군할 때가 왔습니다. 정부와 국민이 단단히 하나가 되어, 일억의 국민이 서로 손을 잡아 도와주면서 나아가지 않으면 안 됩니다. 정부는 방송을 통해 국민 여러분께 국민이 향해야 할 곳, 국민이 가야 할 곳을 분명히 전달하겠습니다. 국민 여러분, 어서 라디오 앞에 모여주십시오.

---

58 | 1936년 2월 26일 일본의 황도파 장교들이 일으킨 쿠데타.

많은 국민에게 이 전쟁은 라디오로 시작되어 라디오로 끝났다. 하지만 전후, 전쟁에 대한 기억 가장 밑바닥에 남은 것은 1941년 12월 8일의 일순간의 조용함이 아니었다. 1945년 8월 15일의 '잡음 섞인 옥음'이었다.

옥음방송의 청취자

옥음방송의 청취자들이 쓴 일기나 회상은 이미 방대한 양이 공개되었
다. 8 · 15와 옥음 체험을 편집한 책만 해도 그 숫자가 엄청나다.

- 고치현 교원조합 부인부 편, 『8월 15일—여성의 전시 체험기』(1960).
- NET TV 사회교양부 편, 『8월 15일과 나, 종전과 여성의 기록』(겐다이교
  요문고, 1965).
- 이노우에 히사시 외, 『8월 15일, 그때 나는…』(세이도샤, 1983).
- 야스다 다케시, 후쿠시마 주로 편, 『다큐멘터리 쇼와 20년 8월 15일 · 증보
  판』(쇼시샤, 1984).
- 이츠키 히로유키 외, 『8월 15일과 나』(가도가와문고, 1995).
- 가와무라 아츠노리 편, 『쇼와 20년 8월 15일—여름의 일기』(하쿠분칸신샤,
  1985).

3부. 옥음방송의 내력, 전쟁 전후를 잇는 오봉 라디오 방송 **163**

- 쇼가쿠칸 편, 『여자들의 8월 15일 전쟁의 참화를 두 번 다시 반복하지 않기 위해』(1985).
- 그날을 기록하는 모임 편, 『8월 15일의 어린이들』(쇼분샤, 1987).
- CRT 도치기 방송 편, 『전후 50년 · 그때 나는 … 60명의 옥음방송』(주이소샤, 1995).

　잡지의 특집 등을 포함하면 리스트만으로도 한 권의 책이 될 것이다. 또 옥음 체험의 심정을 수량화한 것도 있다. 미국의 전략 폭격 조사단이 조사한 〈폭격이 일본인의 전의(戰意)에 미친 영향력〉(1947)은 널리 알려져 있다. 조사에서 "일본이 전쟁에 졌다고 들었을 때, 당신은 어떤 생각을 했습니까"라고 질문했다. 이에 대해서 후회 · 비탄 · 유감 30%, 놀라움 · 충격 · 곤혹 23%, 안도감 · 행복감 22%, 점령하의 두려움 · 걱정 13%, 환멸 · 쓸쓸함 · 공허감 13%, 부끄러움과 그에 이어진 안심 10%, 예상하고 있었다 등 4%, 천황에게 미안하다 등 4%, 답변 없음 6% 등으로 보고하고 있다. 후회 · 비탄 · 유감과 놀라움 · 충격 · 곤혹이 주류를 차지했던 것은 내무대신에 보고된 8월 20일자의 민정보고 〈낙담, 비분 강개하는 자, 각처에서 눈에 띔〉(오사카), 〈일반 국민은 항전(抗戰)한다고 생각했고, 어제 발표로 일시 망연자실 상태〉(가네가와)라는 내용과도 통하는 부분이 있다.

도쿠가와 무세이의
8 · 15 일기

　　　　　　　　　그 당시를 담은 여러 '8 · 15 일기' 중에서도 라디오 청취와 관련된 흥미로운 것 몇 가지를 인용해보자. 우선은

『무세이 전쟁일기』에 담긴 8·15의 기술이다. 도쿠가와는 무성영화의 인기 변사였다. 그 이후 라디오 성우로서 한 세기를 풍미한 문화인이다. 그런 점에서 일반 서민의 체험과는 다소 차이가 있다. 그는 상당히 풍부한 정보환경에 있었다고 말할 수 있다. 무세이의 귀에는 8월 10일부터 항복의 소문이 들리고 있었다.

정오의 시보가 재깍재깍 다가온다. 나는 방석을 치우고, 배나무 책상 앞에 정좌하여 책상에 놓인 회중시계를 바라보았다. 아키코는 나의 등 뒤 비스듬히 오른쪽 자리에 정좌했고, 시즈에는 마찬가지로 비스듬히 왼쪽에 정좌해, 3명 모두 숨을 죽이고 기다렸다. 땡…… 정오였다.

"이제부터 황송스럽게도 천황 폐하의 방송입니다. 삼가 예를 갖추시기 바랍니다."

"기립."

호령이 방송되었으므로 우리는 다다미 위에 서서 움직이지 않았다. 이어 기미가요의 주악이 흐르기 시작했다. 이 곡이 만들어진 이래 이처럼 슬플 때에 연주된 적은 없었을 것이다. 나는 그 가락이 커다란 슬픔의 물결이 되어 전신에 스며드는 것을 느꼈다. 곡은 끝났다. 드디어 마른침을 삼켰다. 옥음이 들리기 시작했다. 그 제일성을 들었을 때 전신의 세포가 다 떨렸다.

"…… 짐은 깊이 세계의 대세와 제국의 현상을 감안하여 비상조치로써 시국을 수습코자…… 더욱 교전을 계속한다면 결국 우리 민족의 멸망을 초래…… 그러나 짐은 시운에 흘러가는 바, 참기 어려움을 참고 견디기 어려움을 견디고……."

얼마나 맑고 깨끗한 목소리인가. 고마움이 머리카락 끝까지 스며든다. 다시

기미가요다. 발밑의 다다미에 눈물이 큰 소리를 내며 계속 떨어졌다. 나는 어떤 의미에서는 가장 불령한 신민의 한 사람이다. 그런 나조차도 이런 식으로 옥음을 맞았다. 전 일본의 가정, 학교, 회사, 공장, 관청, 병영, 모두 같은 시간에 조용히 옥음을 들었을 것이다. 이와 같은 군주가, 이와 같은 국민이 세계에 또 있을까…… 하고 나는 생각했다. 이 좋은 나라는 영원히 멸망하지 않는다! 직관적으로 나는 그렇게 느꼈다.

옥음방송 전의 아나운서가 말한 내용은 실제의 방송기록과는 상당히 다르게 적혀 있지만, 조서의 문장은 거의 정확하게 옮겨져 있다. 그로 미루어, 이 일기의 집필은 적어도 종전조서를 게재한 조간신문이 배달된 뒤, 다시 말하면 오후 1시 이후에 이뤄졌다고 추측할 수 있다. 덧붙여 말하면, 미리 패전을 알고 있었으므로 옥음만으로도 감격의 눈물을 흘릴 수 있었으며, 장문의 직관적 감상을 써서 남길 수 있었다고도 할 수 있다.

각각의 8 · 15 일기

도쿠가와와 달리 언론계통에 특별히 아는 사람 없이도 사전에 전쟁이 끝나고 있다는 걸 알고 있었던 예도 있다. 학도 동원으로 도쿠시마(德島)의 군수공장에 있었던 오카다 히로시(당시 16세)의 일기에는 종전에 대한 정보의 사전 게시가 있었던 것으로 기록되어 있다.

사코 13가 파출소 게시판 내용을 보고 나는 얼굴이 창백해짐을 느꼈다. 거기에는 다음과 같이 적혀 있었다.

1. 이달 14일 황송하게도 선전 휴전에 관한 조서를 발표하심.
2. 15일 12시 천황께서는 라디오 방송을 하시게 되니 배청할 것.
3. 현민은 경거망동하는 일 없이 거룩한 뜻에 따를 것.

쇼와 20년 8월 15일 도쿠시마현 지사.

휴전이라는 한마디에 뭐라고 할 수 없는 감개에 젖어 눈물을 흘렸다. 게시판 앞에는 사람들이 새까맣게 모였다. 모두 심상치 않은 긴박감에 휩싸인 모습이었다. 공장에서도 젊은이들의 분노가 절정에 이른다. 지금까지의 고생이 수포로 돌아갔다고 생각하면서 무언 속에서 복수의 생각을 굳히고 있었다. 이노즈 부대의 오두막에서 12시를 목 빠지게 기다렸다. 그리고 엄숙함 속에서 그 방송을 청취했다. 스즈키 내각 총리대신의 장중한 어조에 이어, 황공스럽게도 천황 폐하께서는 전 국민에게 휴전에 관한 조서를 환발하셨다. 아직껏 전례가 없었던 폐하의 방송에 감격의 눈물로 숨이 막혔지만 비장한 각오로 옥음을 들었다. 그 조서 중간 "짐은 너희들의 심정을 깊이 안다"는 부분은 울고 싶어도 울지 못한 순간이었다.

방송 전에 휴전을 담은 관청 훈시가 전달된 지역도 있었던 것 같다. 또 천황의 목소리가 나가기 전 그 내용을 설명했던 시모무라 정보국 총재를 스즈키 수상으로 착각한 사람도 적지 않았다. 일기 집필시에 놀라고 있었기 때문인지, 옥음 전에 주악된 기미가요를 〈바다로 가면〉이라고 잘못 기록한 것도 있었다. 일기 속 증언은 엄격한 자료 비판이 필요함을 보여주는 증거들이다.

수많은 8·15 일기 가운데 나 자신이 오랫동안 기억하는 라디오 청취자의 일반적인 모델이 있다. 도호 영화촬영소 조감독인 히로사와 에이(당시 21세)의 일기가 그것이다. 15일 대공습을 받은 지역에서 불을 끄던 중 옥음방송을 들었다고 한다.

그날 정오, 라디오를 통해 중대발표가 있다고 했다. 집에 있던 라디오는 전쟁을 피해 다른 곳에 가져다 놓았기 때문에 할 수 없이 진보(神保) 라디오 가게로 방송을 들으러 갔다. 진보 라디오 가게의 스피커 앞에는 상당히 많은 사람이 모여 있었다. 심한 잡음과 난해한 말이었기에 의미를 전혀 알지는 못했다. 그러나 전쟁의 국면이니 천황이 나와서 열심히 일하라고 말한 것이라고 생각해 아버지와 함께 집으로 돌아왔다. 그 후 어머니는 해설까지 자세하게 듣고 와서는 아마 전쟁을 그만두게 된 것 같다고 했다. 아버지는 안색을 바꾸며 분별없이 나서서 말하지 말라고 화를 내셨다. 그러나 그날 신문을 보고서 역시 어머니 말이 옳았다는 것을 알았다.

히로사와가 옥음방송의 내용을 이해하는 과정이 아마도 가장 표준적인 경우일 것이라 생각해보았다. 즉 옥음 그 자체는 이해하기가 너무 힘들었고, 그 후의 해설을 자세하게 들어서 패전을 알았고, 늦게 배달된 조간으로 확인한 것, 그것이 옥음방송과 관련된 이해의 방식이었으리라 생각한다.

단 만주나 조선 등 외지에서는 혼란 탓에 옥음방송을 듣지 못한 사람도 적지 않았다. 일본방송협회의 단파 라디오를 통한 동아 중계방송, 해외방송을 타고 중국대륙, 만주, 조선, 타이완, 남방지역에도 옥음은 전해졌다. 또 방송 출력을 통상시의 10kW에서 60kW로 증력하고, 낮시간 송전이 없는 지역에도 특별히 낮 송전을 해주었다. 그러나 나가노현 시오다 마을에 있던 작가 나카노 시게하루는 일기에서 "12시의 발표는 정전 때문에 못 들었음"이라고 적고 있어 정전된 지역도 있었던 것으로 보인다.

이상 라디오의 수용자 분석에 도움이 될 만한 8·15 일기를 인용했다. 이러한 다양한 옥음 체험은 그 후 어떤 이야기로 수렴되었을까.

'옥음 체험'의 대중화

논단 잡지가 처음으로 8·15 기념 기획을 한 경우는 《니혼효론》(니혼효론샤)이었다. 1949년 8월호에 〈패전 전후―8·15 4주년 기념 좌담회〉(히라노, 모리야, 호리에, 가이노우, 오가타)를 실었다. 이듬해인 1950년 8월호 《덴보우(展望)》(지쿠마서점)에서도 〈패전 5년의 회고〉를 특집으로 실었다. 특히 주목받은 것은 《세카이(世界)》(이와나미서점)의 〈패전일의 추억〉(쓰다, 아베, 나가요, 마후네, 도쿠나가, 무라야마, 우메자키)이었다. 이후 《세카이》는 문화인들의 8·15 회상을 반복적으로 편집했다. 1951년에는 〈회상의 8·15〉(우치다, 히로츠, 류), 1952년에는 원폭을 다룬 〈8월 6일의 회상〉 등을 실었다. 1953년에는 〈그 무렵의 일―8·15의 회상〉(오우치, 노가미, 다케우치, 야나이하라, 다카기), 1954년의 〈그 무렵의 것―8·15 전후〉(엔도, 다마키, 츠보타, 윌프레드 버체트)로 계속 이어졌다. 1955년에는 대특집 〈10년 전―잊을 수 없는 그날〉에까지 이른다. 아베 요시시게의 〈열 번째 8월 15일을 맞이하여〉, 도

오야마 시게키의 〈패전의 역사를 어떻게 받아들일 것인가〉, 좌담회 〈개전에서 종전까지—일본 외교의 회고〉(아리타, 오가네, 홋다, 모리시마), 그라비아 〈종전 그리고 우리는〉, 기무라·기쿠지·스야마 편 〈만화로 보는 전후 10년사〉 등 대형기획이 가득했다. 게다가 그해부터 일반 공모도 시작되었다. 공모를 통해 '나의 8월 15일'이라는 주제에 보내온 512편 중 가작 10편을 선택했다. 선택된 작품은 지식인 기고 〈8월 15일을 생각한다〉(미야자와, 와다치, 마사무네, 오쿠노, 호소카와, 가미치카, 기타오우, 부부노와, 미나미, 우노)와 나란히 실렸다. 말할 필요도 없이 이러한 8·15 회상 공개모집은 평화운동의 일환으로 기획되었고, 현상 비판적인 색채를 강하게 지니고 있었다. 특히 지식인들의 체험기에 대한 후지이 다다토시의 분석은 상당히 일리가 있었다.

> 현상에 비판적인 모습은 일종의 제스처에 그치는 것들이 많았다. 대체로 전쟁과 8·15까지 거슬러 올라가 자기합리화하는 모습을 연출해냈다. 8·15 체험은 한 장의 리트머스 시험지와도 같았다. 8·15에 관한 문화인들의 발언은 8·15를 통한 자신의 변화를 말하기보다는, 자신의 입장을 뒷받침하는 증거로 8·15 체험을 사용하는 경우가 많았다. 따라서 일반 대중의 증언보다 사료가치가 낮은 것이 많았다.

1955년에 시작된 잡지 《세카이》의 원고 공모는 1956년 '우리의 전후 체험', 1957년 '상처는 치유되었는가', 1958년 '8월 15일 그것은 나에게 어떤 의미인가', 1959년 '우리의 생활과 헌법'으로 계속되었다. 1960년의 안보투쟁 특집을 사이에 두고, 1961년 '나와 전후의 교육', 1962년 '나의 전후 기록(재록)', 1963년 '나의 마을, 나의 동네', 1964년 '점령하의 기록'으로 이어졌다. 8년 동안 보내온 원고는 2,000편을 훨씬 넘었고, 게재할 수 있던 것도 72편(1964)에 이르렀다. 하지만 지식인들에게 의뢰한 원고들과 달리 옥음 체험에만 초점을 맞추기는 어려웠다. 자신의 체험기 〈변신〉이 《세카이》 1958년 8월호에 게재된 오카자키 미츠요시는 15년이 지난 후, 많은 8월 15일 체험기를 분석한 다음 체험 전달의 어려움을 다음과 같이 말한다.

아무리 비참한 체험이라 할지라도 그것을 문자로 정착시킬 때는 불가사의한 위로감을 느낀다. 즉 기록의 완결성을 띠는 것이다. 그것은 결코 미래로 연결되지 않는다. 체험은 거기서 기승전결적인 연결고리를 만들고 스스로 닫아버린다. 그리고 때로는 체험이 그 안에서 죽는다. 타자가 들어갈 수 없는 절대적인 세계가 출현하는 셈이다.

이러한 문제를 내포하면서도 8·15 체험 집필은 《세카이》의 일반 공모 개시(1955) 시절을 계기로 지식인의 손에서 국민의 손으로 넘어가게 되었다. 그 결과 경제성장과 함께 종전 체험도 긍정적이고 공감이나 연대를 불러일으키기 쉬운 패턴으로 모아져갔다.

1963년 《주간아사히》가 특선 상금 5만 엔을 걸고 모집한 수기 '나의 8월 15일'에는 한여름 동안 총 2,195통의 응모가 쇄도했다. 특선은 옥음방송의 스튜디오 풍경을 회상한 이전 여성 방송원인 곤도 도미에의 〈그 순간의 방송원실〉에 돌아갔다. 곤도는 후에 작가가 되었지만, 그것은 가장 드라마틱한 논픽션 중 하나였다. 심사위원을 맡은 나카노 요시오의 심사평에 따르면 입선 후 픽션으로 판명난 것들도 상당수 있었다고 한다. 그런데 나카노는 픽션, 논픽션과 관련해 다음과 같은 의미 있는 말을 전했다.

기준에 맞추어 투고자의 체험이 아니었다고 해도, 가공한 것 또는 황당한 거짓 이야기라고만 할 수는 없을 것이다. 바꿔 말하면 유사한 경험은 충분히 현실에서 일어날 수 있었던 일들이다. 투고자 자신의 체험인 양 가설적으로 꾸민 이야기 구조에 기댄 것이 문제가 될 뿐이다. 그런 의미에서 픽션까지 포함해 그 역사적인 하루는 일본사회의 단면도를 구성하고 있는 것임에 틀림이 없다.

실제 전후세대의 8 · 15 이미지는 충분히 현실에서 일어났을 법한 내용을 중심으로 만들어졌을 것이다. 비록 실제의 체험이라 할지라도 다른 문맥에서 반복 인용되면 오리지널과의 사이에 미묘한 엇갈림이 생긴다. 그 엇갈림을 조정하는 기준이 필요했고, 그 결과 사람들은 전형적인 '이야기'를 요구하게 된다.

그러한 요구에 응한 것이 소설이며 드라마다. 아쿠 유의 자전적 소설 『라디오』(2000)의 한 구절을 인용하자. 이 소설은 NHK의 FM 라디오로 낭독할 목적으로 쓰였다. 2000년 8월 21일부터 24일에 걸쳐 방송되었다. 확실히 오늘날 말하는 옥음방송 체험의 이상형이라고 할 수 있다.

쇼와 20년 8월 15일의 일을 하시루(주인공)는 잘 기억하고 있는 것 같다. 그러나 생각해보면 실로 애매하고 불확실하고, 대개는 나중의 지식이나 공상에 의해서 메워진 것 같다. 역사적인 사실을 전달하는 방송이 행해졌지만 하시루는, 아니 하시루뿐만 아니라 많은 어른들은 그저 고개를 숙이고 있을 뿐이었다. 무슨 말이 전해지고 무슨 말을 하고 있는지 모른 채, 오히려 기분이 날카로워진 채 교정에서 해산하고 말았다. (중략) 이것을 여름 햇빛이 내리쬐는 국민학교의 교정에서 이해한 것은 아니었다. 황홀해져 있었는지 몽롱해져 있었는지 전혀 기억에 없다. 기억에 없었을 뿐만 아니라 몽롱하고 환상적인 음악에 취해 맴돌고 있었던 것 같았다. 그사이에 나라가 졌다는 것이었는데……. 그러나 그날 오후, 여덟 살의 하시루는 일생 동안 흘려야 할 눈물을 흘리며 울었다. 어느 시점에 누구에게 일본이 포츠담선언을 수락하여 무조건 항복을 했다고 해설된 것인지 모르지만, 어쨌든 알게 되었다. 그러자 더 이상 자신의 의지로는 걷잡을 수 없어 울었던 것이다.

"대개는 나중의 지식이나 공상에 의해서 메워진 것 같다"고 아쿠는 적고 있었다. 확실히 국민은 옥음방송을 직접 들었지만, 그 국민적 체험은 나중에 미디어에 의해서 만들어진 집단적 기억이기도 하다. 반대로 말하면 그것이 나중에 만들어진 집단적 기억이기 때문에 나와 같은 전후파까지 포함한 일반 국민이 옥음 체험에 대해 일정한 리얼리티를 가질 수 있다는 것이다. 그러한 집단적 기억의 리얼리티를 유지하기 위해서 각종 미디어는 '그때 나는'이라고 하는 새로운 회상을 끊임없이 생산할 필요가 있었다. 그렇게 해서 1965년 NET(현 테레비아사히)가 모집한 체험기 '8월 15일과 나'의 투고자는 약 1만 명에 이르렀다.

전쟁을 마무리하는 조사인가, 전후를 기념하는 축사인가

공개된 일기, 발표된 회상, 작품화된 기억으로 옥음 체험의 기억을 개괄해보았다. 이 집단적 기억은 어떠한 효과를 전후 일본사회에 던져주었을들었다' 는 공통 경험이 전후 국민국가에 상징적 통합력을 주었다고 해도 과언이 아닐 것이다. 짓궂게도 전쟁을 마무리하는 조사(弔辭)였던 옥음방송은 '전후를 기념하는 축사(祝詞)'로서 기능했던 셈이다.

이 책의 첫머리에 실은 종전조서 전문을 읽어보면 알겠지만 옥음의 내용이 난해한 한문체로 되어 있어 이해가 어려웠다고 하는 회상은 결코 틀린 말이 아니다. 그러나 옥음의 4분 37초에 마음을 빼앗긴 채, 그 후에 계속된 32분 53초의 해설을 잊어서는 안 된다. 와다 방송원에 의한 내각고유, 성단의 경위, 교환 외교문서의 요지, 수락 통고의 경과, 평화 재건의 조서 환발 등의 낭독은 국민이 쉽게 알아들을 수 있는 내용이었다. 여기서 옥음이 갖는 '미디어적 상징 기능'을 읽어낼 수 있다. 많은 사람에게 '내용=의미'의 이해는 둘째 문제이고, 공감할 수 있는 '형식=음성'이 더 중요한 의미가 있다. 옥음방송 연구의 결정판이라고 할 만한 다케야마의 「옥음방송」은 옥음방송이 갖는 제의적 성격을 다음과 같이 정리하고 있다.

〈옥음방송〉이라고 하는 프로그램은 항복의 고지라는 역할만 한 것이 아니다. 송신자와 수신자를 사이에 두고 항복 결정의 의식(儀式)을 치른 프로그램이었으며, 가정, 각 직장에 그 의식을 가져온 프로그램이었다고 보아도 좋을 것이다.

단순한 항복의 고지가 아니고 의식에의 참가였다는 점이 중요하다. 이 경우, 쇼와 천황이 행사한 것은 국가 원수의 통치권도 대원수의 통수권도 아니다. 고대부터 계속된 제사왕으로서의 고유 권한이었다. 일본 문학의 기원을 축사에서 찾은 오리구치 시노부는 『고대 일본의 문학』(1935)에서 축사의 위력을 다음과 같이 논하고 있다. 그것은 옥음방송의 위력을 예언하는 것 같았다.

> 천자가 축사를 내리신다. 그러면 세상이 한 바퀴 돌아 원래 세상으로 돌아와, 모든 일이 처음 세계로 돌아간다. 이것이 고대인의 사고방식이었다. (중략) 이렇게 해서 봄, 가을, 겨울이 먼저 생각되고 그 후에 여름이 나온다. 여름은 1년 가운데 신체를 씻어 부정을 없애는 시절이다. 이 네 가지를 3개월마다 잘라나눈 것은 후세의 일이다. 처음에 달력을 정하고 봄이 되는 날을 정하는 것은 천자였다. 천자는 달력을 자유롭게 정하는 힘으로 인민에게 임했다. 이것이 일본 고대인의 궁정에 대한 신앙이었다. 천자의 말씀으로 세상 모든 것이 원래대로 돌아가, 새로운 첫걸음을 밟는 것이다.

이러한 전통적인 천황 제의인 축사와 달리, 옥음방송은 국민 전체에 직접 전달되었다. 의식에 대한 전원 참가의 직접적인 감각이었기 때문에 잊을 수 없는 집단적 기억의 핵으로 남은 것이다. 그 감각을 증폭하여 기억을 강화한 것은 신문과 잡지이며, 모든 미디어가 이를 따랐다. 덧붙여서 옥음방송이라는 말은 오늘날 쇼와 천황의 낭독만을 의미하는 고유명사가 되고 말았다. 1945년 8월 15일 이전에만 하더라도 '옥음'은 천황의 소리만 가리키는 말은 아니었다. 예를 들어 1933년 6월 12일자 도쿄《아사히신문》을 보면 '영제(英帝)의 옥음 우리들의 귀에'라는 기사는 런던에서 실황중계되는 세계경제회의 개회식에서의 조지 5세의 연설을 예고하고 있었다.

옥음 그것 자체가 고유명사화되면서 국민적 기억의 상징으로 이해되고 있었기 때문에, 조서를 읽은 날짜가 전날인 14일이라 할지라도, 혹은 국제법상의 종전인 항복문서 조인식이 9월 2일에 있을지라도, 국민 총 '동원=참가'의 종전은 8월 15일로 받아들여졌다. 8월 15일을 종전기념일로 하는 것에 논리적 합리성은 없지만 그것에는 국민 감정이 품는 필연성이 있었다는 것이다.

천황과 히요리미[59]

국민적 기억의 상징인 옥음과 관련해 왜 내가 집요하게 종전의 날짜를 고집하는지를 전하고 싶다. 그 이유는 날짜는 천황제의 본질과 관계가 있기 때문이다. 민속학자인 미야타는 『히요리미(日和見) 일본 삼권론의 시도』(1992)에서 천황을 히요리미하는 의례 집행자, 즉 달력을 만들어 시간을 관리하는 존재로 분석하고 있다. 오늘날 히요리미는 부정적인 의미로 사용되고 있기는 하다. 하지만 그날의 길흉을 점치고, 쉬는 날과 노는 날을 정하며, 사회생활을 지배하는 히

---

59 | 히요리(日和日)는 날씨를 말한다. '日和'는 날씨를 예측하는 것이며, 농경에 영향을 주는 날씨에 대해서는 고래부터 관심이 많았다. 히요리미는 날씨를 예측하고, 좋은 날과 그렇지 않은 날을 정하는 일을 의미한다.

요리미야말로 왕권 유지의 의례 및 제사를 지탱해온 권력의 본질이다. 그런 의미에서 보자면 시보를 통해 전국의 시간을 균질화하는 라디오는 옥음의 유무에 관계없이 유난히 천황제와 친화적인 미디어였다.

그러면 옥음방송 안에는 히요리미가 있었을까. 천황에게 라디오로 옥음방송을 할 것을 진언한 인물은 정보국 총재 시모무라였다. 방송 일주일 전인 8월 8일, 시모무라는 천황에게 단독으로 진언했다. 그는 "옥음방송은 방송협회장 시대에서의 지론이었으며, 시국이 급박한 시기에 배알하여 말씀드린 특허나 큰 안목이었다"고 후에 증언했다. 또 시모무라는 천황 측근인 기도 고이치 내대신과 구체적인 방책에 대해서도 협의했다. 『기도 고이치 일기』 8월 3일자의 기술에 따르면 매우 어수선한 움직임을 알 수 있다.

3시 30분, 이시와타리 궁내상을 방문하여 칙어를 라디오를 통해 방송하면 어떻겠느냐는 의견을 놓고 간담. 3시 55분부터 4시 50분까지 배알, 라디오 건에 대해 말씀 올림. 5시, 궁내성을 방문하여 라디오 방송에 대한 성상(聖上, 천황)의 생각은 언제든지 실행하리라는 것을 전달함. (중략) 5시 15분, 무관장을 방문하여 라디오 운운을 전달함.

실제로 옥음이 방송되는 4일 전 11일쯤에 라디오 방송의 준비가 진행되고 있음을 알 수 있다. 물론 육군의 쿠데타 계획 등 긴박한 정치상황 속에서 충분한 여유가 없었겠지만 방송일의 히요리미가 완전히 도외시되고 있었다고는 생각하기 어렵다.

여기서 주목하고 싶은 것은 1945년 이전 일본에서 8월 15일이라고 하는 날짜가 갖는 의미다.

오봉 라디오 방송의 지속된 저음, 고시엔 야구와 전몰영령 우란분회 법요 중계

오늘날 연중행사화된 '8월 15일 전몰자 위령행사'를 옥음방송의 종전 체험에서 유래한 것이라고 볼 수 있는 것일까. 결론부터 말하면, 라디오 프로그램 편성에서 8·15 전몰자 위령행사는 1939년 8월 15일 전국에 중계방송된〈전몰영령 우란분회 법요〉, 또한 만주사변의 아라미타마[60]를 위한 1933년 8월 15일〈우란분회 법요〉중계방송까지 거슬러 올라갈 수 있다. 최근의 미디어 연구에서는 '만들어진 전통(에릭 홉스봄)'을 새롭게 받아들이면서 '상상의 공동체(베네딕트 앤더슨)' 논의를 비판적으로 극복하고자 한다. 전통은 만들어지는 것이라는 주장은, 오래된 것이라고 여겨지는 것들도 알고 보면 새로 만들어진 것이라는 의미다. 여기에서 말하는 일본에서의 시도들은 '새롭다고 여겨지는 것들도 사실은 오래된 것'임을 보여

---

60 | 사망 후 첫 번째 오봉을 맞이하는 영혼.

주고 있다. 즉 옥음방송은 이전부터 진행돼온 '오봉 라디오 방송'의 과거에서 의미를 파내는 것을 목적으로 한다.

도쿄방송국(JOAK)은 1925년 7월 12일에 본방송을 시작했다. 그것은 양력 '마중 오봉'[61]의 전날이었다. 초창기의 라디오 방송은 음악, 강연, 뉴스 중심으로, 방송 시간도 한정되어 있었다. 이어서 오사카국(JOBK), 나고야국(JOCK)도 임시방송을 시작했고, 1926년 8월 20일에는 3개 방송국이 사단법인 일본방송협회를 설립했다. 그해 오사카방송국은 7월 13일 저녁 7시 30분부터 축제음악 주간이라는 주제로 봉오도리 프로그램을 방송했다. 이틀 후인 7월 15일 같은 시간에 도쿄국은 〈우란분회 설법〉과 〈찬불노래〉를 방송했다. 오봉과 설이 함께 온 것 같다는 표현이 있긴 하지만, 옛부터 음력 7월 15일은 정월(설), 춘분, 추분과 더불어 조상의 혼령이 방문하는 날로 여겨졌다. 이날의 《도쿄아사히신문》 라디오 소개란에서는 "영혼 축제"라는 제목으로 이 프로그램을 다음과 같이 소개하고 있다.

> 오늘은 오봉을 맞아 설법과 찬불가를 방송합니다. 일본의 오봉 영혼축제는 인황 37대 사이메이 천황 때 시작되었습니다. 이것은 석가의 제자 목련존자라는 분이 지옥도에 떨어진 어머니를 구하고 싶다고 석가에게 상의한 데서 비롯됩니다. 석가는 그 효심을 받아들여 연중 쉬는 날 없이 수행했는데, 7월 15일만은 안식일로 잡아 목련존자의 어머니를 위해서 법요를 실시했고 마침내 그 어머니를 성불시켰다는 데서 비롯된 것입니다. 우란분재에서 우란이란 거꾸

---

61 | 조상의 혼을 마중하는 13일쯤의 오봉행사를 말한다. 조상의 혼을 환송하는 환송 오봉행사는 16일쯤에 치른다.

로 매달렸다는 의미입니다. 분이란 구한다는 뜻인데, 거꾸로 매달린 영혼을 구한다는 의미를 우란분회(오봉)는 지니고 있습니다.

여기서 라디오 방송의 오봉 프로그램이 8월 15일이 아닌 7월 15일에 시작되었다는 것을 주목해볼 필요가 있다. 앞에서 인용한 1970년대의 고시엔 출전 야구선수 시마모토는 당연한 듯이 "8월 15일? 오봉 아닙니까?"라고 했다. 라디오 방송 편성에서 오봉 프로그램은 전쟁을 사이에 두고 7월(양력)에서 8월, 즉 '한 달 늦은 오봉'[62]으로 이동한 것일까.

오봉의 정치학

1872년(메이지 5년) 11월 9일(양력 12월 9일), 음력을 양력으로 바꾸는 조서를 발표했다. "오는 12월 3일을 메이지 6년 1월 1일로 정한다"고 결정했다. 양력으로 바꾸는 명분은 문명개화였다. 하지만 그 이유는 말할 필요도 없이 옛날 막부의 음력 중심에서 천황 친정의 양력 중심으로 변경하는 데 있었다. 갑작스레 강요된 변화에 민중은 저항했다. 양력이 받아들여졌다고 하더라도 민속 부문에서는 다양한 취사선택이 있었다. 시간을 둘러싸고 신정부 측이 주창하는 근대화의 명분과 민중 측의 전통적인 생활감각 사이에서 대립이 지속되었다. 대표적인 것이 음력이나 한 달 늦은 오봉의 지속이다. 즉 우란분경(盂蘭盆

---

62 | 일본의 연중행사 일정을 음력 날짜부터 한 달 늦게 잡는 것이다. 양력과 음력의 중간에 해당한다는 뜻으로 중력(中曆)이라고도 한다.

經)이 7월 15일이라는 해석도 있는 등 오봉행사는 지역마다 달랐는데 크게 3가지로 나뉜다. 신정부의 (수도가 된) 도쿄를 중심으로 하는 대도시에서는 양력 7월로 정착됐다. 하지만 서일본을 중심으로는 음력을, 긴키와 중부지역에서는 한 달 늦은 8월 중순을 선택했다.

중앙 정부가 장악한 라디오 방송으로 오봉 프로그램이 양력 7월 15일에 행해진 것은 어떤 의미로 보면 필연이다. 달력의 통일은 국민국가의 완성을 위해서도 불가결하지만, 특히 히요리미하는 천황제에는 근원적인 중요성을 갖고 있었다. 공공방송이 7월 15일에 오봉 프로그램을 시작한 것은 단적으로 양력 통일을 통한 권력에의 의지를 드러낸 것이다.

그러나 성묘에 맞추어 귀성하는 지방 출신자가 수도권에 많이 모이고, 학교의 8월 방학이 정착됨에 따라, 오봉행사를 양력 7월에 실시하는 지역에서도 오봉 휴가는 한 달 늦은 오봉으로 차차 정리되어갔다. 한 달 늦은 오봉은 음력의 계절감을 살리면서 양력에 따르는 정치적 타협의 산물이었다. 그것은 정치의 대중화와 대중의 국민화가 진행되는 '보통선거체제＝총력전 체제기'에 특히 적합한 것이었다.

표 1은 일본방송협회의 전국 방송(1928년 이전에는 동경방송. 그러나 이후 도시방송, 제2방송을 포함함)이 7월 13, 14, 15, 16일과 8월 13, 14, 15, 16일에 '오봉 프로그램'의 방송을 어떻게 편성했는지 알아보기 위해 정리한 것이다. 오봉행사의 지역성이 두드러지던 데서 점차 균질화돼가는 과정을 라디오 프로그램 편성을 통해 확인해보았다. 1933년까지 도쿄방송국의 우란분회 법요는 7월 중순에 이뤄졌다. 그러나 만주사변의 전몰자 공양을 계기로 7월과 8월 두 번에 걸쳐 편성되었다. 전사자를 낸 부대가 만주사변에서는 센다이(仙台)[63] 지역의 제2사단, 상하이 사변에서는 구루

메(久留米)[64] 지역의 제12사단였다는 사실, 즉 모두 한 달 늦게 오봉을 지내는 지역에서 동원되었다는 점을 무시할 수 없다. .

오봉방송의 구체적인 분석과 설명에 들어가기 전에 오봉 프로그램에서 중요한 역할을 하던 고시엔 야구중계에 대한 언급이 필요하다.

고시엔은 여름의 뉴스 제조기

원래 여름의 고시엔 야구대회의 전쟁 전 정식 명칭은 '전국 중등학교 야구대회'였다. 이후 이 명칭은 현재 사용하고 있는 전국 고등학교 야구대회로 바뀌었다. 첫 대회는 1915년(다이쇼 4)에 오사카아사히신문사 주최로 시작되었다. 여름 휴가(방학) 동안의 '기사 고갈'에 대응하여 기사를 양산할 목적으로 기획된 미디어 이벤트였다. 벌써 세 번째 인용하는 "8월 15일? 오봉이 아닙니까?"라는 답을 했던 고시엔 야구 선수가 《아사히신문》 기사의 좋은 예가 될 것이다. 《아사히신문》이 주최하여 부르고, 경기를 벌이게 하고, 취재하고, 비평한다. 기사는 얼마든지 낳을 수 있다. 고시엔 대회는 그런 식으로 한여름의 뉴스 제조기였다. 덧붙여서, 봄의 대회(선발 중등학교 야구대회)도 1924년에 오사카마이니치신문사 주최로 시작되었다. 그해 8월 13일 제10회 전국 중등학교 우승 야구대회 때부터 완성된 지 얼마 안된 '고시엔 대운동장'을 사용했다. 오사카방송국은 제12회 대회(1926)의 중계방송을 계획했지

---

63 | 일본 혼슈 동북부에 있는 미야기현에 있는 도시.

64 | 일본 규슈 지역의 후쿠오카현에 있는 도시.

만, 관객의 감소를 걱정한 한신전철(阪神電鐵)의 반대로 방송을 실현하지 못했다. 그렇지만 이 1926년에 오사카방송국은 고시엔 대회의 경과 속보를 내보내는 일까지 중지하지는 않았다.

1927년 8월 13일 오전 9시 5분부터 일본의 최초 스포츠 실황방송인 고시엔 무선연락방송《전국 중등학교 야구대회, 제1일 시합실황》이 오사카 로컬로 방송되었다. 1928년 2월에는 쇼와 천황의 어대례(御大禮)[65] 생중계를 목표로 다급하게 전국 방송망을 완성하여 다음 해인 1929년부터 전국 중계를 시작했다. 이후 마중 오봉인 8월 13일에 개막하는 고시엔 야구대회는 전시 체제하의 방송 축소, 자숙 그리고 중단 등의 사정을 제외하고는 어김없이 중계방송되고 있다(표 1 참조).

오봉과 고시엔 대회의 관계를 직접적으로 정리한 논의는 많지 않다. 그러나 지금도 많은 국민이 고시엔 대회 때 진혼행사를 기대하는 것으로 미루어 둘은 관련이 있다. 예를 들어 왜 다른 스포츠와 달리 고등학교 야구선수만이 아직도 빡빡머리로 운동을 하는가. 왜 여자 매니저를 제외한 시합 중 여성 입장 금지를 완고히 지키고 있는가. 지금까지의 연구로는 메이지 시대에 야구를 도입한 제1고등학교 이래의 무사도 정신을 지적해왔다. 여기서 말하는 무사도란 바질 체임벌린이 '신종교의 발명'이라고 표현한 무사도를 의미한다. 그것은 제12회 대회(1926) 때 아사히신문사가 제정한 〈전국 중등학교 야구대회의 노래〉에 잘 나타난다.

청운 길게 뻗은 시절에 동쪽에서 서쪽에서. 이겼다고 교만하지 말아야, 깃발

----

65 | 여기서는 쇼와 천황의 즉위식을 말한다.

아래 모인 우리들 / 젊은 생명을 진리에 바쳐, 바르게 든든하게 힘껏 살자 / 보아라 빛나는 한여름의 솟구치는 구름, 이제 싸움 때가 왔다 / 지키라고 외치는 마음의 소리, 이기라고 올리는 힘이 넘치는 소리 / 수많은 강적 끝까지 싸워서, 이름이어야 아껴라, 우리는 대장부.

다이쇼(大正)데모크라시가 한창인 시기에 작사된 것이지만 "수많은 강적 끝까지 싸워서, 이름이어야 아껴라, 우리는 대장부" 등의 가사는 전시하의 국민가요를 상기시킨다. 전의를 높이려는 느낌마저 든다. 또 아직까지도 일본 국기와 대회기를 운동장 정중앙 게양대에 달고 있는데, 이 의식은 1925년 제11회 대회 개회식에서 시작된 것이다. "일반 관객자 제군도 국가의 취주 중에는 모두 기립하여 모자를 벗고 경의를 표하기 바란다"고 《오사카아사히신문》이 의례를 가르쳤다. 덧붙여서 1915년의 제1회 대회 때부터 《아사히신문》은 야구를 전쟁에 비유하여 독자들에게 해설했다. 베이스를 나타내는 루(壘)는 원래 기지, 거점을 나타내는 군사용어다. 공격군, 수비군이 전장(구장)에서 행하는 결전(시합) 등과 같은 묘사도 전쟁보도 그대로다. 일루척살, 병살, 이사만루, 본루에 생환 등의 용어는 오늘날에도 사용되고 있다. 아리야마의 『고시엔 야구와 일본인』(1997)에 따르면 고시엔 야구의 토너먼트 방식은 '격렬한 열강들 간의 경쟁'에서 이겨내기 위한 국민 활기 양성의 기회로 여겨졌다. 아울러 일본 국가에 희생적 충성을 바치는 상징적 의례로 자리 잡았다고 한다.

1938년 개회식에서는 선수 전체가 "우리는 무사도의 정신을 따라 정정당당히 시합할 것을 약속한다"고 입을 모았고, 관객들과 다 같이 〈애국 행진곡〉[66]을 합창했다. 〈애국 행진곡〉은 1937년 9월에 내각정보부가 국

표 1. 오봉 방송 프로그램의 변천

	오봉 법요 중계	봉오도리 관련 중계	종전기념 프로그램	고시엔 야구중계
1925				
1926	○	(B △◇○)		
1927		◇○▽ (B ▲◆●)		(B ▲◆●)
1928	○	○●▼		(B ▲◆●)
1929	◇	◇◆●▼		▲◆●
1930	▲ (B ◆●)	◇◆●▼		▲◆●
1931	◇ (J ○▽) (H ●▼)	◆●▼	〔만주사변〕	▲◆●
1932	○ (H ◆●)	◇ (B ▲●) ▼	〔상해사변〕	▲◆●
1933	(JP ◇ J ○) ▲◆●	◇ (H ● B ▼)		▲◆●
1934	△◇○ (H ▲) ◆●▼	◆●▼		▲◆●
1935	△◇○ (O ◆ B ● O▼)	▽ (H ▼)		▲◆●
1936	△◇○ (G ▲)	● (H ▼)		▲◆●
1937	△◇○	◇◆	〔중일전쟁〕	▲◆●
1938	△◇○ (G ◆●)	▲◆●		▲
1939	△◇○▲◆●	△◆ (P ●)		▲
1940	△◇○▲◆●	◆		중계 없음
1941	△◇○▲◆●	◆	〔일미개전〕	중계 없음
1942	○◆●	○▲◆●		×
1943	○◆	●		×
1944	○▲	▲◆●▼		×
1945		◇	〔옥음방송〕	×
1946	◇	◆●		●
1947	△	◇●	◆●	▲◆●
1948			●	▲◆●
1949	◆	◆●		▲◆●
1950			〔한국전쟁〕	▲◆●
1951		○	▲◆●	▲◆●
1952		◆		▲◆●
1953	△▲	○▲●	◆●	▲◆●
1954	△▲●	▲●	◆●	▲◆●
1955	△●	▲●	▲◆●	▲◆●
1956	△▲	▲●	◆●	▲◆●
1957	△ (T △) ▲		●	▲◆●
1958	△ (T △) ▲	◇○●	●	▲◆●
1959	△ (T △) ▲		●	▲◆●
1960	△▲	◇○	●	▲◆●
1961	△ (T ○) ●	△○▲◆●	●	▲◆●
1962	△ (T ○) ▲	◇s○▲◆●	(T▲) ●	▲◆●
1963	(T △) ○●	△◇○▲	◆●	▲◆●
1964	○●	○●	●	▲◆●
1965	○●	○ (T ◆) ●	◆●	▲◆●

7월		8월		방송국			
13일	△	13일	▲	표시 없음	도쿄국, 전국 방송	G	마에바시(前橋)국
14일	◇	14일	◆	B	오사카(大阪)국	J	가나자와(金沢)국
15일	○	15일	●	H	센다이(仙台)국	P	시즈오카(瀞岡)국
16일	▽	16일	▼	O	교토(京都)국	T	텔레비전 방송

민정신 총동원의 일환으로 공모하여, 약 5만 8,000통의 가사에서 선택된 전시(戰時) 가요다. 당선작 발표는 1937년 11월 26일, 히비야 공회당에서 전국에 방송되었다. 5개의 레코드 회사가 취입해 100만 장을 넘는 대히트를 쳤다. 두말할 필요 없이 그해 봄 선발대회의 입장 행진도 〈애국 행진곡〉에 맞추어 이뤄졌다.

매일 첫 번째 시합 전에는 야구 경기장 내 전원이 궁성요배, 황군 병사의 무운장구와 그 영령을 위해서 묵도를 올린다. 그리고 〈애국 행진곡〉을 노래하며 시합 개시의 사이렌 대신 진군 나팔을 분다.

영혼 축제로서의
고시엔 야구대회

고시엔 경기의 라디오 중계는 1939년에 일시중지된다(표 1 참조). 1940년 제26회 대회는 기원 2600년제를 봉축하는 전국 중등학교 체육경기총력대회의 한 부문으로 개최되었다. 1941년 제27회 대회는 7월 중순의 문부차관 통지에 의해서 현대회(縣大會)까지 치르다 중지되었다. 덧붙여서 1939년의 입장 행진은 〈대륙 행진

---

66 | 모리가와 유키오(森川幸雄作), 세도구치 도키치(瀬戶口藤吉) 작곡.

곡〉, 1940년은 〈기원 2600년 봉축가〉에 맞추어 이뤄졌다. 1941년은 선발대회만 〈국민 진군가〉로 행해졌다. 전쟁 전의 시합 때부터 팬이었던 사쿠타 게이치는 『고교 야구의 사회학』(1964)에서 전쟁 후의 고등학교 야구를 국민적 종교의례로 단정했다.

> 향토나 모교 후원회의 기대를 한몸에 받으며 고시엔에 출장하는 선수들은 이미 개인이 아니다. 그들은 집단의 번영을 의례적으로 연출하는 사제이다. (중략) 전쟁은 일본 국가의 운명을 걸고 있으니 분명히 종교적인 것이다. 대표의식으로 몰고 가고, 일본을 대표할 책임을 지지 않아도 되는 사람들까지 죽었다. 그리고 작전은 의식적이고 낡은 돌격 형태를 고수했고 희생을 줄이는 데 배려하지 않았기 때문에 쓸데없는 피를 엄청나게 흘렸다.

즉 내야 땅볼이라도 일루에 헤드 슬라이딩을 하는 고교야구의 감투정신과 구 일본군의 옥쇄돌격은 같은 집단의례로 이해할 수 있다. 물론 그 당시 전쟁터를 향해 가다가 죽은 야구 소년도 많았지만, 각 현 대표라는 방식은 현 단위의 사단편성이나 일현일사의 호국신사와도 유사하다. 학생 야구의 아버지라 불리는 도비타 수이슈(飛田穗洲)도 개회식의 입장 행진을 두고 일본 영혼의 행렬이라고 했지만, 분명히 학도병 출진을 방불케 하는 행렬이다. 개회 행진의 선두에는 일장기가 있다. 우승기의 천은 천황기(天皇旗)와 같은 황국직(皇國織, 무늬 있는 비단방직)으로 만들어졌다. 연공서열, 큰 소리로 하는 인사, 엄격한 합숙생활은 군대의 내무반 생활과 비슷하다. 게다가 야구 부원이 연루된 사건이 아니라 할지라도 같은 학교 학생에게 불상사가 생기면 연대책임을 지고 출장사퇴를 한다. 이같이 극도로 부정한 것을 꺼린 고시엔 야구대회는 오봉의 영혼 축제와 비슷하다. 와세다대학 야구부 감독으로 있다가 아사히신문사에 입사하여 학생 야구의 비평에 펜을 휘둘렀던 도비타는 일구입혼(一球入魂)을 모토로 삼았으며, 고시엔 대회를 영혼의 야구라 불렀다.

현재도 고시엔 시합에서는 8월 15일 정오, 사이렌의 소리와 함께 1분간 묵도를 하고 있다. 같은 시간대에 중계되는 천황이 참석한 정부 주최의 전국 전몰자 위령식전의 사람들은 묵도의 의미를 잘 모른다. 그 의미를 아는 압도적인 다수는 고시엔 야구대회의 시청자들이다. 앞에서 적었듯이 고시엔 대회의 영령에 대한 묵도는 중일전쟁 발발 후인 1938년 대회 때부터 시작된 전통 깊은 의식이었다.

전쟁 후 최초의 제28회 대회 '영혼의 야구(도비타)'는 1946년 니시노미야구장에서 부활했다. 개회식은 전쟁 전 늘 치르던 시기, 즉 마중 오봉인 8월 13일이 아니라 8월 15일에 열렸다. 《아사히신문》은 "평화의 찬가", "젊고 새로운 조국의 찬가"라고 보도했다. 8·15 종전기념일을 의식하고 있었는지 어땠는지는 지면에서 확인할 수가 없다. 제28회라고 하는 횟수가 전쟁부터 이어진 것처럼 대회 규정도 그 이전에 비해 거의 변하지 않았다.

결국 우란분회 법요, 고시엔 야구, 봉오도리의 중계가 정례화된 8월 15일의 라디오 프로그램은 옥음방송 이전부터 공공연히 편성된 국민적 미디어 이벤트였다. 응원단이 만들어내는 북의 리듬과 음악에 맞추어 춤추는 스탠드의 여학생들 모습은 한낮의 봉오도리와 다름없다. 이 고시엔 야구 중계는 아침의 우란분회 법요와 밤의 봉오도리를 잇는 매개물로도 기능했다. 아래에서 오봉 라디오 프로그램의 변천을 여섯 시기로 나누어(표 1) 8·15 프로그램의 계보를 고찰하기로 한다.

신민요와 라디오 체조, 봉오도리
프로그램의 요람기(제1기)

수신 계약자가 도시의 교양인에 한정된 관계로 초기 라디오 방송의 음악 프로그램은 서양음악 중심이었다. 국내 음악도 나가우타(長唄)나 산쿄쿠(三曲)[67]가 많았고 유행가나 민요는 방송되지 않았다. 실제로 1926년 7월 13일 〈마츠리 바야시 주간〉(오사카방송국)이 방송된 그때까지도 봉오도리 프로그램은 방송되지 않았다. 이해 12월 25일 다이쇼 천황이 사망하고 히로히토 황태자가 즉위하여 쇼와 시대가 열렸다.

다음 해인 1927년 7월 14일부터 도쿄방송국은 사흘 밤에 걸쳐 〈각지의 봉오도리 저녁〉을 방송했다. 오사카방송국도 8월 13일 〈각지의 봉오도리 모음〉을 특집 방송했다. 같은 날, 앞에서 적은 것처럼 일본의 첫 스포츠 실황방송으로 고시엔 야구대회를 중계방송했다.

즉 봉오도리 라디오 방송은 쇼와 시대와 함께, 또 고시엔 중계방송과 함께 시작되었던 셈이다. 1929년 8월 14일 밤 9시부터는 센다이방송국의 봉오도리 실황이 전국에 중계되었다. 이어 15일에는 오사카방송국, 16일에는 구마모토방송국의 봉오도리 프로그램이 도쿄, 나고야, 센다이, 삿포로 등의 방송국에 의해 연결 방송되었다.

1930년 8월 15일 밤에는 센다이국의 〈동북부 지방 각지의 봉오도리〉를 도쿄, 오사카, 나고야, 삿포로의 각국이 중계방송했다. 다음 날인 16일에는 오사카국의 〈대중의 저녁〉도 연결하여 중계방송했다. 도쿄방송국 중

---

67 | 나가우타, 산쿄쿠는 가부키 등에서 사용되면서 발전한 전통적인 일본 합주음악이다.

심으로 행해진 우란분회 법요 중계가 양력 7월에 주로 이뤄진 데 비해, 봉오도리 방송은 지방 방송국 주도로 전국 방송화되었기 때문에 8월에 주로 편성되었다. 1931년 8월14일, 도쿄방송국은 밤 8시부터 〈각지의 봉오도리〉 시간에 구마모토 봉오도리, 지쿠젠 봉오도리, 에슈 온도[68], 다음 15일은 히로시마·스즈키 몬도, 오카야마·오구시 명소, 가와치 야오 온도, 다음 16일은 아이치·야와타 온도, 센다이 봉오도리를 연결하는 다원 중계방송을 실시했다. 이로써 전국을 네트워크화한 국민의례로서 8·15 봉오도리 방송이 확립되었다.

물론 봉오도리 자체의 역사는 깊다. 문헌상으로 가장 먼저 드러나는 것은 모로아츠의 『메이오 6년(1497) 기』에서다. 거기에는 "최근 남도에서 법회 때 추는 여러 종류의 춤이 유행이다. 올해도 그럴 것 같다"고 적혀 있다. 거기에는 특이한 의상을 입고 열광적으로 염불춤을 추는 모습이 묘사되어 있다. 또 고대시대의 우타가키(歌垣)[69] 전통과도 연관되어 있어 성적 문란을 이유로 봉오도리는 에도시대 중기부터 통제의 대상이 되었다. 메이지 시대에도 풍속을 어지럽히는 구습으로 받아들여 봉오도리에 대한 금지령을 내렸다.

봉오도리가 금지하고 통제하는 대상에서 활용의 대상으로 변한 시기는 1920년대라고 한다. 이나가키 교코(稲垣恭子)는 『젊은이 문화서의 질서와 반질서』(2002)라는 책에서 이처럼 밝히고 있다. 봉오도리는 이때 노

---

68 | 온도(音頭)는 춤을 수반한 민요조의 가곡이다. 지역마다 온도가 있는데, 〈도쿄 온도(東京音頭)〉가 널리 알려져 있다.
69 | 고대 일본에서 사랑을 고백하려는 남녀가 봄, 가을에 모여 노래하고 춤추는 행사.

동력 재생산을 위한 건전한 위안 오락으로서뿐만 아니라 향토애를 길러 공동체 질서를 강화할 수 있는 근대적 장치로 재평가되었다. 그 과정에서 중심이 되는 사람들도 향촌에서 마을별로 조직된 와카슈구미(若衆組)[70]가 아닌 공공기관에서 만든 관제 청년단으로 바뀌었다. 이나가키의 결론을 인용해보자.

> 봉오도리의 부흥은 낡은 습속을 근대적이며 새로운 생활습관에 변용시키는 교육적 목적을 갖고 있었다. 즉 목적을 위해 의미와 역할을 조금씩 바꾸어갔다. 반질서적인 힘을 살리면서도 질서를 활성화해가는 질서 장치로써 봉오도리를 활용하고자 했다. 봉오도리는 점차 근대적인 새로운 규범과 거기에 기초를 두는 질서를 보완하는 교육적인 오락으로 변용되어갔던 것이다.

이처럼 금지에서 장려로 바꾸어놓는 역통제 수법을 가능케 한 미디어는 1925년에 시작된 라디오 방송이었다. 공공방송이 적극적으로 봉오도리 프로그램을 편성한 것은 민중 에너지를 활용하려는 발상에서다. 그 배경을 미디어의 기술 측면에서 고찰해보면 그때까지 상품화하지 못했던 소리나 노래를 레코드로 패키지화해서 음반시장을 지배하는 것이 가능하게 되었음을 알 수 있다. 라디오 방송 개시와 함께 급증한 소리의 상품 수요를 배경으로, 1927년 레코드업계는 콜럼비아, 빅터, 폴리도어(polydor) 삼각체제를 맞이했다. 1931년에 이르러서는 대일본웅변회강담사(현 고단샤)도 건전한 국민가요를 내걸고 킹 레코드의 발매를 시작했다.

---

70 | 촌락마다 조직된 청년의 집단. 마을 내 경조제례 등을 맡았다.

음반에 담을 내용으로 신민요가 붐을 타고 양산되었다. 신민요의 효시로 여겨지는 1927년 〈잣키리부시〉[71]나, 1928년 〈하부노 미나토〉[72]은 라디오 방송이 낳은 새로운 공동체 문화의 전형이었다. 이들이 인기를 끈 이후, 각 지방의 전통적인 노래들도 라디오로 방송됨으로써 새로운 국민 문화로 수용되어갔다. 또 봉오도리는 레코드를 사용해 반복 연습됨으로써 라디오 체조(1929년 2월 11일 기원절부터 전국 방송 개시)와 함께 집단적인 신체적 규율의 근대화를 가속시켰다. 물론 규율화는 신체의 움직임에 대한 제어이기도 했지만, 움직이지 않는 것에 대한 제어이기도 했다. 움직이지 않고 정적인 우란분회 법요와 움직임 중심의 동적인 봉오도리의 세트가 처음으로 전국에 방송된 것은 1928년 7월 15일이었다. 이 행사 세트가 정례화된 것은 9년 후 중일전쟁 발발 직후인 1937년이었다(표 1 참조). "전국의 청취자 여러분, 기립하시기 바랍니다"로 시작되는 '옥음방송'은 이러한 '신체적 규율=훈련'의 연장선상에 있는 국민적 라디오 의례의 정점이었다.

〈도쿄 온도〉의 전국화, 우란분회 법요 중계 확립기(제2기)

1930년 8월 13일 밤 8시, 도쿄 방송국은 정토종의 총본산 사찰 지온인에서 〈우란분회 법요〉를 중계했

---

71 | 기타하라 하쿠슈(北原白秋) 작사, 마치다 가쇼(町田嘉章) 작곡. 시즈오카현의 신민요.

72 | 도쿄만 앞의 오시마섬에 있는 작은 항구다. 이를 노래한 〈하부노 미나토〉는 노구치 우죠(野口雨情) 작사, 나카야마 신페이(中山晋平) 작곡한 곡이다.

다. 도쿄방송국이 8월에 법요를 방송한 것은 이때가 처음이다. 오사카국은 다음 날 14일에 천태종의 총본산 히에이산에 있는 사찰 엔랴지에서, 19일에 진언종 부잔파의 총본산 사찰 하세데라에서 연속으로 법요를 중계방송했다.

이러한 우란분회 법요의 전국 방송이 확립된 것은 전국적인 규모의 전몰자가 나온 전쟁 발발을 계기로 한다. 만주사변은 1931년 9월 18일에 발발했지만, 그 '전사 군인들을 위한 첫 우란분회를 맞이하여'의 〈우란분회 시아귀(施餓鬼) 법요〉가 오토와의 고코쿠지에서 1932년 7월 15일 방송되었다. 즉 우란분회 법요의 라디오 중계는 만주사변의 직접적인 산물로 본격화한 것이다. 당연히 중부지방에서부터 서일본에 걸친 여러 지역들이 8월에 오봉을 지낸다는 뿌리 깊은 전통을 도쿄방송국도 무시할 수 없었다. 1933년 8월 13일부터 15일까지 3일 연속으로 〈우란분회 법요〉를 여러 사찰(지온인, 시텐노지, 겐닌지)에서 전국으로 중계방송했다.

1933년에는 일본이 국제연맹을 탈퇴했기 때문에 '비상시'라는 말이 유행했다. 그해에는 〈도쿄 온도〉[73]가 크게 히트하기도 했다. 비상시였던 이해에는 봉오도리 붐이 일었다. 이미 한 해 전에 히비야 공원의 마쓰모토로 상가의 주인들이 "아침에 목욕탕 안에서 오봉이 되면 시골에서는 자주 봉오도리라는 것을 하지만, 이 도쿄에는 왜 그런 것이 없는지 모르겠네요"라고 이야기를 나누며, 사이조 야소에게 작사를 의뢰했다. 그렇게 해서 태어난 노래가 〈마루노우치 온도〉이고 이것이 〈도쿄 온도〉의 원형이다. 1933년 8월 1일, 도쿄 시바 공원에서 지지신보사 주최, 도쿄시 후원으로

----

73 | 이 노래는 사이조 야소(西條八十) 작곡, 나카야 신페이(中山晋平) 작사.

봉오도리 대회가 열렸다. 그 대회는 〈도쿄 온도〉를 발매하기 위한 이벤트였다. 인기가수인 고타 가츠타로[74]와 미시마 잇세이를 기용해 녹음한 빅터 레코드의 매상은 130만 장에 달했다. 이 봉오도리 붐은 자연 발생적인 것은 아니었다. 다카다 야스시의 『〈도쿄 온도〉의 범람』(1933)에 따르면 "(〈도쿄 온도〉는) 문부성이 추천한 것 같다. 내무성에서도 이에 찬성해 각 지역의 청년단에 이것에 맞추어 춤추도록 통고했다는 소문이 퍼지고 있었다"고 한다. 게다가 1934년 4월 12일자 《오사카아사히신문》은 "내무성이나 육군성, 해군성 등이 사상 선도에 걸맞는 수단으로 온도를 추천하고 있다"고 전한다.

신문의 라디오란에서 확인 가능한 기사들을 점검해보면 1934년은 봉오도리 방송의 최정점이었던 것 같다. 1934년 8월 14일자 《도쿄아사히신문》 라디오 프로그램란의 '각 지역 봉오도리—첫날밤' 기사는 다음과 같이 방송을 소개한다.

> 기소(木曾)[75] 봉오도리 실황방송은 오후 9시 15분 시작될 예정이다. 기소부시로 잘 알려진 기소 산신이 있는 등산로 입구에서 기소의 후쿠시마의 마을 남녀가 여름밤에 춤을 추는 모습들이 나가노방송국에 의해서 중계된다.

가와무라는 이러한 봉오도리 붐을 쇼와 시대의 '에자나이카(ええじゃないか)'[76]라고 표현했다. 에자나이카 속에는 왕을 모시고 외세를 쫓아내는

---

74 | 쇼와 시대의 가수이다. 본명은 마노 가쓰(眞野かつ). 〈도쿄 온도〉는 민요조의 노래로 이름을 떨친 미시마 잇세이(三島一聲)와 듀엣으로 녹음했다.

75 | 나가노현의 남서부 지역.

원칙과는 달리, 오히려 메이지 유신에 공감하는 기운이 있던 것으로 파악된다면, 쇼와 시대의 봉오도리 붐에도 고도 국방의 원칙을 내세우는 쇼와 유신에 대한 공감이 담겨 있다 하겠다. 한편 그러한 여론을 동원하고 부추기는 체제는 순조롭게 갖추어져가고 있었다. 1934년 5월에는 프로그램 편성이 전국적으로 통일되었다. 그 결과 봉오도리 붐이 전국으로 퍼져나가게 한 지방 방송국의 독자적인 프로그램 편성이 줄어들었다.

〈구단의 어머니〉의 염불, 전몰영령 우란분회 법요 시기(제3기)

노구교 사건이 있은 지 약 한 달 후인 1937년 8월 15일의 프로그램 편성은 전쟁의 색을 짙게 띠었다. 다음 해 1938년에는 7월 15일 밤 8시에 〈오봉을 맞이하여 영령에 올리는 저녁〉이 방송되었다. 1939년부터 1941년까지는 우란분회 법요와 영령제사가 결합되어, 7월과 8월 각각 3일 연속으로 6회의 법요 중계방송이 이뤄졌다.

전후 종전기념일 문제와 직접 연관되는 8·15 영령제사가 완성된 것은 라디오 수신 계약자 수가 400만을 돌파한 1939년이다. 이해 7월 13일부터 3일 동안 이어진 〈전몰영령 우란분회 법요〉 방송에서도 영령은 강조되고 있었다. 7월 14일에는 〈라디오 풍경 '영령에 바친다'〉(사이조 작)도 방송되었다. 라디오란의 해설에 의하면 이 프로그램은 전시하 일본의 오

---

76 | 에도 막부 말기에 도카이와 긴키 지방을 중심으로 일어난 대중적 광란. 〈에자나이카〉라는 단조로운 노래를 부르면서 집단으로 춤을 추었다. 도막운동이 일어난 시기였기에 세상을 바로 잡는다는 양상을 보여주기도 했다.

봉 풍경에서 '영광스러운 유족들이 안정된 생활을 보내고 있는가'를 담은 작품이다. 8월 13일부터의 전국 방송에서는 〈전몰영령 우란분회 법요〉가 진언율종의 홋게지 고쇼에서 방송되었다. 그날은 일지사변(日支事變)[77]이 상하이로 옮겨진 기념일에 해당되어, 전국 방송에서는 밤 7시 반부터 〈상하이 전선 추억의 저녁〉을, 도시방송에서는 밤 8시 35분부터 아사히신문사 주최의 〈상하이전 2주년 기념 강연회〉를 방송했다. 〈전몰영령 우란분회 법요〉는 다음 날 14일 정토종의 산지 지온지 내에 있는 이리에 고쇼에서, 이어 15일에는 임제종 난젠지파의 레이간지에서 전국으로 중계방송되었다. 모두 황실 연고 사찰이 선택된 것이다.

이 8월 15일 밤 7시 반에 〈국민가요 군국—등산의 가을〉, 7시 40분에 〈중국 자카코[78]에서의 인사, 노래 그리고 대화〉, 8시에는 〈독창과 합창〉, 8시 반에는 〈라디오 시국 독본, 전시 생활 문답〉, 8시 40분에는 〈청년의 시간, 대륙의 건설과 청년〉 등 군사 색이 짙은 프로그램이 계속 이어졌다.

영령이란 전사자의 영혼을 가리키는 말이다. 하지만 다나카마루 가츠히코에 따르면 영령의 죽음의 원인이 어떤 것이든 간에 그것은 비정상적이고 비명의 죽음이기 때문에 재앙의 요소를 지닌 고료(御靈)[79]적인 성격을 띤다고 한다. 전몰병사는 미혼의 청년인 경우가 많아, 영령을 모셔야할 자손이 없는 경우가 대부분이다. 그럴 경우 연고가 없어 통상적으로 조상신을 모시는 신앙의 틀에는 들지 못한다. 하지만 유족으로서는 고인을 재앙의 영혼이나 무연고의 영혼으로 받아들이는 것이 심리적으로 여간

---

77 | 중일전쟁에 대한 당시 일본의 호칭.

78 | 중국 허베이 성 서부에 있는 상업도시. 내몽골로 통하는 교통 요충지.

79 | 영혼의 존경어. 나중에 뒤탈이 있는 영혼에 대한 말이 되었다.

고통스럽지 않다. 영령을 신으로 모시는 야스쿠니 신사의 존재 이유가 바로 여기에 있었던 것이다.

1939년 4월, 그리고 전후에도 계속 노래된 명곡 〈구단의 어머니(九段の母)〉[80]가 데이치쿠 레코드사에서 발매되었다. 영령은 부처가 아닌 신이라고 노래는 주장하고 있다.

> 이런 훌륭한 신사에 신으로 모셔져서 황송하고 기쁨에, 어머니는 눈물이 나네. 기도해야 하는데 염불하다가 깜짝 놀라 당황했네. 아들이여, 이 촌사람을 용서해.

가와무라는 이 노래 가사의 묘미는 신과 부처 사이에서 흔들리는 유족의 심정에 담겨 있다고 말했다. 신으로서 모셔진 황송함에 울자마자, 염불을 외다가 부처가 아닌 재차 신이라는 것을 알고 나서 낭패스러워하는 시골 사람을 보여주고, 그로 인해 국가에 눈을 돌리게 하는 계몽의 메시지, 즉 체제가 요구하는 원칙을 담고 있다고 파악했다.

전몰영령 우란분회 법요 중계방송은 바야흐로 이 어머니의 심정, 즉 국민의 공감에 의지하고 있었다. 신(神)인 영령을 성불시키는 법요 중계를 청취한 사람들은 아마 구단의 어머니처럼 깜짝 눈치채 당황하지는 않았을 것이다. "아들이여, 이 촌사람을 용서해"이라는 가사는 자기부정과 같이 읽을 수 있지만 실은 그러한 심정의 긍정을 의미할 것이다. 여기서 신의

---

80 ㅣ 이시마쓰 아키지(石松秋二) 작사, 노시로 하치로(能代八郎) 작곡. 구단은 야스쿠니신사 근방 지명이다.

원칙과 부처의 본심은 표리일체가 되어 있었다고도 말할 수 있다.

라디오 수신 계약자 수가 500만 명을 돌파한 1940년에는 전국 편성이 더욱 철저하게 이뤄졌다. 더 이상 지방의 독자적인 오봉 방송기획은 존재하지 않았다. 전몰영령 우란분회 법요는 8월 13일부터 15일까지 황벽종 만푸쿠지, 일련종 혼코구지, 젠코지에서 중계방송했지만, 봉오도리 프로그램은 국민가요나 행진곡에 밀려서 횟수도 시간도 감소하고 있었다.

일본과 미국 간 전쟁 전야인 1941년 7월 13일부터 전몰영령 우란분회 법요가 천대종 센소지, 정토종 조조지, 진언종 고코쿠지에서 중계되었다. 그러나 전년에 이어 7월의 봉오도리 프로그램은 존재하지 않았다. 7월 14일자 《도쿄아사히신문》은 다음과 같이 전하고 있다.

때가 때인 만큼 특별한 공양 행사도 없고, 유족들이 집안의 성묘나 법요 등을 하는 것에 지나지 않는 날이 되었다. (중략) 근면해야 함을 내세워 금지되었던 농촌의 봉오도리가 생활 지도부에서 건전 오락으로 평가받았지만 생활 동원 본부가 되고 나서 어떻게 부활해갈 것인지.

국민정신 총동원 운동으로 금지된 것은 도쿄 중심의 양력 7월의 봉오도리였다. 아직 지방의 8월 봉오도리는 남아 있었다. 1941년의 봉오도리 프로그램은 8월 14일 밤 1회 방송되었다. 민속적인 심정에 정치적 배려가 더해졌다고 할 수 있을 것이다. 그해 8월의 전몰영령 우란분회 법요는 13일부터 15일까지 교토 겐닌지, 나가노의 젠코지, 진언종 센뉴지에서 중계되었다. 덧붙여서 1941년 4월 1일부터 신문의 라지오(ラヂオ)란도 라디오(ラジオ)로 표기가 변경되었다. 그해 8월 16일 밤 8시부터 국민적 라디오

의 성취를 축하하는 이벤트를 행했다. 일본방송협회 회장 고모리 시치로가 〈청취자 600만 돌파를 맞이하여〉를 연설한 데 이어서 일본방송 합창단의 〈방송 일본〉, 〈전파의 힘〉이 울려퍼졌고, 이어 큰 잔치가 벌어졌다.

1942년, 일미전쟁 개전 후 최초의 전몰영령 우란분회 법요는 7월 15일에 고코쿠지, 8월 14일 법상종 본산인 기요미즈데라, 15일에 나가노의 젠코지에서 중계되었다. 6월 5일의 미드웨이해전 이후이긴 했지만 아직까지 전쟁 초기의 승리의 여운이 남아 있었던 탓인지 8월 13일에는 9시부터 뉴스, 중국 방면의 함대 군악대 취주악에 이어 〈구로이시 요사레부시〉(아오모리), 〈요시이다무라 봉오도리〉(후쿠시마), 〈호넨 오도리〉(도치기) 등의 오봉 노래들을 내보냈다. 14일에도 같은 시각에 〈기소 오도리〉(나가노), 〈봉오도리 마쓰자카〉(도야마), 〈가케 오도리〉, 〈나가쿠테 봉오도리〉, 〈고로 고시덴〉(아이치)를, 15일에는 〈봉오도리 우타〉(오사카), 〈다카시마 온도〉(도쿄), 〈고우야산부시〉 등을 방송했다. 3일밤 연속 봉오도리 프로그램을 방송한 셈이다.

그러나 전황이 악화됨에 따라 1943년의 대동아전쟁 전몰영령 추도 우란분회 법요는 7월 15일 정토정 대본산 조조지에서의 방송과 8월 14일 진언종 총본산 고코쿠지 방송 등 두 번만 이뤄졌다. 봉오도리 프로그램은 8월 15일 밤 한 번만(아키타현 니시모나이 봉오도리) 방송되었다.

1944년의 전몰영령 우란분회 법요는 7월 15일 츠루미 소지지, 8월 13일 지온인에서 중계방송되었다. 이해 8월까지만 하더라도 아직 봉오도리 노래가 연일밤 계속 방송되고 있었지만, 다음 해인 1945년에는 7월 14일 정오에 단 한 번 방송되었을 뿐이다. 등화관제 아래서 봉오도리를 할 수 없었기 때문에 한낮에 방송했던 것 같다. 전쟁이 끝날 무렵 신문의 라디오 코너 자체가 1단 14행이 되어 있었고, 방송 또한 공습경보와 방공정보 탓에 토막토막 끊겨서 오락이나 교양으로서의 기능을 잃고 있었다. 그럼에도 전시에서의 라디오를 통한 시간과 공간의 균질화는 가열차게 진행되었다. 라디오가 대량으로 보급되면서 시보나 정시 뉴스 청취는 습관화되었고, 그에 따라 국민의 시간의식은 점차 균질화되었다. 미국과 전쟁이 한창일 때는 정시 뉴스가 하루 6회에서 11회로 늘어났다. 라디오는 일본인들의 일상을 구획짓는 차임벨 역할을 하기도 했고, 일상의 리듬을 통제하는 메트로놈 역할도 했다. 일본 본토에 대한 공습이 시작되면서 라디오는 생명과 관계되는 생활 필수품이 되어갔다.

옥음방송 당일인 1945년 8월 15일의 라디오 프로그램 확정표에서는 오전 7시 〈우란분회 중계〉(교토에서), 오후 12시 15분 〈여름 민요의 여행 제2일〉(방송민요연구회)이 예정되어 있었지만 천황의 발표를 앞두고 중지되었다.

4장

옥음신화와 전국 전몰자 추도식

점령군 검열과 위령 중계의 자숙
라디오코드기(제4기)

전몰영령 우란분회 법요 중계
는 전쟁 전부터 이어져온 전통이며, 이는 옥음방송 이후의 종전방송 프로
그램과 연결하여 설명되어야 한다. 즉 종전을 알린 방송 프로그램은 이전
프로그램과 별개로 이해될 수 없는 것이다. 1945년 9월 13일, GHQ는
'일본에 제시하는 방송준칙(통칭 라디오코드)'을 통지했다. 이에 따라 방
송 내용 전반에 대한 검열이 실시되었다. 그 결과 전몰자 위령의 법요 방
송은 자숙할 것을 권유받았다. 미국 측의 9·2 대일 전승기념일을 배려해
8·15 종전기념일의 라디오 편성은 행해지지 않았다(표 1 참조).

전쟁 후 최초의 우란분회 법요는 1946년 7월 14일 8시에 방송된 크리스
트교 프로그램이었던 〈신이란 어떤 분인가〉에 이어 10시에 나리타 산에
있는 신쇼지에서 중계되었다. 그로부터 한 달 뒤, 8월 14일 밤 7시 반부터
"1년을 돌아보고"라는 제목을 붙여 요시다 수상의 연설을 방송했다. 다음

날 15일자《아사히신문》의 칼럼 〈천성인어〉는 다음과 같이 시작된다.

1년 전의 8월 15일은 낡은 일본을 방공호 안에 매장한 날이었다. 낡은 철학,
낡은 국가관, 낡은 세계관도 비행기나 대포 잔해와 함께 구멍 안에 매장하는,
출발의 날이었다.

확실히 이날의 라디오 프로그램은 이른 아침부터 〈포츠담선언 수락의
날을 맞이하여, 로야마 마사미치(蠟山政道)[81]〉, 〈법률과 휴머니즘, 쓰네토
교〉, 〈천황의 발견 동물〉로 시작되어, 내용상으로는 '새로운 출발'을 지향
하고 있다. 그러나 이후에 계속된 프로그램은 〈전국 중등학교 우승 야구대
회 입장식〉이었고, 이날 15일의 방송을 마무리지은 것은 〈각 도시의 봉오
도리 풍경〉이었다. 확실히 국민가요나 시국담화는 사라졌지만, 〈신생 일
본의 노래〉(오타니 기요코)나 〈트루먼 대통령 메시지 '신생 일본 국민에게
보냄'〉이 그 자리를 대신하고 있었다. 즉 국가가 목표한 내용은 바뀌었지
만 그것을 둘러싼 국민 심성에 대한 형식은 전쟁 전과 다름없었다.

다음 해인 1947년 양력 7월 13일, 크리스트교 프로그램 〈종교 문답, 참
회와 속죄〉에 이어 〈오봉음악 법요〉가 교토에 있는 히가시 본간지에서 중
계되었다. 같은 날 신문의 라디오 코너에는 '오늘은 오봉의 첫날'이라는
제목을 붙이고, 우란분회 때 켜는 제등을 장식한 다리 근방의 상가 사진
이 실려 있다. 다음 날인 14일에는 〈오봉의 노래〉도 방송되었다. 이해에도

---

81 ㅣ 로야마(1895~1980)는 정치학자, 행정학자, 오차노미즈 여자대학교 명예교수. 쇼와기의 민주 사회
주의 제창자이며, 일본 초창기의 행정학 연구자다.

8월에 오봉 법요 중계는 없었지만, 8월 14일에 전년의 요시다 수상에 이어서 가타야마 수상의 담화를 방송했다. 같은 날짜《아사히신문》제1면에는 "내일 종전 2주년"이라는 제목으로 14일의 가타야마 수상의 담화가 게재되었다. 그 담화는 다음과 같이 시작된다.

오늘은 우리 일본 국민에게 평화국가로서 새 출발의 기회를 준 포츠담선언 수락 기념일이다.

앞에서 여러 번 말한 것처럼 종전조서의 일자는 8월 14일이었다. 기독교 신자이며 사회주의자였던 가타야마 수상이야말로 8 · 15 옥음신화에 묶이지 않고 8월 14일을 포츠담선언 수락 기념일이라고 말하고 있었다. 하지만 그의 말을 전달하는《아사히신문》이 내일 종전 2주년이라고 제목을 붙인 것은 무엇을 의미하는 것일까. 그것은 포츠담선언 수락 기념일은 종전기념일이 아니라는 것을 분명히 하는 일이다. 8월 14일에 행해지던 수상의 담화방송은 1947년 가타야마 수상 담화를 마지막으로 더 이상 행해지지 않았다.

어쨌든 점령기에는 GHQ를 감안하여 전쟁 전부터 해오던 8월 위령법요를 중계하는 것은 자숙했다. 단 한 번의 예외가 있었는데, 1949년 8월 14일의 방송이었다. 이 방송에서도 라디오코드가 의식되었는지, 아침 9시 15분터 시작되는〈우란분회 시아귀 법요〉전에〈그리스도께로 가는 길, 성가의 의의와 노래하는 방법〉을 방송했다. 이날은 제2방송에서 밤에〈민요의 시간〉을 방송했고, 법요와 봉오도리 세트가 예외적으로 방송되었다. 다음 날 1949년 8월 15 일자《아사히신문》의 칼럼〈천성인어〉는 이렇게 시작된다.

> 15일은 오봉이다. 동시에 종전기념일이다. (중략) 4년 전의 8월 15일은 구
> 일본의 매장일임과 동시에 신일본의 생일이었던 것이다.

하지만 같은 제1면의 사설 〈종전 5년 후의 세계〉에서는 동서 냉전이 격
화되고 있음을 전하고, 그 하단에 제8군 사령관이었던 아이켈버거 중장의
연설 '일본을 소련에 건네주지 말아야'를 게재했다. 이 시점은 중화인민
공화국 건국이 선언된 지 한 달 반 뒤였다.

1950년이 되면서는 두 달 전에 발발한 한국전쟁의 영향인지, 8월 15일
의 방송 프로그램에서는 오봉 법요도 봉오도리도 사라졌다. 전쟁 전부터
항상 해오던 〈전국 고교 야구대회 중계〉는 지속되었다. 1951년도 7월 15
일에는 15분간만 〈민요·봉오도리 특집〉이 방송되었지만, 오봉 법요는
한국전쟁이 끝나는 1953년까지 중계되지 않았다.

1951년 샌프란시스코 대일 강화조약 조인이 있은 지 이틀 후인 9월 10
일 문부성 차관, 원호청 차장의 명의로 점령기에 제한되었던 '전몰자 장
례식 등에 대한 조항'을 완화하였다. 공무원들이 위령제 등에 참석하여
공공단체 명의로 화환을 보내거나 향값을 내는 것이 허용되었다. 내각총
리대신 요시다 외 각료가 야스쿠니 신사 예대제에 처음으로 공식참배한
것도 1951년 10월 18일이었다.

1952년 4월 28일에 샌프란시스코 강화조약이 발효되었다. 발효된 지 4
일 후인 5월 2일, 처음으로 정부 주최로 전국 전몰자 추도식이 신주쿠교
엔에서 쇼와 천황과 황후를 맞이하여 열렸다. 다음 날인 3일은 헌법기념

일로 휴일이었기 때문에, 많은 학교에서 이 행사의 라디오 실황방송을 청취하고 정식 독립(즉 점령군의 통치가 끝났음을 의미)을 축하하는 교장의 훈화를 실시했다. 쇼와 천황의 말씀은 다음과 같은 내용을 담고 있었다.

> 잇따른 전란 탓에 전쟁터에서 죽고, 맡은 역할을 다하다 순직하고, 또 비명에 죽은 사람이 셀 수 없을 정도다. 충심으로 그 사람들을 애도하고, 그 유족을 생각하며 항상 근심해왔다. 오늘 이 식전에 임하여 그것을 상기하면서 새삼 마음 아프기에 충심으로 추도의 뜻을 나타내고자 한다.

다음 날 《아사히신문》 조간의 '시평'란에 전몰자 추도식을 주제로 글을 적은 종교학자 오구치 이치는 다음과 같이 마무리했다.

> 이 기회에 재차 더 이상 전쟁은 하지 않겠다고 왜 맹세하지 않았을까. 또 전쟁을 한다. 그리고 또 추도식을 해나가겠다는 어리석은 반복을 해서는 안 된다. 이 추도식이 마지막 전국 전몰자 추도식이 될 것을 간절히 바라는 바이다.

분명 이 전국 전몰자 추도식은 다음 날 5월 3일에 예정된 평화조약 발효 및 일본국 헌법 시행 5주년 기념식전(신문 표기는 독립 기념식전)이라는 축하행사에 한발 앞선 단 한 번으로 한정된 이벤트로 계획된 것이었다. 5월 3일의 독립 기념식이 열린 장소는 이틀 전에 일어난 피의 메이데이 사건이 여운으로 남은 궁성 앞 광장이었다. 이 식전의 풍경을 전하는 《아사히신문》 5월 3일자 석간의 제1면 톱 제목은 "(천황) 퇴위설에 종지부를 찍는 말씀, 결의를 표명"이다. 그 말씀의 말미에 이렇게 써 있다.

지금을 맞이하여 덕이 없지만 과거를 돌아보고 여론을 헤아려 심사숙고해, 굳이 스스로 격려하고 여러 부담이 주는 무거움을 견디겠다는 것을 기약하지만 밤낮 미흡함을 두려워할 뿐입니다. 원컨대 모두 각기 소임을 다하고 일에 힘써 함께 국가재건의 큰일을 달성해 영원히 그 기쁨을 함께하기를 간절히 바라는 바입니다.

신문기사는 이 부분을 인용하고 "여론의 동향을 헤아리시며 독립 후의 괴로움과 고통을 국민과 함께하시겠다는 의사를 공표하셨다"고 해설했다. 이 시기에 독립을 기하여 쇼와 천황의 퇴위가 활발히 논의되고 있었다. 퇴위를 당연시하는 의견은 보수파까지 포함한 지식인들 사이에서 폭넓게 공유되었다. 전날의 말씀, 영령을 생각하며 '새삼 마음이 아프며'에 이어서 여론을 헤아려의 발언은 전쟁 책임론에 대한 국민 감정, 즉 여론에 대한 호소였다.

1951년 12월에 개국한 민간방송국인 라디오 도쿄(현 TBS)는 1952년 8월 15일에 〈일본의 현상을 이야기한다, 시모무라 가이난[82]〉 〈패전 기념일, 아베 요시시게〉를 방송했다. 비슷한 시기에 NHK 라디오는 특별한 종전기념 프로그램을 하지 않았다. 같은 해 2월 6일자 문부차관 명의로 처음으로 지방 공공단체의 위령제 주최 등이 정식으로 허가되었다.

---

82 | 본명은 시모무라 히로시(1875~1957). 메이지·다이쇼·쇼와기의 관료, 신문 경영자, 정치가. 옥음방송 때의 내각정보국 총재. 가인(歌人)으로도 알려져 가이난(海南)이라는 이름으로 많은 작품을 남겼다.

전후 끝의 시작,
8·15 편성의 완성(제5기)

한국전쟁의 휴전협정이 체결된 지 약 2주일 후인 1953년 8월 15일자 《아사히신문》의 칼럼 〈천성인어〉를 읽어 보면 점령기 동안의 자숙 탓에 종전기념일은 사람들의 마음속에서 빛이 바랬음을 알 수 있다.

> 이번 8월 15일은 종전 8주년이다. 원폭의 날은 기억하고 있어도 종전의 날은 '그래? 그랬던가' 라며 잊기 쉽다.

확실히 망각은 이즈음의 키워드였다. 이 시기 동안 라디오 멜로 드라마 〈당신의 이름은(君の名は)〉(기쿠타 가즈오 작, 목요일 밤 8시 30분~9시)은 공전의 히트를 쳤다. 이 드라마는 매번 시작 부분에 "망각이란 잊어버린다는 것이다. 잊을 수 없으면서 망각을 맹세하는 마음의 슬픔이여"라는 내레이션을 넣었다. 1952년 4월 10일 시작된 이 드라마는 도쿄 대공습의 밤에 만난 남녀의 사랑과 이별을 그렸다. 최고의 인기를 구가할 때의 청취율은 1953년 9월 49%였다. 일본인 다섯 명 중 한 명 이상이 듣고, 여성 청취자는 남성의 3배에 이르렀다. 이 드라마의 영화 판권을 취득한 쇼치쿠 영화사의 선전 문구 "이 드라마의 방송 시간이 되면 여탕이 텅 비었다"는 어느덧 실화가 될 만큼 당시의 중요한 문화풍경 중 하나로 자리 잡았다. 제1부의 대히트에 우쭐해진 쇼치쿠 영화사 선전부는 제2부를 내보낼 즈음 목욕탕 조합에 협조를 의뢰해 "라디오를 들을 수 있습니다"라는 큰 간판을 입구에 내걸었다고 한다.

다음으로 1953년부터 1955년까지 3년간의 라디오가 프로그램을 통해 기억의 재편을 행했음을 조금 상세하게 설명하고자 한다. 1953년 2월 1일에는 NHK 도쿄텔레비전국, 그해 8월 28일에는 니혼테레비가 본방송을 시작했다. 하지만 그해 8월 텔레비전 보급률은 0.02%에 그치고 있어 아직까지 라디오의 황금시대가 계속되었다.

1953년부터 NHK 라디오는 본격적으로 8·15 종전기념일 편성을 시작했다. 그해의 우란분회 법요를 7월 13일 오토와 고코쿠지에서, 8월 13일 임제종 겐닌지파 전문 도장에서 두 번 중계했다. 물론 점령기 동안에 방송되었던 기독교 프로그램은 흔적도 없이 사라졌다. 7월 15일에도 봉오도리 프로그램이 방송되었지만 전쟁 전과 마찬가지로 그 중심은 8월 방송 프로그램이었다. 8월 13일 〈당신의 이름은〉 앞 시간에 봉오도리 노래를 포함한 〈노래의 꽃달력〉이 편성되어 있기도 했다. 하지만 오히려 봉오도리 방송에 주력한 것은 라디오 도쿄의 〈전국의 봉오도리 노래, 마치다 가쇼〉였다. 다음 날인 14일 NHK는 이른 아침부터 〈모습이 바뀐 오봉행사, 무라이 요네코〉, 〈설법, 묘신지관장 야마모토 겐포〉를 방송했다. 낮시간에는 〈종전기념 세미 다큐멘터리, 일본 어디로 가나〉, 밤에는 그날의 마무리 프로그램으로 〈우란분회, 이시이 하쿠테이〉를 방송했다. 8월 15일 NHK 제1방송은 밤 8시 15분부터 〈전국 봉오도리 풍경〉(11국 릴레이)을 제2방송에서는 〈추억의 사람들, 와다 신켄 외〉을 방송했다. 와다는 옥음방송에 앞서 "전국의 청취자 여러분, 기립하시기 바랍니다"라고 했던 그 아나운서이다.

물론 민간방송도 종전기념 프로그램을 편성했다. 라디오 도쿄는 아침에 〈논평—잊어서는 안 되는 것, 노가미 야에코〉을, 낮에 〈토론회—부인들은 종전 후 행복해졌는가〉, 그리고 최종 프로그램으로 〈이날에 생각한다〉를 방송했다. 니혼분카방송 역시 아침에 〈종전기념일에 즈음하여〉, 낮에 〈종전 전후의 국제정세〉를 방송했다.

이러한 망각과 기억의 재편에는 1954년 8월 15일자 《아사히신문》 석간 제1면의 '폐하의 소리'와 같은 칼럼도 가세했다.

9년 전의 8월 15일 역시 더운 날이었다. 그날의 기억은 시간의 경과와 함께 점점 희미해지고 있다. 하지만 국민들은 누구나 더운 정오라도 라디오로 들은 패전의 그 칙어만은 잊을 수 없을 것이다. (중략) 그때까지만 하더라도 천황의 소리를 들은 국민은 한정된 수였다. 국민 대부분은 그날 처음, 게다가 중대한 내용을 담은 신의 목소리를 들었던 것이다. (중략) 패전과 함께 신에서 인간이 되신 폐하는 일본 각지를 방문하고 계시며 지금 마지막으로 홋카이도를 여행하시고 있다.

전후 각 지역을 방문하면서 시작된 상징천황제의 재편도 이 시기쯤 해서 옥음신화와 함께 완성기에 도달한 듯 보인다. 《아사히신문》은 같은 지면에 있는 촌평란 '삼각점'에서 그것을 지지하는 대중여론에 대해 또 하나의 정론을 제시하고 있다.

패전 9년, 너무 많은 충혼비(忠魂碑)가 세워진다. 사이타마현 오고세 마을처럼 세계 무명 전사의 비라도 세워라.

1954년은 평화운동의 원년이기도 했다. 그해 3월 1일 남태평양 비키니 환초에서 미국이 수소폭탄 실험을 했고, 일본의 제5후쿠류마루가 피폭당했다. 그 사건이 있은 지 정확히 한 달 후, 히로시마에 평화기념공원이 세워졌다. 그해 8월 8일에는 원자·수소폭탄 금지 서명운동 전국협의회를 결성했다. 평화 기원을 겸한 우란분회 법요도 8월에 더 많은 비중을 두게 되었다. 그해 방송은 7월의 법요를 13일 아침에 한 번 내보냈지만, 8월에는 법요 중계 두 번에 〈좌담회―오봉의 배경〉(8월 13일 밤 제2방송) 등 해설 프로그램도 방송했다.

라디오 방송의 8·15 종전 프로그램 편성 관행은 1954년에 정착되었다고 말할 수 있다. 8월 15일 NHK 제2방송은 아침에 〈우란분회 예배, 강좌〉, 밤에는 〈청년의 주장―종전기념일에 생각한다〉, 제1방송은 낮에 〈제등(提燈)에 대해〉, 〈종전 당시를 돌아봐〉, 밤에는 〈마을의 오봉 풍경〉, 〈노래는 가을바람을 타고〉, 〈전국 봉오도리 대회〉, 〈동서 제삿날 풍경, 도쿄 스가모·오사카 시텐노우지〉를 방송함으로써 하루 종일 '오봉＝종전' 편성을 이루고 있었다. 민간방송도 고시엔 중계(NHK 제2방송)에 맞설 프로그램으로 〈일본이 사는 길〉, 〈8월 15일〉 등의 제목을 붙인 좌담회를 마련하여 라디오 도쿄를 필두로 거의 모든 방송국이 종전 편성을 했다.

이러한 흐름 속에서 전후 10주년이 되는 1955년에는 라디오도 큰 고비를 맞는다. 1955년 7월 13일에는 예년대로 〈우란분회 법요〉(센소지) 방송이 있었지만, 7월 14일에는 NHK, 민방 모두 파리제(프랑스 혁명기념일) 관계 프로그램이 눈에 띌 뿐이다. 라디오 프로그램에서 7월의 오봉 무드는 뚜렷하게 후퇴한 셈이다. 이에 비해 8월 오봉 기간에는 정치·경제는 물론이고 아동 프로그램에서 가요 프로그램까지, 모든 것이 '그로부터 10년'을 키워드로 구성되었다. 민간방송의 종전기획이 NHK의 고시엔 중계에 대항하기 위한 프로그램으로 편성된 것은 지난해와 같았지만, 라디오 도쿄는 8월 13일 낮에 〈강담 옥음송〉을 방송했다. 옥음방송이 벌써 역사적 담화로 논의되었던 것이다. 8월 14일에도 제1방송을 통해 〈전후 10년 베스트셀러〉, 〈음악계 전후 10년〉, 〈그로부터 10년〉, 제2방송으로 〈원호(援護) 10년을 돌아보고〉를 방송했다. 그리고 민방도 라디오 도쿄에서 〈녹음 구성 10년〉, 분카방송에서 〈영화 10년의 발걸음〉 등 10주년을 주제로 한 프로그램으로 채웠다. 8월 15일은 월요일이었음에도 〈우란분회 법요〉, 〈납량 지방 기행〉 외 특별 프로그램을 집중 편성하고 있다. 평일에 오봉 휴가를 즐길 여유를 일본 사회가 되찾았다 하더라도 '옥음＝종전'의 기억으로 연결되는 8월 15일을 특별하게 취급한 것이라고 해석할 수밖에 없다. 나가사키 평화기념당 제막식을 원폭투하 날짜인 9일이 아닌 15일에 맞추어 중계한 분카 라디오의 의도는 분명해 보인다.

이렇게 해서 1955년에 '오봉＝종전기념'은 라디오 이벤트로 그 형식과 내용면에서 완성된다.

이때는 새로운 여론제조 미디어인 텔레비전이 방송을 개시한 지 3년째에 접어드는 시기였다. 1955년 3월에는 텔레비전 수신 계약자가 3만 명, 이어 10월에는 10만 명을 넘어섰다. NHK와 민영방송은 8월 15일의 골든타임에 기념 프로그램을 방송했다. NHK는 7시 3분부터 영화 〈전후 10년의 발걸음〉, 히가시쿠니 등의 추억담·좌담회, 니혼테레비는 7시 30분부터 〈특집·전후 10년〉, KR테레비는 7시 15분부터 〈강담 8월 15일〉, 7시 45분부터 〈르포 열 살이 된 평화국가〉, 8시부터 〈평화의 여신〉 등을 방송했다.

NHK가 라디오 중계와는 별도로 텔레비전으로 〈우란분회 법요 실황〉을 중계하기 시작한 것은 1957년 7월 13일부터다. 그해부터 라디오의 종전 기념 프로그램은 8월 15일으로 한정되었다(표1). 방송 미디어의 중심이 라디오에서 텔레비전으로 옮겨진 것이다. 라디오 수신자는 1957년 11월에 1,481만으로 정점에 달했고 이후 성장세가 급속히 감소하기 시작했다. 한편 텔레비전 수신 계약자는 1957년 8월에 128만에 이르렀고, 1959년 4월 황태자의 결혼식 퍼레이드 뒤에 200만 명을 돌파했다.

텔레비전 보급의 견인차가 된 것은 민영방송을 중심으로 한 상업적 대중문화였다. 오락이나 위안을 위한 미디어로서의 NHK 라디오의 역할은 급속히 퇴색해갔다. 덧붙여 1957년 오야 소이치는 비속한 텔레비전 방송을 두고 '국민 총 백치화 운동'이라고 칭함으로써 이른바 '일억 총 백치화'라는 말이 인구에 회자되기도 했다. 그해 1957년 7월 15일 NHK 제2방송의 〈좌담회, 오봉의 어제와 오늘〉에서는, 양력, 음력 그리고 지역에 따라 한 달 늦게 지내는 등 세분화된 오봉을 양력 7월 15일로 통일할 것인가를 놓고 민속학, 종교학의 입장에서 진지하게 논의했다. 오늘날 되돌아보면 전혀 가능성 없는 비현실적인 논의였다고 말할 수 있다.

덧붙여서 라디오로 중계된 8월의 우란분회 법요가 7월처럼 텔레비전으로 방송되지 않았던 이유는 8월에 고시엔 야구중계가 있었기 때문일 것이다. 반대로 말해 7월 법요를 텔레비전이 중계한 이유는, 오로지 프로그램 내용이 부족했던 탓으로 여겨진다. 매번 7월에 행해지던 텔레비전의 법요 중계는 1960년 7월에는 예외적으로 빠졌다. 빠진 이유는 자명하다. 그날 자민당 임시 당대회가 개최되었기 때문이다. 그 대회는 국론이 양분되어 여당과 야당이 의회 내외에서 격렬하게 충돌한 일미안전보장조약 개정 뒤 퇴진을 표명한 기시 노부스케 수상의 후임 총재를 뽑는 중요한 정치행사였다. 그로 인해 법요 중계는 건너뛰게 되었다.

기시 수상의 후임으로 지명된 이케다는 '국민소득을 배로 늘리는 계획'을 공약으로 내걸고 고도 경제성장 정책을 추진했다. 한편으로 그것은 오봉행사의 고양 속에서 행해졌다. 불교계 신문인 《주가이닛포》는 1960년 8월 14일 사설에서 매스컴의 영향으로 봉오도리가 볼거리로만 여겨지고 의미가 퇴색하는 등 '봉오도리의 관광화'를 우려하는 목소리를 실었다.

전쟁 후 봉오도리는 해마다 번창하고 있다. 특히 농촌에서는 유행가도 섞어서, 5일씩 혹은 일주일 내내 하는 곳이 있을 정도다. 이런 식으로는 문제가 있다며 불만이 터져 나온 지방마저 있다. (중략) 매스컴의 영향이겠지만, 전파를 탈 심산으로 볼거리를 내세우는 봉오도리가 많아졌다. 봉오도리가 관광자원 역할을 한다는 것을 알고 있는 탓이다. 무엇이든지 관광자원화하고, 여행객의 먹이로 만들고자 하는 일은 비단 봉오도리에 한정되지는 않는다.

이 문장에 이어 오늘날의 관점에서 보면 놀랄 만한 폭언이 계속되고 있다.

이미 썩어 있는 히로시마의 원폭돔의 철거를 현지 업자들이 반대하고 있다. '노 모어 히로시마'라고 호칭할 수 있는 상징물이 없어지기 때문이란다. 세상이 돈벌이의 시대로 접어들었고 돈이 된다면 저녁때의 장례식이라도 상관없는 시대가 되었다. 하지만 봉오도리만은 소박한 민속의 전통으로 남겨두고 싶다.

히로시마의 원폭돔은 이 기사가 난 지 36년 후인 1996년에 유네스코 세계유산에 등록되었다. 막 시작되고 있던 고도 경제성장 속에서 시대의 분위기는 크게 바뀌었다. 다음 해인 1961년, 텔레비전 수신 계약자는 벌써

1,000만 대(보급률 49.5%)를 기록했다. 그 기록은 전쟁 전의 라디오 수신 계약자의 정점, 즉 1944년의 747만 대(보급률 50.4%)를 넘고 있었다. 라디오 시대는 끝나가고 있었다.

포스트 라디오 시대의 국민의례, 전국 전몰자 추도식(제6기)

1963년 8월 15일, 정부 주최로 제1회 '전국 전몰자 추도식'이 히비야 공회당에서 천황 황후가 나란히 참석한 가운데 거행되었다. 1부에서 말한 바와 같이 8·15 종전기념일의 법적 근거는 이 추도식을 위해 내각에서 결정한 실시요항이다. NHK는 11시 50분부터 12시 30분까지 라디오와 텔레비전으로 실황을 중계방송했다. 도쿄 예술대학 교향악단이 연주한 바하의 〈G선상의 아리아〉로 시작되어, 베토벤 제3교향곡 〈영웅〉 제2악장으로 끝났다. 이것을 계기로 8월 13일 마중 오봉 때 행해지던 우란분회 법요 중계도 8월 15일의 방송으로 정착한다(표1 참조).

이듬해인 1964년 8월 15일의 제2회 추도식은 야스쿠니 신사 경내에서 거행되었고, 역시 중계방송되었다. 야스쿠니 신사에서는 등롱을 매달아 사망자의 영령을 기리는 '미타마 마쓰리'가 패전 다음 해인 1946년부터 7월 13일을 시작으로 나흘간 거행되고 있었다. 가까운 곳에 있는 지도리가 후치 묘지에서도 1959년에 이뤄질 전당 준공을 기다리지 않고, 1958년 7월 13일부터 '도로 나가시'[83] 행사를 매년 치르고 있었다. 이처럼 7월 오봉에 위령을 끝마친 야스쿠니 신사에서 다시 한 달 후인 8월 15일에 전국 전몰자 추도식을 실시했던 셈이다. 이는 8월 15일의 정치성을 두드러지게 했다. 그것을 의식한 탓인지, 야스쿠니 신사를 전국 전몰자 추도식장으로 사용한 것은 1964년이 최초이고 마지막이 되었다.

다음 해인 1965년은 종전 20주년이 되는 해였다. 이 제3회 추도식은 일본무도관에서 열린 이후 붙박이 장소가 되었다. 그해의 8월 저널리즘에 화제를 제공한 것은 NHK의 식전 중계가 아니었다. '베평련(べ平連)'[84]의 오다 마코토가 기획하고, 도쿄 12채널이 방송한 〈철야 토론회, 전쟁과 평화를 생각한다〉였다. 미국은 그해 2월에 베트남에 집중폭격을 시작했고, 3월에는 해병대를 베트남에 상륙시켰다. 8월 14일 밤 10시부터 15일 아침 6시까지 실황 생중계하기로 한 토론회에는 자민당의 나카소네, 사회당의 나리타, 전 육군중장 사토, 쓰루미, 히다카 등의 지식인 외에, 일반 공모를 통한 600여 명의 학생과 시민이 참가하고 있었다. 예정된 시간이 두 시간이나 남아 있던 오전 4시경 방송국 측은 이유를 밝히지 않고 실황중계를 중단했다. 베트남전 보도를 둘러싸고 텔레비전 방송국에 대한 정부의 압력이 문제되고 있었던 시기인 만큼, '논의의 방향에 불안을 느낀 특정 세력의 영향이 있었다'는 소문이 떠돌았다.

이누마루 요시카즈는 1965년 8월 15일자 《아카하타》에서 8·15 전후의 텔레비전 프로그램에 대해 다음과 같이 적고 있다.

미일 반동세력은 8월 15일을 종전 20주년 기념일로 기념하며 일본 군국주의 부활의 도약대로 삼으려 했다. 즉 군국주의 선전 강화의 기회로 삼으려 했던

---

83 | 우란분제(盂蘭盆齋) 마지막 날 등롱을 켜 강이나 바다에 띄우는 행사.
84 | 1965년에 만들어진 '베트남에 평화를! 시민연합'.

것이다. 그러나 일본 인민들은 다시는 전쟁을 반복하지 않기 위해 반전의 맹세와 행동을 펼치려 했다. 둘은 격렬하게 부딪쳤다. (중략) NHK 텔레비전은 전몰자 추도식을 끝까지 중계했다. 천황이 참석한 가운데 사토 수상은 "조국을 위해서 목숨을 바친 지극한 감정"이라고 전몰자를 칭찬할 뿐이었다. 전쟁에 대한 반성은 티끌만큼도 보이지 않았다. 오히려 침략전쟁을 미화하기까지 했다. 공산당의 집회는 물론이고 어떤한 집회도 방송하지 않았다. 도쿄 12채널만이 8·15 기념 철야토론을 보도할 예정이었지만 그것도 사회자의 전쟁에 대한 비판적 발언을 이유로 방송이 중지됐다. 방송 중지가 단적으로 이야기하듯이, 오늘날의 텔레비전은 침략전쟁 반대의 목소리를 정면으로 다루는 것을 가능한 한 피하려 하고 있다. 그뿐만이 아니다. 침략전쟁을 미화하고, 군국주의를 선전하는 역할을 담당하고 있다.

냉전구조의 그림자를 담고 있는 문장이지만, 오늘에 이르기까지 8·15 텔레비전 방송을 공격한 전형적인 비판으로 알려져 있다. 그러나 이시카와 히로요시는 이러한 이데올로기적 대결로 보는 것과는 다르게 8·15 텔레비전 방송을 관찰하고 있다. 이시카와는 8월 15일의 사회심리를 전전과 전후의 연속선상으로 파악한 선구적인 『일본인의 사회심리』(1965)라는 저술에서 이런 글을 남기고 있다.

도쿄에서는 큰 신문들이 8월 15일에 특집기사를 싣고, 텔레비전은 일본 텔레비전 사상 처음으로 8월 15일과 베트남이 겹치는 특집을 내보냈다. 그것도 밤부터 이튿날 아침까지 실시했다. (중략) 이것은 물론 칭찬받을 만한 일이다. 하지만 도쿄에서 200킬로미터 정도 떨어진 나가노시에서는 어떤 일이 일어나고 있는가. 8월 15일은 패전을, 그리고 그 15년 전의 전쟁 역사를 계속 연결시키는 날이라고 생각하기보다는 역시 오봉이라는 생각이 더 앞선다. 전쟁이, 아버지의 죽음이, 아들의 죽음이, 형(오빠), 남동생의 죽음이, 어쨌든 각각의 죽음이 '모두의 죽음'에 흡수되어버리는 오봉에 더 생각이 미친다.

텔레비전이 이러한 중앙과 지방의 정보 격차를 메우는 데는 긴 시간이 걸리지 않았다. 그해 12월 텔레비전 수신 계약은 1,500만 명을 돌파해 라디오 보급 기록을 훨씬 넘어섰다. 이로써 텔레비전을 통한 도시 대중문화의 보급은 더욱 강화되고, 그와 함께 오봉, 봉오도리 프로그램은 사라져갔다.

라디오 시대,
얄타＝포츠담 체제의 끝

'패자는 영상을 갖지 않는다'는 오시마 나기사의 지당한 말을 1부에서 인용했다. 또 오시마는 텔레비전 시대에서 옥음방송이 갖는 의미를 회고하며 다음과 같은 질문을 했다. '만약 종전시에 텔레비전이 있었다면, 텔레비전 카메라 앞에서 천황이 종전의 조서를 읽는 일이 벌어졌을까.'

만약 옥음방송이 텔레비전을 통해서 행해진 것이었다면, 비록 똑같은 소리였다고 해도, 국민은 소리가 아닌 천황의 표정에서 어떤 인간적인 감정을 읽어냈을 것이다. 그렇다면 그 인간적인 감정은 국민들 속에서 증폭되어 어쩌면 역류해갔을지도 모른다. 그날의 옥음방송은 확실히 영상을 수반하지 않는 소리였기에 우리에게 여러 가지로 의미를 주었던 것이다. 우리 영상의 역사는 어떤 영상이 존재했는가를 따져보기보다는 어떤 영상이 존재하지 않았는가를 따져보는 역사라고 할 수 있다.

이것은 비교 미디어론으로서 중요한 지적이다. 8·15 라디오 프로그램은 텔레비전 시대에도 계속되었다. 7월 15일과 8월 15일 아침 8시 5분부터 45분까지 라디오로 중계된 우란분회 법요는 봉오도리 프로그램이 소멸한 1970년대 이후에도 계속되고 있었다. 1988년 8월 15일 아침 6시 43분으로 시간대를 앞당기며 단축된 후, 마지막 법요 중계방송은 다음 해인 1989년 8월 15일에 행해졌다. 물론 이미 라디오의 시대가 아니었으며, 법요의 텔레비전 중계가 중지된 1963년 7월 13일에 실질적으로 그 라디오 중계도 사회적 영향력을 잃고 있었다. 1989년 8월 15일의 우란분회 법요 중계에 얼마나 많은 사람이 귀를 기울이고 있었을까. 마지막 법요 중계가 있은 지 약 3개월 후, 베를린 장벽이 무너졌다. 반세기 가깝게 지속된 얄타=포츠담 체제의 막이 내린 것이다. 얄궂게도 그것은 '전쟁의 기억'을 둘러싸고 새롭게 벌어질 기억의 전쟁을 알리는 서막이었다.

2부에서 신문의 8월 저널리즘의 성립을, 3부에서는 라디오의 8·15 방송의 계보를 고찰했다. 이를 통해 8·15의 기억이 매스미디어에 의해 편성되어 변용된 과정이 거의 밝혀진 셈이다. 다음 장에서는 8·15의 기억이 어떻게 역사로 정전화되었는지 일본 역사 교과서를 중심으로 검토하고자 한다.

4부

자명한 기억에서 애매한 역사로,
역사 교과서의 미디어학

2005년 4월 5일, 서울의 일본 대사관 앞에서 일본의 교과서 검정에 항의하고,
'새로운 역사 교과서'의 표지를 그린 막을 찢는 시민들(사진은 Kyodo News 제공).

고등학교 사회과의 검정 기준(일본 역사교육의 목표)

여러 외국 역사와 단순하게 연결만 하는 것을 넘어서야 한다. 폭넓은 세계사적 움직임 속에 일본이 있던 위치를 생각하는 태도를 기르지 않으면 안 된다. 더욱이 역사상 중요한 자료도 접하게 함으로써 역사적 사실을 생생한 형태로 구체적으로 이해할 수 있도록 적절한 학습활동을 하는 것이 바람직하다. 이러한 활동을 통해서 일본의 사회나 문화가 조상의 노력으로 진보 · 발전해왔음을 인식해야 한다. 그리고 일본의 민주적인 사회 · 문화의 발전 및 세계평화에 대한 일본 민족의 책임을 자각시키는 것이 고등학교 일본사 교육의 궁극적 목적이다.

—문부성 교과용 도서 검정 기준, 대장성 인쇄국, 1955년 12월 10일.

이에나가 지음, 산세이도의『신일본사』에 불합격 통지

과거의 사실에 대한 반성을 요구하려는 과도한 열의가 문제다. 그런 탓에 학습활동을 통해 조상이 애써왔다는 인식, 일본인으로서의 자각 고양, 민족에 대한 애정을 길러야 한다는 일본사 교육 목적과는 상당한 거리감이 있다. 이런 것을 감안해서 종합적으로 판단해 이 원고는 고등학교 사회과 일본사의 교과서로 적당하다고 인정하기 어렵다.

—문부성 서류 제540호, 1957년 4월 9일.

기억을 정식 역사화하는 데 결정적인 미디어는 역사 교과서다. 교과서가 미디어 연구의 분석 대상이 되는 일은 드물다. 하지만 이 책에서 교과서를 감히 미디어로 취급하려 한다. 즉 의무교육용 교과서는 국가가 지원해 무상으로 지급되고 있으며, 대량생산되는 정보 소비재이기 때문에 매스미디어라고 부를 만한 공공성과 형식을 갖추고 있다고 봐야 한다.

역사 교과서를 둘러싼 논쟁은 과거 오로지 '진출이냐, 침략이냐' 라는 표현 문제, 난징사건이나 종군위안부 기술 문제, 즉 표현과 사실의 논의로 시종일관해왔다. 그것도 중요한 것임에는 틀림없다. 하지만 이 책에서는 미디어 연구로서 종전을 기술하는 형식에 초점을 맞추어보고 싶다. 문학 연구가 표현에 관심을 두고, 역사 연구가 사실의 분석에 초점을 맞춘다면, 미디어 연구는 우선 그 형식을 분석하는 데 관심을 두는 일이 필요하다. 오늘날 기억의 전쟁터가 되어 있는 역사 교과서를 냉정하게 고찰하기 위해서는 우선 미디어론의 형식 분석으로 돌아가 검토하는 것이 유효하다고 생각한다.

전쟁관을 질문한
NHK 여론조사

전쟁을 인식하는 미디어로 교과서가 완수하는 중요성을 보여준 조사로는 2000년 8월15일 NHK 스페셜 〈2000년 당신에게 전쟁이란〉에서 소개한 여론조사 결과가 있다. 그해 5월 NHK는 전국 16세 이상의 남녀 2,000여 명을 개인 면접하여 전쟁관을 물었다. 거기에는 "지난 전쟁＝만주사변 이후의 대중국전쟁과 태평양전쟁 (1921~1945)"이라는 부연설명이 붙어 있었다. 상당히 고심한 흔적이 보인다. 전쟁의 호칭, 즉 대동아전쟁, 태평양전쟁, 일미전쟁, 15년 전쟁, 아시아·태평양전쟁 중 어느 것을 선택해 질문하는가에 따라 응답자의 대답이 달라진다. 그런 부분까지 섬세하게 신경을 쓴 질문이었다.

이 조사에서는 1939년 이전에 태어난 사람들을 전중(戰中) 전전(戰前) 세대, 그 이후부터 1958년 사이에 태어난 사람들을 전후세대, 1959년 이후 태어난 사람을 전무(戰無)세대로 분류하고 있다. 전중·전전세대란 옥음방송 때 여섯 살 이상이었던 사람들이다. 전후세대란 고도 경제성장 이전에 태어난 사람들이고, 전무세대는 풍요한 사회에 태어난 세대를 가리킨다. 결과는 세대에 따라 전쟁관이 다르게 나타났다.

'지난 전쟁에 대한 자신의 생각에 영향을 미쳤던 미디어'를 질문하는 항목이 있다(표 2 참조. 각 세대에 걸쳐 0%를 기록한 인터넷과 비디오 게임 항목은 표에서 생략했다). 모든 세대에 걸쳐 교과서(21%)나 학교 수업(22%)은

표 2. 전쟁관에 영향을 준 미디어

	전체	전무	전후	전중 · 전전
주변 사람	36%	30%	44%	32%
학교 교과서	21%	33%	20%	9%
학교 수업	22%	35%	18%	12%
텔레비전	32%	35%	40%	17%
신문	20%	13%	26%	18%
책	10%	9%	13%	6%
만화	3%	6%	2%	0%
잡지	3%	3%	4%	2%
애니메이션 · 영화	9%	18%	8%	1%
기타	5%	1%	2%	14%
특별히 없음/모른다	25%	21%	22%	35%

주변 사람(36%)과 텔레비전(32%)에는 미치지 못하지만 그 영향력은 신문(20%)과 책(10%)을 능가하고 있다. 전무세대의 경우 학교 수업과 텔레비전은 동률 1위를 기록하고, 그다음으로 교과서, 주변 사람, 애니메이션 · 영화, 신문의 순이다. 미디어(정보매체) 역할을 할 수 있을지 논란 여지가 있는 '주변 사람'을 감히 넣은 이유는 기억의 풍화라고 하는 문제의식이 조사자 측에 있었기 때문일 것이다. 다른 세대에서는 압도적인 차이로 1위인 '주변 사람'이 전무세대에 이르면 텔레비전(35%)이나 교과서(33%)에도 못 미치는 30%에 머문다. 덧붙여 영향을 받은 미디어를 구체적으로 질문한 항목에서는 교과서와 관련해 전무세대는 중학 역사를 중요하게 꼽고 있었다. 애니메이션 · 영화에서는 〈반딧불의 묘〉[85]과 〈맨발의 겐〉[86]이 단연 자주 거론되고 있었다.

---

85 | 1988년 애니메이션 스튜디오인 지브리 스튜디오에서 제작한 다카하타 이사오 감독의 애니메이션. 태평양전쟁 기간 동안 부모를 잃은 남매가 겪는 전쟁을 묘사하고 있다.

표 3. 진주만 공격을 행한 날과 종전을 맞이한 날

	전체	전무	전후	전중·전전
12월 8일	36%	22%	35%	54%
8월 15일	91%	84%	94%	94%

이 여론조사는 주목할 만한 세대격차가 있음을 보여주고 있다(표 3). '진주만을 공격한 날'과 '종전을 맞이한 날'을 묻는 설문이 있었다. 둘 다 2월 11일(건국기념일), 5월 3일(헌법기념일), 8월 15일, 9월 18일(만주사변 발발), 12월 8일, 모른다 등 여섯 가지 보기 중에서 선택하는 형식을 취했다. 진주만 공격은 차치하고, 종전에 대해 8월 14일이나 9월 2일이라고 하는 보기가 배제된 것이 문제지만, 조사결과는 '8·15 종전기념일'이 완전히 정착되었음을 보여주고 있다.

더 문제가 되는 것은 전쟁 시작일과 종전일의 인지도 차이다. 개전일이 12월 8일이라고 답한 사람은 36%, 종전일을 8월 15일이라고 답한 사람은 91%에 달했다. 전무파는 22% 대 84%로 약 4배의 격차를 보인다. 미국에서는 "리멤버 진주만"이라는 슬로건으로 개전일을 12월 7일(동부시간)로 강조하고 있는 만큼 국제적인 커뮤니케이션 마찰을 일으킬 수도 있다. 그렇다고 미국인들에게 전쟁에서 이긴 날을 기억하느냐고 물었을 때 정답을 들은 적은 별로 없다. 지일파 인텔리들 상당수가 "히로시마의 8월 6일이라면 알고 있습니다만"이라고 웃음을 지으며 대답할 뿐이었다.

....

86 ǀ 1973년부터 만화잡지 《주간소년점프》에 연재된 히로시마 출신의 만화가 나카자와 게이지의 만화. 전쟁의 참화를 그린 이 만화는 1976년, 1977년, 1980년에 영화화되었고, 1983년과 1987년에 애니메이션으로도 제작되었다.

마찬가지로 대부분의 중국인 유학생들은 만주사변 발발일을 9월 18일로 알고 있는데 비해, 일본 학생들은 '15년 전쟁'이라는 말만 알고 발발일을 모르고 있었다.

이처럼 전쟁에 대한 지식에 차이가 있는 것은 분명하지만 그 차이가 역사 교과서의 개선으로만 메워지리라 낙관할 수는 없다. 이 같은 낙관은 조작주의적인 미디어관에 지나지 않는다. 텍스트는 다양하게 해석 내지 오독된다. 때로는 무시되는 예도 적지 않다. 교과서를 읽는 학생에게 그 텍스트가 던지는 의미는 매우 한정적이다. 개인적으로 수험 참고서의 『차트식』의 도해는 기억에 조금 남아 있지만, 학교 교과서에 대한 기억은 별로 없다. 교과서도 프린트나 자료집과 동등한 지위의 교재에 지나지 않는다. 교과서에 담긴 내용을 금과옥조로 중시하는 교사는 없었다. 노골적으로 교과서 내용을 비판하는 교사도 있었는데 그것 자체만으로도 나에게는 신선한 체험이었다. 즉 학생들에게 영향을 주는 것은 교과서가 아니고 그것을 가르치는 교사일 가능성이 크다. 정확히 말하면 교사의 말이 아니라, 교사의 태도인지도 모른다. 교과서를 통제한다 하더라도 그 설명이나 해석은 여전히 다양한 가능성에 열려 있다.

교과서를 미디어로 파악할 때도 그 효과가 한정적이라는 걸 전제해야 한다. 역사 교과서에 자학적인 기술이 많다고 비판하는 보수파도, 거기에 반발하는 진보파도 교과서 기술에만 눈을 빼앗기고 있을 뿐이다. 교과서가 놓여 있는 미디어 환경을 고민하지는 않고 있다. 교과서를 둘러싼 뜨거운 논쟁의 한가운데에 놓여 있는 학생들 다수가 교과서에 무관심하다는 사실도 잊어서는 안 될 것이다.

중국이나 한국과 벌이는 역사 인식과 관련된 대화도 '역사 인식＝교과서' 만을 전제로 해서는 안 될 것이다. 그런 의미에서 교과서와 애니메이션, 영화, 게임까지 쭈욱 늘어놓고 어디서 역사 인식을 구했는가를 묻는 NHK의 조사는 상당한 의의를 가진다고 하겠다.

전쟁에 대한 인식과 심정 사이

NHK의 조사에서는 미디어에 대한 질문 외에 '그 전쟁이 아시아 인근 국가에 대한 일본의 침략전쟁이었는가 그렇지 않은가'를 묻고 있다. 아시아 국가들에 대한 침략전쟁이었다고 인식하고 있는 사람은 전체의 51%, 그렇지 않다는 15%를 크게 웃돌고 있다. 세대별로 정리한 표 4를 보면 침략 여부에 관한 세대간 인식차이가 거의 없는 것으로 나타났다.

하지만 표 5에 나타나듯이 '자원이 많지 않은 일본이 살아가기 위한 어쩔 수 없는 선택이었는가'라고 심정을 물었을 경우에는 세대 간 차이가 두드러진다. 전무세대에서는 어쩔 수 없었다가 20%, 아니다가 45%로 나타났다. 이는 침략전쟁으로 보는 인식 48%와 비교해볼 때 비교적 일관성을 나타내고 있었다. 그러나 전중·전전세대는 50% 침략전쟁이었다고 답을 했고, 41%가 어쩔 수 없었다고 답해 균형을 이루고 있다. 즉 체험세대는 역사 인식과 국민 감정 간의 분열을 드러내고 있다. '머리(원칙)로는 알지만, 마음(본심)으로는 납득할 수 없다'는 것이 그 세대의 정직한 입장이다. 이러한 분열이 바로 전후 처리 과정에서 일본이 빠져든 아포리아이다. 실제로 활자 미디어를 통한 논단이나 공개토의에서 국가의 가해책임을 추궁하는 목소리는 크다. '그러면 전쟁에 참가한 당신의 친족

표 4 아시아 이웃 국가에 대한 침략전쟁인지 아닌지

	전체	전무	전후	전중 · 전전
침략전쟁	51%	48%	54%	50%
아니다	12%	16%	13%	15%
관계없다	7%	7%	8%	5%
모른다	28%	30%	25%	30%

표 5. 어쩔 수 없는 일이었는지 아닌지

	전체	전무	전후	전중 · 전전
어쩔 수 없다	30%	20%	30%	41%
아니다	35%	45%	36%	23%
관계없다	4%	5%	4%	2%
모른다	31%	30%	30%	33%

들도 가해자인가'라는 질문을 받으면 '그것은 납득할 수 없다'고 하는 의견이 적지 않다.

또 그보다 심각한 분열은 '어쩔 수 없었다'를 둘러싼 전중 · 전전세대(41%)와 전무세대(20%)의 간극에 있다. 즉 전중 · 전전세대의 '기억'과 전무세대의 '역사' 사이의 차이다. 실제 체험을 통해 전쟁을 아는 세대와 교과서라는 미디어로 전쟁을 배운 세대의 차이라고도 할 수 있다. 그러나 전쟁에 대한 인식과 심정, 역사와 기억이 일치해야 한다고도, 일치시켜야 한다고도 생각하지 않는다. 오히려 인식과 심정 간에 분열이 있음을 직시하는 것이 중요하다. 그리고 이해하는 것과 공감하는 것, 연구하는 것과 긍정하는 것도 다르겠지만, 종래의 역사 교과서 연구에서 그러한 지적 금욕이 지켜진 예는 많지 않다.

1장

국정 교과서의 혼란과 검정 교과서의 성립

국정 역사 교과서의
이데올로기 대립

전쟁이 끝나고 문부성이 '종전'을 최초로 언급한 내용은 1945년 8월 15일자 오타 고우조(太田耕造) 문부대신에 의한 '문부성 훈령 제5호'에서 찾아볼 수 있다. 8월 28일 히가시쿠니(東久邇) 수상의 기자회견 담화, 이른바 '일억 총 참회론'의 교원판(敎員版)이라고 할 수 있다. 그 내용을 잠깐 언급해보자.

나라에 보답하는 힘이 모자라 황제의 나라에서 가르침을 펼치는 것이 아직도 미흡한 점이 많음을 반성한다. 이 같은 원통스럽고 한스러움을 잊지 말고 신하로서 책임을 완수할 것을 앞으로 맹세하지 않을 수 없다.

그로부터 2주일 후인 8월 28일 '시국의 변화에 따른 학교교육 관련 건'이라는 이름으로 교과서와 관련된 지시가 내려졌다. 지시 내용에는 종전

의 조서 발표에 대한 언급이 있었는데, 8월 15일이 아닌 8월 14일이라고
명기하고 있었다.

> 교과용 도서, 교재 등은 8월 14일 환발된 조서의 취지를 잘 받들어 그 취급에
> 충분히 주의하고, 일부 내용은 생략하는 등 적당하게 조치할 것.

9월 20일에 지시된 '교과서 내용 지우기'라는 문부차관 통첩이 있긴 했
지만, 전시 중의 교과서가 종전을 계기로 폐기된 것은 아니었다. 12월 31
일, GHQ는 문부성에 수신, 국사, 지리 세 교과목 수업의 전면 중지를 명
령하였다. 그리고 국사 교과서 개정 계획안을 제출하라고 요구했다.

GHQ와의 교섭 뒤, 1946년 10월 14일 역사교육의 재개가 허용되었다.
전후 첫 번째 역사 교과서는 문부성이 발행한 국정 교과서였다. 초등학교
용 『나라의 걸음』(1946년 9월 5일 발행), 중학교용 『일본의 역사』(같은 해
10월 19일 발행), 사범학교용 『일본역사』(같은 해 12월 8일 발행) 세 권이
다. 근현대 부분을 집필한 사람은 오쿠보 도시아키, 고니시 시로, 야나이
겐지 등이다. 1945년 12월 15일, GHQ에서 발령된 '신도지령(神道指
令)'은 공문서 등에 '대동아전쟁, 팔굉일우(八紘一宇)[87]'라는 용어를 사
용하지 못하도록 금지했다. 당연히 위의 세 가지 국정 역사 교과서는 모
두 "태평양전쟁"이라는 제목으로 하나의 절 분량에 전쟁, 종전 등을 담고
있었다.

세 권의 교과서는 이미 그 안에 격렬한 이데올로기 대립을 내포하고 있

---

87 | 팔굉일우는 온 천하가 하나의 집안이라는 뜻으로, 일본이 전시 동원을 위해 내건 슬로건이다.

었다. 특히 『역사학 연구』나 『역사 평론』을 무대로 강좌파(講座派) 집단은 초등학교용 『나라의 걸음』에 비판을 펼쳤다. 모두 국정 교과서라고 말했지만 태평양전쟁을 서로 다르게 기술하고 있었다. 예를 들어 '침략전쟁', '군벌 정부'라는 용어를 사용하고 있는 것은 중학교용 『일본의 역사』뿐이었다. 사범학교용 『일본역사』에는 공문서 등에서도 사용이 금지되고 있던 '대동아 공영권'이라는 용어까지 등장하고 있다.

국정 교과서의 '종전' 기술

이 당시 국정 교과서들이 종전을 어떻게 기술했는지 살펴보자. 우선 초등학교용 『나라의 걸음』을 보자. 이 책의 기술이 나중에 검정 교과서의 표준모델이 되었을 가능성이 높다.

8월에 들어와 히로시마에 원자폭탄이 투하되었고, 또 소련으로부터도 공격당하게 되었습니다. 그러므로 천황은 포츠담선언을 받아들인다는 생각으로, 8월 15일 조서를 발표하셨습니다. 발표와 함께 정부와 대본영에 항복을 명령하고, 또 국민에게 무기를 버리고 저항하지 말라고 명령을 내리셨습니다. 우리 나라는 졌습니다. 국민은 긴 전쟁으로 상당한 고통을 당했습니다. 군부가 국민을 장악하고 무리한 전쟁을 한 것이 이 불행을 일으킨 것입니다. (강조는 저자)

그러나 벌써 몇 번이나 언급한 바와 같이 '조서를 내셨다'는 것은 8월 14일이며, '대본영에 항복을 명령하고 국민에게 무기를 버리고 저항하지

말라고 명령'한 것은 8월 16일이다. 사범학교용 『일본역사』는 틀린 곳이
있긴 하지만 경위의 기술은 정확하다.

8월 초순 히로시마와 나가사키에 잇따라 원자폭탄이 투하되었다. 게다가 소
련이 일본에 선전포고를 발하고 만주에 진입하였다. 이에 천황은 **8월 13일**
(14일의 오기) 포츠담선언을 전면적으로 승낙하여 무조건 **항복**의 취지를 연
합국에 통지하였다. 15일에 조서를 공포해, 대본영에 즉시 군사 행동의 정지
를 명령하고, 국민에게 무기를 버리고 저항하지 말라고 명령하셨다. 이로써
태평양전쟁은 3년 반을 거쳐 완전히 종결되고, 9월 2일 **요코하마** 앞바다 미주
리 함상에서 우리 나라 대표는 항복문서에 조인했다. 이로써 우리 나라는 전
면적 패배를 당하기에 이르렀다(강조는 저자).

히로시마, 나가사키의 원폭투하를 8월 초순이라고 표기한 감각은 당시
아직 원폭의 역사적 의의가 충분히 인식되지 않았던 탓일 것이다. 포츠담
선언 수락은 8월 13일이라고 잘못 표기했다. 9 · 2 항복을 명기하고 있지
만, 도쿄만이라고 통상적으로 말하는 것을 피해 요코하마 앞 바다라고 표
기한 이유는 100년 전 '페리의 함선'이 상기되었기 때문일까. 덧붙여서
『맥아더 대전 회고록, 하』(중공문고)에 따르면 미주리호는 요코하마항으
로부터 약 29킬로미터 앞 바다에 정박하고 있었다고 한다.
　무엇보다도 흥미로운 것은 중학교용 『일본의 역사』의 기술이다.

쇼와 20년 4월, 일소중립조약의 불연장 통고를 받은 고이소 내각은 사직하고,
스즈키 내각이 들어섰다. (중략) 8월 6일, 9일의 원자폭탄 공격, 8일 소련의

대일 선전포고를 계기로 우리 나라는 15일 포츠담선언을 수락하고 무조건 항복했다. 천황은 조서를 발하여 선언의 수락을 말하고, 정부 및 대본영에 항복을 명령하고 국민에게 무기를 버리고 저항하지 말라고 명령하셨다. (강조는 저자)

우선 이 교과서는 소련 참전의 합법성을 강조하고 있다. 당연히 이 교과서는 15일에 포츠담선언을 수락했다고 기술하고 있다. 이른바 8·15 혁명설을 받아들인 것이다. 이 교과서에서는 9·2 항복문서 조인 부분은 장을 바꿔서 '민주주의 국가를 향한 진전'이라는 절 맨 앞에 놓았다. 위의 세 가지 국정 교과서를 비교하면 초등학교용 『나라의 걸음』은 '8·15 항복'만 강조하고 있으며, 중학교용 『일본의 역사』는 '8·15 항복'으로부터 '9·2 조인'을 분리했다. 사범학교용 『일본역사』만이 8·14 수락, 8·15 항복과 9·2 조인을 종전 기술의 범위 내에서 하고 있다. 이 같은 통일되지 않은 역사 기술이 1951년 이후 검정 교과서에까지 이어졌다.

검정 교과서의 '종전' 기술 분석

재단법인 교과서 연구센터에 소장되어 있는 초등학교 사회과, 중학교 사회과(역사 분야), 고등학교 일본사의 검정 교과서 실태를 조사해보았다. 교과서 재판에 대한 신문보도 등에서 검정이라는 말로 획일성이나 통제의 이미지를 퍼뜨리고 있었지만, 검정 교과서들은 예상외로 종전 기술에 다양함을 보였다. 그 다양성은 동일 출판사 내의 시계열 간 변화, 같은 시기 각 사의 교과서, 그 어느 쪽에서도 확인할 수 있었다.

종전 기술의 일자에 따라 검정 교과서를 다음의 다섯 유형으로 분류할 수 있었다. 단지 P형은 초등학교 사회(표 6)에는 존재하지 않고, E형은 중학교 역사(표 7), 고등학교 일본사(268쪽 표 8 참조)에서는 눈에 띄지 않았다.

- P형 : 8·14 수락(8·15 / 9·2 조인은 언급하지 않는다) 타입
- R형 : 8·15 방송(옥음방송을 종전으로 취급한다) 타입
- C형 : 8·15 종전(종전이라고 할 근거의 기재가 없다) 타입
- M형 : 9·2 조인(항복문서 조인을 종전으로 취급한다) 타입
- E형 : 8월 종전(종전에 관한 일자가 없다) 타입

다만 M형은 9·2 조인의 기술이 종전 경위의 말미에 있는 경우에 한했다. 장을 바꿔서 전후 첫머리에서 언급되는 경우는 기계적으로 제외했다. 실제 P형과 R형의 경우, 다음 장에서 9·2 조인을 기술해, 그 사진을 게재하는 경우도 적지 않았다. 그러나 이 기술 형식에서는 9·2 조인을 점령(민주화)의 시작이라고 가르쳤을 가능성이 크며, 수업에서 전쟁의 끝이라고 가르치는 일은 많지 않을 것이다.

또 기술의 구성을 일람으로 표시하기 위해 키워드 기호를 붙였다. s = 어전회의 또는 재단(裁斷), p = 포츠담선언, a = 8월 14일 포츠담선언 수락 통고, b = 종전조서, r = 라디오 방송, u/c = 무조건 항복/조건 항복, k = 조선의 해방, f/t = 15년 전쟁/아시아·태평양전쟁(약간의 이동이 있는 경우, 별표를 붙였다. 예를 들어 f* = 14년간 계속된 전쟁 등 숫자에 이동이 있는

것). 덧붙여 종전 기술에 첨부된 사진으로는 히로시마 원폭투하 등 재해 사진이 많았지만, 어전회의[s], 라디오 방송[r], 조선의 해방[k], 미주리함 항복 조인[m]으로 한정하여 그 존재를 표기했다. 각 타입의 구체적인 예를 중학교 역사 교과서(연호는 발행년도, 이하 같다)에서 인용해두고 싶다. E형은 중고등학교 교과서에 존재하지 않기 때문에 초등학교 사회과에서 도출해낸 예이다.

- P형 : 8 · 14 수락＝오사카서적 1978 : P apf[88]
마침내 8월 14일[a], 일본 정부는 포츠담선언[p]을 받아들여 항복했습니다. 제2차 세계대전이 끝나, 파시즘 국가들은 패배하고 평화는 회복되었습니다(f 표기는 다음의 각주가 있기 때문이다. '만주사변으로부터 태평양전쟁이 끝날 때까지의 싸움을 15년 전쟁[f]이라고도 하고 있습니다').

- R형 : 8 · 15 방송＝오사카서적 1962 : R aspur
마침내 1945년 8월 14일[a]의 최고회의에서 천황의 재단[s]으로 정부는 포츠담선언[p]을 받아들이고, 무조건 항복[u]하는 것으로 결정했다. 다음 날 15일 정오, 천황은 전쟁의 종결을 스스로 라디오[r]로 전 국민에게 방송하고, 여기서 전쟁은 끝났다.

- C형 : 8 · 15 종전＝오사카서적 1972 : C p
마침내 일본은 포츠담선언[p]을 받아 들여 8월 15일, 연합국에 항복하기에

---

88 | 초등학교 교과서는 경어체로 기술되어 있다.

표 6. 초등학교 사회과 교과서의 '종전 기술' 유형

사용 개시	도쿄서적 (東京書籍)	교이쿠출판 (教育出版)	오사카서적 (大阪書籍)	주교출판 (中敎出版)	갓고도서 (學敎圖書)	니혼서적 (日本書籍)	미츠무라도서 (光村圖書)
1953		C p					
1954	C	M purm		E p			
1955	C	C ou	C pu [m]	R rpu			
1956		C pu s			C		
1957	C		C pu [m]				
1958				C pu	C		
1959			C u [m]	C pu	C [m]		
1960	R pr [m]	C u		C brpu			
1963		C pu	C u [m]		C u		
1965	R pr [m]			C pu	C pu [m]		
1966			C um				
1967		R pu					
1968	R pr [m]	R p	R ap	C p [m]	C pc [m]		E p
1971	R pr	C p	C p	C p [m]	R pr [m]		E p
1973		C p					
1974				C p [m]			
1976	R pr		C p		R pr		E p
1977	R prf	R prf	C p	C p	R pr		E p
1979		R prf			R pr		
1980	E pf		R prf	C p			E pf
1981							
1983	E pf	R prf	R prf	C p	R pr	R prf	
1986	E pf	R prf	R prf	C p	C p	R prf	
1989	E pf	R prf	R prf	C p	C p	R prf	
1992	R pf		R prf	C p	R apr	R aprf	C p
1996	E tf		R prf	日文敎에 양도	발행 중지	발행 중지	
2000	C rtfk	R prft	R prf	C p [r]			C pt
2002	C tfk	R prft [k]	R prft	C p			C pt
채택률	49.9%	26.3%	17.1%	4.1%	—	—	2.6%

기술형식
P=8 · 14 수락
R=8 · 15 방송
C=8 · 15 종전
M=9 · 2 조인
E=날짜 없음

용어

a = 8 · 14　　　　p = 포츠담　　　　s = 재단(裁斷)
b = 종전조서　　　r = 라디오
c = 조건 항복　　　u = 무조건 항복
k = 조선의 해방　　m = 미주리
f = 15년 전쟁　　　t = 아시아 · 태평양

※ 채택률은 2005년도용(《니이가이교육》, 2004년 12월 17일호).

이르렀다. 이렇게 해서 제2차 세계대전은 드디어 끝나고, 전체주의 국가들은 패배했다.

- M형 : 9 · 2 조인＝니혼서적 1997 : M apurm

그래서 일본은 14일[a], 포츠담선언[p]을 받아 들여서 무조건 항복[u]했다. 패전은 천황의 방송[r]으로 8월 15일 국민에게 알려졌다. 9월 2일, 미주리호[m]에서 항복 조인식이 행해졌다. 전 세계에 이루 말할 수 없는 피해를 가져온 제2차 세계대전은 이렇게 해서 끝났다.

- E형 : 8월 종전＝도쿄서적 1996 : E tf

일본은 전쟁을 계속할 수 없게 되어 항복했습니다. 아시아와 태평양[t]을 전장으로 삼았던 15년[f]에 걸친 전쟁이 마침내 끝났습니다.

이미 여러 번 언급했지만 포츠담선언[p]의 수락 및 통지, 종전조서[b]의 공표는 모두 8월 14일에 이뤄졌다. 그럼에도 C형 교과서는 그 날짜를 8월 15일이라 하면서 모두 역사적 사실을 틀리게 기술하고 있다. 그러나 이 경우에도 종전으로 보는 근거를 기재하지 않았다고 판단하여 C형으로 분류했다.

물론 구성요소만으로 표시를 할 경우 미묘한 뉘앙스를 다 잘라버리게 된다. 예를 들어 1962년 『고등학교 일본사』(주교출판)의 경우, 전형적인 M형을 취하고 있었지만, 뒤에 '1945년 8월 15일, 이날부터 일본의 새로운 역사가 시작되었던 것이다'라는 문장 하나를 더 집어넣었다. 하지만 다음 해에는 이 부분을 삭제했다. 1962년판으로 한정해 내용면에서는 R

표 7. 중학교 사회(역사적 분야) 교과서의 '종전 기술' 유형

사용 개시	도쿄서적 (東京書籍)	교이쿠출판 (敎育出版)	오사카서적 (大阪書籍)	시미즈서원 (淸水書院)	데이코쿠서원 (帝國書院)	니혼서적 (日本書籍)	주교출판 (中敎出版)	갓고도서 (學敎圖書)	산세이도 (三省堂)
1951				M spubm(m)		M sbpm		M pubm	
1952									
1953	C pu								M apurm(m)
1954		M um		M spubm(m)	M spum		R pr	M pubm	M apurm(m)
1955	C pu		C spb	C spu	M spum	C puf*		C p	M spubm*(m)
1956						C p			M apurm(m)
1957		M pubm	M spurm	C spu	M spum		M spm	R pbr	M apurm(m)
1958								C p	
1959				C up					M apurm(m)
1960							M spm		
1961	C pu	M spbm(m)	R pr	C pu					
1962			R aspur				M spum		M prumf*(m)
1964	R pr								
1966			R spur [m]	R pr [f]	C p	C p	M spum	R uspbr	
1967	R prf*	M spbm(m)							
1968		C sp(m)							
1969	R psrf*			R pr [f]		C p	M spum	R uspbr	
1970			P ap			C p			
1971		R spr		R apr [f]					
1972	R psrf*		C p				M purm(m)	R prf	
1974					R pr	R apr			
1975							M purm(m)		
1976								R prf	
1977	R aprf	R aprf	C p	C p	R pr	R apr			
1978	R aprfk	R sapr	P apf	C p	R pr	R apr	R cpr	R parf	
1981	R prfk	R apr		C ap			R cpr	R parf	
1982						R aprf		R parf	
1983		R apr							
1984	R prfk		P apf	C ap			R cpr		
1987	R prfk [k]	R apr	R aprf	C apf		P aprkf	R cpr	R pr	
1990	R prfk [k]	R apr	R aprf	C apf	R apr	P aprkf	R cpr	R pr	
1993	R prfk [k]	R aprk	R aprf [K]	R aprf	R capr	M apurm	R cprk	R pr	
1977	R prfk [k]	R aprk	R apr	R prfk [k]	R caprk [r]	M apurm	日文敎에 양도	발행 정지	후소샤 침입
2002	R aprk	R aprk		R prfk [k]	R caprk [r]	R capr	R aprfk [k]		R spr [s]
채택률	51.3%	13.0%	14.0%	2.5%	10.9%	5.9%	2.3%		0.0%

기술형식	
P	8·14 수락
R	8·15 방송
C	8·15 종전
M	9·2 조인

용어		
a = 8·14	p = 포츠담	s = 재단(裁斷)
b = 종전조서	r = 라디오	f* = 14년간
c = 조건 항복	u = 무조건 항복	
k = 조선의 해방	m = 미주리	
f = 15년 전쟁	t = 아시아·태평양	

※ 채택률은 2002년도용 《나이가이교육》 2001년 11월 20일호).

형이지만 여기에서는 형식상 M형으로 분류했다.

'종전 기술'에 대한 검정의 초점

출판 노련(勞連)에서 내놓은 '교과서 리포트'를 통해 확인해본 바로는 문부성 검정과정에서 특별히 종전 날짜에 관한 수정이나 개선의견을 내놓은 흔적은 많지 않다. 무조건 항복〔u〕과 15년 전쟁〔f〕이 두 부분에 대해서 내놓은 수정이나 개선의견이 있었다.

전형적인 사례를 보자. 예컨대 고등학교 세계사의 1987년도 검정결과 부분에는 포츠담선언에 대해 두 가지 개선의견이 기록되어 있다.

· 원문 : 8월 14일, 일본 정부는 포츠담선언을 받아들여 연합국에 무조건 항복했다.

· 개선지시 : 무조건 항복이라고는 할 수 없다. 독일과는 사정이 다르다고 생각한다.

· 견본본 : 일본 정부를 일본으로 수정.

· 원문 : 일본에 무조건 항복 권고. 항복 후의 기본 방침을 규정한 것.

· 개선지시 : 포츠담선언의 무조건 항복의 수신처는 일본 군대이다.

· 견본본 : (약간의 수정) 무조건 항복의 요구는 이탈리아 · 독일의 경우와 같았지만, 일본의 경우 전쟁의 조기 종결 및 점령 통치로 발생할 일본 내 대혼란을 피하려고 하는 연합국 측의 배려도 작용하고 있었다.

이러한 개선의견이 나온 배경으로는 1978년에 에토 준이 히라노 겐을 비판하면서 도화선이 된 '무조건 항복 논쟁'이 있다. 혼다 슈고, 오에 겐자부로 등이 참가하여 논단의 주목을 받은 논쟁이다. 하지만 일본의 항복이 무조건인지 유조건인지에 대한 법리적 논의는 오래전인 1950년대부터 이루어졌다. 현행 헌법의 일본 측 기초자의 한 사람이며 법제국 장관을 맡았던 사토 다츠오는 『일본국 헌법 성립사 제1권』(1962)에서 일본의 항복은 유조건의 포츠담선언을 무조건 수락한 것이라고 총괄하고 있다. 에토도 이 연장선상에서 논의를 전개하고 있다. 벌써 1966년도의 검정부터는 포츠담선언을 조건으로 한 일본의 항복은 무조건 항복이 아니라고 하는 검정 의견이 나와 있다. 그러므로 초등·중학교 교과서로 한정하면 1978년의 에토—혼다 논쟁의 시점에서 무조건 항복이라고 기술한 교과서는 존재하지 않았다. 고등학교 교과서 중에서 짓교출판의 『고교 일본사』가 유일했다. 확실히 짓교출판본은 1980년판부터 무조건 항복을 강조해서 기술했다. 그러나 1984년판에는 다음과 같은 상세한 주석이 붙어 있다.

> 어전회의에서 내린 천황의 결단에 의해 국체호지를 유일한 조건으로 포츠담선언 수락을 결정했다. 그에 대해 연합국은 '천황과 일본정부의 국가 통치 권한'을 연합국군 최고사령관의 제약하에 둔다고 회답해왔다. 그러나 일본 측은 선언 수락의 결론을 변경하지 않았다. 이러한 항복의 상황은 독일의 항복과는 성격이 다르며, 그것이 양국의 전후사의 역사관에 큰 영향을 미쳤다.

그러나 이렇게 설명하는 방식만으로는 독일과 일본의 항복의 이질성을 이해할 수 있게 만들기는 힘들다. 오히려 미국의 고등학교용 교과서 『아메리칸 패전트(The American Pageant)』(1991)의 기술이 '조건부 무조건 항복'의 의미를 드러내는 데 명쾌하다. 이시와타리 노부오 외 편, 『세계의 역사 교과서』(2002)에서 이를 재인용해보자.

일본은 이제 더 이상 견딜 수 없었다. 8월 10일, 일본 정부는 강화를 요구했다. 그 조건은 안경을 쓴 신의 자식 히로히토가 이름만의 천황으로서 세습제 황위에 머무는 것을 인정받을 수 있도록 하는 것이었다. 8월 14일, 연합국은 무조건 항복의 방침이었음에도 불구하고 이 안건을 받아들였다. 일본은 체면을 잃었지만 지위 높은 지배자와 국토를 남기게 되었다. 1945년 9월 2일, 극적인 힘으로 전쟁은 정식으로 종결되었다.

전형적인 M(9 · 2 조인)형이며, 이것에 8 · 15 옥음 기술을 가하면 현행 고등학교 일본사의 틀이 된다. 그 의미에서는 미국과 일본의 역사 교과서에서 큰 차이는 찾아볼 수 없다.

'15년 전쟁'에서
'아시아 · 태평양전쟁'으로

무조건 항복에 대해서는 문부성의 개선의견이 인정되었다. 하지만 15년 전쟁에 대해서는 검정 측의 개선의견은 인정받지 못했다. 오히려 15년 전쟁은 오늘날 거의 역사 용어로 정착된 상태다. 이 15년 전쟁이라는 표기는 쓰루미가 『지식인의 전쟁 책임』(1956)에서 제창한 이후 보급된 것으로 여겨진다. 검정 교과서의 종전 기술로는 히고 가즈오의 1953년판 『중학 일본사』(현 고단샤)에서 15년에 걸친 긴 전쟁을 언급하고 있었음을 확인할 수 있다.

일본에서 15년 전쟁이라는 표기는 중국 침략에 대한 반성을 염두에 둔 진보적 호칭으로 받아들여진다. 그러나 한국 내에서는 조선의 '침략=식민지화'를 경시하는 중국 중심 사관이라는 비판도 존재한다. 한국 측 입장에서 말한다면 강화도 사건(1875) 이래의 70년 전쟁, 혹은 청일전쟁(1894~1895) 이래의 50년 전쟁이어야 한다.

최근에는 태평양전쟁을 대신해 아시아 중시의 호칭으로 아시아·태평양전쟁을 부각시키는 움직임이 있다. 하지만 종전 기술에서는 아직 소수파라고 해야 할 것이다. 1987년의 검정에서 '아시아·태평양전쟁'을 항목명으로 사용한 교과서에 대해 확정되어 있는 용어를 사용해야 한다는 개선의견이 나와 태평양전쟁으로 고친 사례도 있다.

난징사건이나 강제연행 등 숫자의 근거를 물으며 많은 개선의견을 내면서도, 왜 종전일에 대해서는 명확한 개선의견을 문부성은 제시하지 않는 것일까. 문부성 측에서도, 전쟁 기술을 정치적인 쟁점으로 삼아온 평화운동 측에서도, 모두 종전 일자를 문제 삼은 흔적을 찾아볼 수 없다. 그런 탓에 현행 초등학교 역사 교과서를 보면 모두 8·15를 중심으로 한 R형과 C형이지만, 보다 실증성과 국제성이 요구되는 고등학교 교과서에서는 9·2를 중심으로 삼은 M형이 압도적이다. 이러한 일관성 없는 역사관은 도대체 어떠한 심성에서 기인한 것일까.

결론부터 말하면 이데올로기 대립의 주전장이었던 의무교육의 역사 교과서에서도 기억의 55년 체제에 의한 균형이 존재했다고 봐야 할 것이다.

즉 8 · 15혁명의 신화를 내거는 진보파의 논리와 9 · 2 항복 이후의 현실을 부인하고 싶은 보수파의 심리가 8 · 15를 종전으로 이해하자는 데는 완전한 일치를 이룬 셈이다.

초등학교 교과서의 55년 체제

초등학교 교과서에서 1954년에 교이쿠출판에서, 1955년에는 주쿄출판이 돌출적으로 빠르게 옥음방송을 기술했다(표 6 참조). 모두 종전 10주년을 의식한 기억의 55년 체제와 연동하는 움직임으로 볼 수 있는 것들이다. 우선 이러한 55년 전후의 변화를 초등학교 사회과 교과서의 종전 기술에서 확인해보자.

1955년 이전의 사례로 무나카타의 『일본과 세계—사회 5학년 하』(교이쿠출판. 1952)에 라디오 방송은 일미전쟁의 개전 뉴스로 등장하긴 하지만, 8 · 15 라디오 방송에 대한 기술은 없다. 그 내용은 다음과 같다.

> 1941년 12월 8일, 진주만 기습 공격으로 싸움은 시작되었습니다. 국민들은 라디오의 임시뉴스를 통해서 전쟁이 일어난 것을 알게 되었습니다. 도조 수상은 "신의 나라 일본은 이제야말로 미국과 영국을 격멸하고, 세계에 그 빛을 낼 때가 왔다"고 국민에게 호소하며 싸움으로 몰고 갔습니다. (중략) 더 이상 전쟁을 계속하는 것을 포기하고 포츠담선언을 받아들여, 8월 15일에 항복했습니다. 태평양전쟁은 이렇게 해서 끝났습니다.

1955년에는 옥음방송을 중점적으로 기술한 교과서도 등장했다. 스고

히로시의『밝은 사회—6학년 상』을 보자. 역사 기술이라기보다는 체험을 문장화하는 단계에 있다는 느낌을 준다. 초등학생의 시점에서 사건을 보는 특색 있는 서술을 채택하고 있다.

8월 15일 천황의 방송은 소개지(疎開地)의 국민학교 교정에서 들었습니다. 무슨 일인지 잘 몰랐습니다만, 일본이 전쟁에 졌다는 것만은 선생님에게 듣고 알았습니다. 일본은 신이 지키고 있기 때문에 전쟁에는 한 번도 진 적이 없고, 앞으로도 결코 지지 않을 것이라고 생각했던 우리는 모두 어쩐지 이상한 생각이 들었습니다. 그렇지만 전쟁이 끝나 집에 돌아갈 수 있다는 것을 알았을 때는 모두 뛸 듯이 기뻐했습니다.

유사한 일기풍의 역사 기술은 중학교 교과서『문명의 진전』에서도 찾아 볼 수 있다. "8월 15일 무렵"이라고 제목을 붙인 중학교 2학년생의 일기문을 게재하고 있다.

8월 15일 오후 1시 5분, 교정 앞에 전원 집합. 선생님께 일본이 싸움에 졌다고 들었다. 일동 소리 없음. 옆에 있는 선생님이 눈물로 더러워진 얼굴을 작업복으로 닦고 계셨다. 우리도 누군가 먼저 울기 시작하였다. (중략) 드디어 졌는가. 일본도 이것으로 최후인가. 나는 생각하면 생각할수록 슬퍼지고 눈물이 나와서, 도망치듯이 혼자 뒷산으로 가서 마음껏 울었다.

신문이나 라디오의 종전 10주년 기획과 거의 시기를 같이해 역사 교과서에서도 이러한 옥음 체험을 가르쳤다. 중요한 것은 역사 교과서의 기술이 이미 존재하던 많은 회상 중에서 가장 바람직하다고 생각되는 것들만 골라낸 것이라는 점이다. 역사 교과서는 국민이 안심하고 이미지화할 수 있는 평균적인 '회상'을 역사로 채용한 것이다. 이후 1960년대를 통해서 옥음 체험의 회상은 무수하게 양산되었지만, 교과서 기술은 학생들의 시각으로 옥음 체험을 기술하는 전형에서 벗어나지 않았다. 이러한 1955년 체제 교과서의 정통성 위에 사람들은 스스로의 말로 자유롭게 종전 체험을 이야기하기 시작했다. 그러나 그 회상은 많은 경우 교과서 기술을 뛰어넘는 것이라고 말하기 어려웠다.

단 한 가지, 교과서의 전형적 모범문과 국민의 회상문 사이에 차이가 있다고 한다면 그건 옥음방송이라고 하는 말이다. 교과서에서는 옥음방송이라는 용어를 사용한 경우가 거의 없다. 교과서에서는 포츠담선언의 재가나 재단(裁斷)이라는 말을 사용하긴 했지만, 성단(聖斷)과 같이 특수한 가치가 부여되는 용어는 회피해왔다. 그런 것으로 미루어 일반 국민의 역사의식 속에 담겨 있는 '옥음방송'이나 '성단'이라는 용어는 신문이나 텔레비전 등 매스미디어에 의해 만들어진 것이라고 할 수 있다.

'종전' 기술의 변천, 초등학교의 경우

이번 장의 2장 〈'종전' 기술의 재편〉이후에서는 이른바 '역사 교과서 문제'로 이웃 국가의 관심이 집중된 중고등학교 교과서에 관하여 논의할 예정이다. 여기서는 그 '종전' 기술의 토대가 된 초등학교 교과서 변천사를 대강 정리해본다.

표 6은 초등학교 사회과 교과서 종전 기술의 변천을 보여주고 있다.

2005년 현재 초등학교 사회과 교과서의 채택 상황은 도쿄서적(49.9%),
교이쿠출판(26.3%), 오사카서적(17.1%), 상위 3사가 90% 이상을 차지
하고 있다. 니혼분교출판(4.1%), 미쓰무라도서(2.6%)를 더해 5사 체제
이긴 하지만 1990년대까지는 상위 3사를 주교출판, 갓고도서, 니혼서적
이 따라가는 6사 체제가 계속되어왔다.

초등학교의 경우 중고등학교 교과서와 비교해서 매우 간략하게 기술되
어 있다. 8월 15일 등 종전의 일자를 기술하지 않는 E형을 도쿄서적
(1980~1996), 니혼서적(1968~1980) 등에서 찾아볼 수 있다. 전반적인
경향으로서는 '8월 15일에 끝났다'라고만 기술하는 C형에서, '8·15 전
몰자 위령식전'이 제도화된 1963년 전후부터 '국민은 8월 15일 천황의 라
디오 방송으로 알게 되었다'고 하는 R형으로 변화하고 있다. 그러나 채택
률 톱인 도쿄서적에서는 1980년대부터 날짜가 없는 E형을, 2000년도 이
후는 C형으로 회귀했음을 찾아볼 수 있다. 이 회귀가 8·15 종전의 완전
한 정착을 의미하는지, 쇼와라는 시대와의 거리감을 드러내는 것인지에
대해서는 판단이 나뉘고 있다.

어쨌든 옥음방송이라는 용어를 사용하는 경우는 없지만 천황의 라디오
방송을 언급하는 초등학교 교과서는 1960년대부터 증가하고 있다. 때를
같이 하여 포츠담선언 수락을 무조건 항복이라고 기술하는 교과서는
1967년의 교이쿠출판을 마지막으로 사라졌다. 덧붙여 9월 2일의 미주리
호 조인식을 종전이라고 기술한 교과서는 무나카타의 『표준 소학교 사회
6년 상』(교이쿠출판, 1954)뿐이다. 그러나 1970년경까지는 많은 교과서
가 항복 조인식 사진[m]을 종전 기술과 나란히 싣고 있었다. 1970년대
중반을 경계로 하여 항복 조인식 사진은 종전을 설명하는 부분에서 사라

지고, 히로시마, 나가사키의 버섯구름이 일반적으로 실리게 된다. 이와 동시에 15년 전쟁〔f〕을 기재하는 교과서가 증가하여, 1979년 이후에는 상위 3사 모든 교과서에 15년 전쟁이라는 용어가 등장했다. 1931년의 만주사변에서 비롯된 15년 전쟁이라는 용어가 중국을 중시하는 명칭인 점을 감안하면, 전쟁 기술의 비중이 일미전쟁에서 중일전쟁으로 이동했다고 말할 수 있을 것이다. 게다가 아시아·태평양전쟁〔t〕, 조선의 해방〔k〕도 점유율이 가장 높은 도쿄서적이 1996년판과 2000년판부터 각각 채용하기 시작했다. 아시아·태평양이란 용어는 상위 3사 모두 사용하고 있다. 현행 초등학교 교과서의 아시아 중시는 종전 기술에서 확인할 수 있다. 덧붙여 도쿄서적은 〔C, R, E, R, E, C〕로 변동한 후에 현행판에서는 포츠담선언〔p〕 수락도 쇼와 천황 라디오 방송〔r〕도 기술하지 않은 채 다음과 같이 구성하고 있다.

> 미군은 원자폭탄을 투하했습니다. (중략) 소비에트연방군도 만주에 진군해왔습니다. 일본은 8월 15일, 마침내 항복했습니다. 이렇게 해서 아시아·태평양〔t〕을 전장으로 한 15년〔f〕에 걸친 전쟁이 마침내 끝났습니다. 이에 따라 일본에 의한 타이완과 조선의 식민지 지배〔k〕도 종말을 고했습니다.

미국과 소련에 대해서 피해자 의식, 아시아에 대해서 가해자 의식이라고 하는 배분은 초등학생이라도 읽어낼 수 있을 것이다.

아시아 이웃 국가들의
국정 교과서

중고등학교 교과서를 논함에 초등학교

교과서 분석이 시계열적인 전제라고 한다면, 아시아 이웃 국가들의 역사

교과서 분석을 공간적인 전제라고 할 수 있을 것이다. 이웃 국가들의 역

사 교과서를 개괄해보자.

실은 이 책을 집필할 요량으로 교과서 분석을 실시하기 전까지는 대부

분의 서구의 역사 교과서는 9월 2일 종전을, 일본, 한국, 북한 교과서는 8

월 15일 종전을 택하고 있을 것이라고 생각하고 있었다. 그러나 일본에서

도 고등학교 일본사 교과서에서는 8 · 15 종전 기술을 채택한 것은 극히

소수파였다. 현재는 9 · 2 종전파가 압도적으로 우세하다. 그럼에도 불구

하고, 이 교과서로 배워서 대학을 간 대학생들이 9 · 2 종전을 더 받아들

이는가. 사실은 그렇지 않다. 역시 초등학교 교과서의 8 · 15 종전 사관에

서 크게 벗어나지 못하고 있다. 게다가 고등학교 역사 교과서의 현대사

부분은 입시에서 출제가 잘 되지 않아 학교 수업에서 생략되는 경우가 많

다. 아니, 현장의 역사 교육자들의 문제의식이 9 · 2 종전을 받아들이지

않을 수도 있다.

아시아에서 전쟁 피해를 강조하는 역사교육 운동을 하는 입장에서 볼

때 8월 15일은 특별한 의미를 가진다. 특히 민족해방을 강조하는 한국의

입장에서는 그에 대한 배려가 농후하다. 일례로 역사교육자협의회에서

만든 책 『전후사에서 무엇을 배워야 할 것인가』(1995)에 수록된 세키하

라 마사히로의 글 〈아시아의 8 · 15와 그 이후〉를 살펴보자. 이 글은 중국,

말레이시아, 한국의 교과서를 인용하고 있으며, 민족 해방의 날을 설명하

고 있다. 다만 중국의 공식적인 정치적 행사 일정에서 항일전승기념일은 9월 3일이지만, 8월 15일로 교과서에 기술하는 변화는 1980년대 후반 이후 조금씩 생겨나고 있다. 또 말레이시아의 교과서를 잘 읽으면 종전 기술은 8월이라는 언급뿐이고 날짜는 없다. 유일하게 한국만이 8월 15일에 전후 60년을 통해서 일관되게 해방을 기념하고 있다. 그렇다면 역사교육에서의 8·15 문제는 한일 간 문제인 것이다.

독립인가 승리인가, 한국의 국정 교과서

한국에서 광복절로 불리는 8월 15일은 식민지 지배에서 해방된 날로 이해될 뿐, 일본 국민이 종전을 맞은 날로 이해되지는 않는다. 참고로 한국의 국제법상 독립은 1948년 8월 15일[89], 북한의 건국기념일은 1948년 9월 9일로, 국경절 기념일이라고 불리고 있다.

한국의 국정 교과서 『고등학교 국사(하)』(1990)는 8월 15일에 이르는 여정을 다음과 같이 적고 있다. 코시다 편 『아시아의 교과서에 기술된 일본의 전쟁 : 동아시아편(개정판)』(1991)에서 재인용한다.

대한민국임시정부는 중국의 국민당 정부와 함께 몇 차례에 걸친 이동을 반복하면서, 충칭에 정착한 후, 본토 탈환을 위한 임전태세로 그 체제를 다시 정비하고 강화했다. 그리고 분산해 있던 각지의 무장세력을 임시정부 산하의 한국 광복군에

---

89 | 원본에는 8월 13일로 오기되어 있다. 저자가 한글판 머리말에서 밝혔듯이 일본에서 표준적으로 사용되고 있는 『근대 일본 종합연표』(이와나미서점)에 오기된 것을 따랐기 때문이다.

통합하면서 군사력을 강화해갔다. 태평양전쟁이 발발하자 임시정부는 즉시 대외 활동을 전개하여 대일·대독일 선전포고를 발해, 한국 광복군을 연합국의 일원으로 참전시켰다. 광복군은 미얀마, 인도전선에까지 파견되어 영국군과 연합작전을 수행한 적도 있었다. (중략) 한국 광복군은 총사령관인 지청천, 지대장인 이범석 등을 중심으로 중국에 주둔하고 있던 미군과 연합하여 국토수복작전의 임무를 띤 국내 진입 특수훈련을 실시했고, 비행대까지 편성했다. 그러나 1945년 8월 15일, 일본이 무조건 항복함에 따라 한국 광복군은 그해 9월에 실행할 예정이던 국내 진입 작전을 실현하지 못한 채, 광복을 맞이하게 되었다.

대한민국임시정부가 1941년 12월 9일, 대일 선전포고를 했다는 사실을 대부분의 일본 국민은 모른다. 이 임시정부는 국제적 승인을 요구했고, 재미한족연합위원회는 1941년 2월 워싱턴에 주미외교위원부를 설립했다. 1944년에 주미외교위원회로 개편된 이 조직의 위원장이 후에 한국의 초대 대통령이 된 이승만이다.

그러나 한국이 주장하듯이 제2차 세계대전 중에 한일 양국이 국제법상 교전상태에 있었다고 하면, 왜 포츠담선언을 수락한 14일이 광복일이 아니고 옥음방송날인 15일이 광복일인 것일까. 옥음방송은 일본 국민을 향한 방송이다. 15일을 종전으로 하는 것은 한국의 국정 교과서가 강조하는 민족적 저항의 정신과 어긋남을 낳는 것은 아닐까. 어쨌든 이웃 나라의 교과서를 읽을 필요성을 이렇게까지 통감한 적이 없다.

그러나 그것은 한국 측에 대해서도 똑같이 말할 수 있다. 한국의 국사 교과서에 일본이 등장하는 것은 식민지 시대에 집중하고 있으며, 전후 현대사에서 일본은 좀체 등장하지 않는다. 박진동이 쓴 『한국 고교생의 눈으로 본 역사 교과서』(2000)에 의하면 한국 고등학생의 약 절반 이상이 일본의 정식국명을 아직 대일본제국이라고 인식하고 있다고 한다. 즉 '패전 후에 적어도 제국이라고 하는 문자는 없어질 것이라는 판단마저도 하고 있지 않다는 것을 알 수 있다'.

9·3에서 8·15로,
중국의 경우

중국의 경우는 사정이 더 복잡하다. 전쟁 책임을 둘러싼 일본 내의 정치적으로 올바른 종전의 논리가 주변국의 기억에도 영향을 미치는 경우다. 이미 앞에서 말한 것처럼 중국은 '소련표준=9·3'에 맞추어 항일전승을 기념하고 있다. 그러나 최근에는 조금씩 '일본표준=8·15'로 정치 이벤트를 옮기는 경향을 보여준다. 1985년 8월 15일 나카소네 수상의 야스쿠니 신사 공식참배가 하나의 계기가 되었을 것으로 짐작한다.

우선 역사 교과서 문제가 생기기 이전의 국정 교과서 초급 중학 과본(課本)인『중국 역사 제4권』항일전쟁의 승리 부분을 살펴보자. 이 교과서는 1956년에 처음 등장했고 이번에 확인한 1957년판에도 그 내용에는 큰 변화가 없다. 중국 역사 교과서의 종전 기술은 1980년대 후반까지 안정되어 있었다. 노하라 시로 등이 번역한『세계의 교과서, 역사 중국 2』(1981)에서 인용해본다.

1945년 8월 8일, 소련이 일본에 선전포고를 했다. 소련의 붉은 군대는 동북에 주둔하고 있는 일본 침략군을 공격했다. 8월 9일, 마오쩌둥은 "일본 침략자에 대한 마지막 일전(一戰)"이란 위대한 요청을 했다. (중략) 8월 14일, 일본 제국주의는 부득이 무조건 항복을 선포하고 9월 2일 정식으로 항복문서에 조인했다. 중국 공산당이 지도한 중국 인민의 8년간의 항전은 마침내 최종적 승리를 얻었다.

중국의 역사 교과서는 의외로 국제표준인 8·14 포츠담선언 수락, 9·2 항복문서 조인을 받아들이고 있었다. 그러나 10년 후, 그 교과서의 1991년판의 기술은 격변하고 있다. 일본표준＝8·15로 옮겨가고 있거나 중국표준＝9·9가 새롭게 등장하고 있다. 국수주의적 태도가 드러난 것이다. 타이완표준＝10·25도 언급하고 있음도 주목하고 싶다. 국제교육정보센터 편/역 『세계의 교과서에서 보는 일본/중국편』(1993)에서 인용한다.

중국 인민과 세계의 반파시스트 세력의 통렬한 반격을 받고 8월 15일 일본 제국주의는 무조건 항복의 선언을 피할 수 없게 되었다. 8년간의 항일 전쟁은 결국 중국 인민의 위대한 승리로 끝난 것이다. 9월 2일, 일본 정부는 동맹국에 항복문서를 제출했다. 9월 9일, 중국 정부 대표 허잉친은 난징에서 일본 침략군 우두머리인 오카무라 야스지에게 항복문서를 받았다. 10월 25일, 일본 총독은 중국 정부 대표에게 항복문서를 제출했다. 이렇게 해서 일본에 의해 50년간 통치되고 있던 타이완도 조국의 품으로 돌아왔다.

이 책의 1991년판에는 '무조건 항복을 선언하는 일본의 천황'과 '항복문서에 조인하는 중국 침략의 군사령관 오카무라'의 그림이 첨부되어 있다. 신사복을 입은 채 마이크 앞에 선 쇼와 천황은 분명히 전쟁 후의 모습이다. 그런 그림을 실은 이유가 전후 책임을 묻기 위한 고의적인 것인지는 불명하다. 그러나 이러한 '옥음사진'의 존재는 오히려 일본인의 욕망이 아니었을까. 1부에서 인용한 오시마 감독의 말을 한 번만 더 인용하고자 한다.

> 왜 누구 한 명 옥음방송을 녹음하는 천황의 모습을 적어도 사진이라도 찍어두려고 하지 않았을까.

더욱 중요한 것은 중국 교과서 내에서 다뤄지는 그림이 '일본표준=8·15'와 '중국표준=9·9'에 한정되고, '국제표준=9·2'는 상대적으로 소홀히 다뤄지고 있다는 점이다. 게다가 9월 2일 다음 날인 9월 3일에 중국의 항일전승기념일이라는 주석을 붙이고 있다. 왜 '다음 날'인가, 중국의 학교에서는 어떻게 가르치고 있는 것일까. 흥미로운 변화가 아닐 수 없다. 어쨌든 1980년대의 중국 교과서에서는 8·15가 크게 부상했다. 중국의 역사 교과서는 국제표준에서 일본표준으로 이동했다고 할 수 있다.

그 변화의 이유는 분명해 보인다. 일본 내에서 아시아에 대한 가해책임을 묻는 이벤트가 8월 15일에 집중하기 때문이다. 이처럼 역사에 미치는 매스미디어의 영향에 대해 매스미디어는 스스로 얼마나 자각을 하고 있을까. 게다가 앞장에서 말한 것처럼 8월 저널리즘은 오봉=전몰자 추도라고 하는 지극히 일본식 심정의 틀에서 행해지고 있다. 8·15 종전은 한여름의 동상이몽이 되어, 역사 인식의 간극을 줄이기는커녕 오히려 키우는 역할을 해왔다.

그렇다 해도 8월 15일에 행해지는 중국과 한국 양국의 전승기념 이벤트는 일본 국민에게 부정적 통합의 기능을 충분히 해내고 있을지도 모른다. 국민국가를 유지하는 데 가장 중요한 것은 국민의 통합 그 자체다. 통합의 심벌이 긍정적인가 부정적인가는 이차적인 문제다. 그런 의미에서 국민적인 행사가 반드시 승리의 기념일일 필요는 없다. 경우에 따라서는 가해에 대한 사죄의 날이어도 좋을 것이다. 덧붙여 말하면 구미 국가들이 항복문서를 조인한 9월 2일을 종전의 기준으로 삼고 있음에 대해, 구 대동아 공영권 여러 국가가 일본표준의 8월 15일을 채용하는 것은 역사의 공유라고 생각할 수도 있을까.

전후 60년인 올해(2005년)를 경계로 실제로 전쟁을 체험한 사람은 급속히 줄어들고 있다. 명백한 기억이 사라지면 애매한 역사가 찾아온다. 자신에게 유리한 역사를 바라는 것은 특별히 일본 보수세력에 한정된 이야기가 아니다. 벌써 역사는 각국의 이해가 부딪치는 전장이 되고 있지 않은가.

타이의 국정 교과서

이웃 국가라고 말하긴 힘들겠지만 전쟁 전부터 일본과 친밀한 관계를 유지하고 있던 타이 역사 교과서의 종전 기술도 한번 들여다볼 필요가 있다. 1933년 3월, 만주국 문제로 국제연맹에서 대일본 권고를 결정한 일이 있었다. 당시 일본에 대한 권고의 내용, 즉 리턴 보고서 체결에 대해 타이는 유일하게 일본에 동정적 기권표를 던졌다(찬성 42, 반대 1, 기권 1). 영국령 인도와 프랑스령 인도차이나 사이에 낀 타이는 국제정치 무대에서 여러 가지 어려운 선택을 해야 했다.

1940년 6월 일본과 우호화친조약과 상호불가침조약을 체결했다. 동시에 영국과 프랑스와도 상호불가침조약을 맺었다.

1941년 12월 21일, 타이 정부는 일본과 10년 기한의 동맹조약을 체결했다. 다음 해인 1942년 1월 25일, 동아시아 신질서 건설에 동조하여 영국과 미국에 선전포고를 한다. 그러나 당시 수상이었던 국방군 최고사령관 피푼 손크람 장군의 동맹정책에 반대하는 자유타이운동도 시작되었고, 일본의 패색이 짙어진 1944년 6월 피푼 내각은 붕괴한다. 1945년 일본이 항복한 후 8월 16일, 타이 정부는 미국과 영국에 대한 선전포고를 철회했다. 하지만 미국은 전시 중에 있었던 타이의 선전포고를 인정하지 않았다. 대신 타이를 일본군에 의한 피점령지로 대우했다. 1946년 12월 타이는 국제연합 가맹을 인정받았다. 중학교 사회과 교과서 『역사학 타이 2』 (1980)는 일본군의 패배를 8월 16일로 기술하고 있다. 당시의 타이는 일본의 종전을 고려할 여유가 전혀 없었을 것이다. 그날은 타이로서는 외교전쟁이 시작된 날이기 때문이다. 고시다 편/저 『아시아의 교과서에 기술된 일본의 전쟁·동남아시아 편(증보판)』(1995)을 인용해보자.

일본군이 패배를 인정한 불력(佛曆, 불교 연호) 2488년 8월 16일에 브리디 파너무연 섭정은 국회의 동의에 의거해, 불력 2485년 1월 25일의 대영/미 선전포고는 무효라고 선언했다. (중략) 미국 정부는 타이의 대미 선전포고가 무효라는 점을 즉시 인정했다. 그래서 미국과 타이는 회담을 실시하여 강화조약에 조인할 필요는 없어졌다. 이렇게 해서 타이는 대미 선전포고의 책임을 면했다. 한편 영국 정부는 타이가 일본에 협력했기 때문에 일본이 말라야와 싱가포르에서 쉽게 승리를 거두었다고 여기고 있었다. (중략) 교섭 종결은 불력

2489년 1월 1일에 이뤄졌다. 싱가포르에서의 타이와 대영제국 및 인도의 사이의 전쟁상태 종결이라고 하는 완전합의 조인을 가지고 행해졌다. (중략) 프랑스와의 평화합의에 따라서 타이는 도쿄평화조약(1940)으로 얻은 인도차이나 영토를 이전과 같이 프랑스에 반환하지 않으면 안 되었다. 그 결과 프랑스와 합의에 이르고 프랑스는 타이의 유엔 가맹에 반대하지 않았다.

복잡한 국제정치 무대에서 살아남기 위해 벌인 최대한의 외교 노력을 담담한 역사 기술에서 읽어낼 수 있다.

2장

종전 기술의 재편

전후 교과서의 변천 연구에서는 점령기 국정 교과서 시대 이후를 세 시기로 나누는 것이 보통이다. 나카무라 사토루 편 『동아시아의 역사 교과서 어떻게 적혔나』(2004)를 보면 1950년대 전반인 '전후 민주화 시대', 1970년대 전반의 '냉전시대', 그리고 1990년대 전반의 '포스트 냉전시대'로 시기를 구분하고 역사 교과서를 검토하고 있다. 또 중학 역사 교과서의 내용 분석을 실시한 고야마 츠네미의 『역사 교과서의 역사』(2001)도 1962년과 1978년을 경계로 3기로 구분하고 있다. 이러한 선행 연구들을 감안하여 종전 기술만을 검토하고 있는 이 책에서는 1963년과 1982년을 경계로 세 시기로 구분하여 논하려 한다.

그런데 교과서의 역사 기술의 특성은 무엇일까. 교과서에 대한 학습지도 요령에서는 학년별 교과서 역사 기술의 특성을 다음과 같이 규정하고 있다. 초등학교의 역사 교과서는 주로 '인물과 문화유산'을, 중학교 교과서는 '통사적 학습'을, 고등학교 교과서는 '문화의 종합적 학습'에 초점을 맞춘다. 그런 의미에서도 '통사적' 중학교 교과서가 가장 중요하다고 말할 수 있다.

1948년 4월 개정교과용 도서검정규칙이 제정된다. 하지만 중학교의 검정 역사 교과서가 사용되는 것은 1951년부터이다. 이 시기는 니혼서적, 도쿄서적, 시미즈서원, 주교출판, 갓고도서, 산세이도 등 6개 출판사가 역사 교과서를 내놓았다. 1955년의 개정 학습지도 요령하에서, 오사카서적, 교이쿠출판, 데이코쿠서원이 더해져, 9개 출판사 체제가 된다. 채택 경쟁에서 산세이도가 탈락하고, 1997년도부터 갓고도서가 발행을 중지하며, 주교출판은 니혼분교출판에 판권을 양도했다. 2002년도부터 새롭게 후소샤(扶桑社)가 참가해서 현재에 이른다.

역사에서의 체험의 우위
1955~1962년

초기 검정 교과서에는 아직도 점령기의 기억이 선명히 남아 있었다. 중학 교과서도 수적으로는 M형= 9·2 항복의 교과서가 압도적으로 많았다. 채택률이 높았던 9개 사 내에서도 6개 사의 교과서가 M형에 맞추어 종전을 기술하고 있었다. 고다마 고타의 『중학생의 역사』(니혼서적, 1951), 사카모토 타로(坂本太郎)의 『중학 일본사』(갓고도서, 1951), 오자와 에이치의 『중학 일본사』(시미즈서원, 1951), 고니시 시로의 『중등 일본사』(산세이도, 1953), 일본 사회과교육연맹의 『역사의 흐름』(교이쿠출판, 1954), 모리 카츠미의 『일본과 세계』(데이코쿠서원, 1954)가 M형이었다. 이들 외에도 M형 중학 교과서가 많이 발행되어 있었지만, 모두 미주리 함상의 조인 사진을 게재하고 있어, 수적으로는 9 · 2 항복이 8 · 15 종전을 능가한 것을 알 수 있다.

이 시기에는 종전의 경위를 특히 자세하게 기술한 고등학교 교과서도 있었다. 고바타 아츠시의 『일본사』(교이쿠도서, 1955)는 M변형형이었다. 조인된 항복문서 사진까지 게재하고 있지만, 8 · 16의 기술을 더해 다른 교과서와 구별을 분명히 하고 있었다(1960년판은 8 · 16 정전 명령 기술이 삭제되어 통상의 M형에 머물고 있었다).

8월 14일의 어전회의에서 종전의 결단이 내려져, 포츠담선언을 수락해서 무조건 항복이 결정되었다. 다음 날 15일 천황은 항복조서를 방송했다. 16일에는 종전 소식을 전달하기 위해 만주 · 중국 · 남방에 각각 황족을 파견, 전 일본군에게 정전을 명했다. 이어 8월 말 연합군의 일본 본토 점령이 시작됐고 각지에서 무장해제가 행해졌다. 이로써 만주사변 이래 수십 년에 걸친 전쟁은 종결되었고, 9월 2일 도쿄만에 정박한 미국 군함 미주리호에서 정식으로 항복문서를 조인했다. 그런 다음 10월 2일 도쿄에 GHQ가 마련되어 일본은 연합군의 관리하 점령 정책을 받게 되었다.

그렇다고는 해도 'R형＝8 · 15' 방송을 다룬 유력한 교과서들이 있었고, 채택률에서도 상당한 경쟁력을 지니고 있었다. 니시오카 도라노수케의 『새로운 일본사』(도쿄서적, 1953), 도요타 다케시의 『일본사』(주교출판, 1954), 나카무라 이치로의 『중학 사회』(오사카서적, 1955), 미야하라 세이치의 『일본과 세계』(짓교출판, 1954) 등이 여기에 속한다. R형 중에서 고타케 후미오의 『사회의 진보』(고콘서원, 1954)는 매우 특색 있는 기술을 하고 있다.

> 천황은 당시 아직도 군부 내에서 힘을 쓰던 주전론을 물리치고 영단을 내려 포츠담선언의 승인을 결의했다. 이어 8월 15일 스스로 종전의 조칙을 방송하셔서 일본은 무조건 항복을 했다. 독일이 폴란드를 침입한 지 실로 6년째, 비로소 제2차 세계대전이 완전히 끝나 났다. (중략) 일본이 항복한 후, 미국이나 영국의 군대가 일본을 점령해, 연합국이 공동으로 일본을 관리하게 되었다. 이것은 강화조약이 체결될 때까지는 아직 정식으로 전쟁이 끝난 것이 아님을 말한다. 다만 일본이 어떤 식으로든 나라를 재건하고 항복 때의 약속을 잘 실행하는지 감독하기 위한 것이었다.

8월 15일에 '완전히 끝났다'고 쓰면서 '아직 정식으로 전쟁이 끝난 것이 아니었다'라고 하는 표기야말로 점령 체험을 실감나게 나타낸 것이 아닐까. 이 기술에 따르면 1951년 9월 8일 샌프란시스코 강화조약의 조인이 정식 종전이 된다.

1955년경까지는 교과서 집필자 자신의 종전 체험이 다양한 방식으로 반영되고 있었다. 역사 교과서로서는 처음으로 '종전의 조칙을 듣는 사람들'의 사진을 게재한 미야하라 『일본과 세계』(짓교출판, 1954)도 이때 나왔다. 이 교과서에는 전함 미주리호에서 있었던 항복문서 조인식 사진의 날짜가 9월 3일로 오기되어 있었다. 이 부분에서 집필자가 소련 문헌을 참조해서 소련식 대일전승기념일을 인용한 것은 아닐 것이다. 하지만 이처럼 오독하는 사람들도 1955년 무렵에는 더러 있었다.

각 신문들이 종전 10주년을 특집으로 다루기 이틀 전, 1955년 8월 13

일에 일본 민주당은 "우려할 만한 교과서의 문제"라는 제목의 팸플릿을 전국의 교육 관계자에게 배포했다. 일본교원노동조합 등과 같이 정치운동을 추진하는 측에서 '편향된 교과서'의 필두로 되어 있던 고등학교 『일반사회』는, 『일본과 세계』와 같은 편자로 같은 짓교출판에서 간행되었다.

즉 8 · 15 종전이라고 하는 기억의 1955년 체제의 성립은 역사 교과서를 무대로 하는 새로운 헤게모니 투쟁의 시작이기도 했던 것이다. 어쨌든 1963년까지는 점령기의 영향을 받은 것으로 보이는 9 · 2 항복(M형)의 교과서가 상당수 모습을 감추고, 8 · 15 종전(CR형)으로 이행하는 모습이 뚜렷해졌다.

3장

기억과 역사의 대치, 1963~1981년

고도 경제성장이 시작되면서 8·15 종전기념일은 국민들의 뇌리에 깊이 각인되었다. 중학 교과서의 종전 기술이 그것을 단적으로 증명하고 있다. 1965년도에 12개사가 중학 역사 교과서를 발행하고 있었다. M형 9·2 조인을 기술했던 산세이도 등은 사라졌다. 1978년에서 1997년까지 계속되는 8개사 체제가 확립되었다. R형 8·15 방송의 도쿄서적이 독주하는 체제가 확립되었다. C형 8·15 종전 교과서들도 시미즈서원, 갓고도서, 교이쿠출판, 니혼서적 순으로 라디오 방송의 기술을 더해 R형으로 바뀌었다. R형 중심으로 하는 현행 중학 교과서 흐름은 이 시기에 완성되었다. 초등학교 교과서에서도 R형인 상위 2사(도쿄서적과 교이쿠출판)가 55.5%를 점유해 중학교 교과서를 따라 R형 주류가 형성되었다.

1982년에 국제적으로 문제가 된 '침략/진출'의 고쳐 쓰기는 실은 이 시기에 일어난 현상이다. 경제성장과 함께 역사 교과서에서 대외전쟁을 침략으로 기술하는 일은 급속히 줄어들었다. 1957년에 중일전쟁을 침략으로 표기한 중학교 교과서는 시미즈서원뿐이었지만, 그 조차도 1966년에는 진출로 바뀌었다. 즉 1966년에 이르면 중학교 교과서에서 침략 기술은 사라지고 진출 중심의 기술이 전성기를 이룬다. 이 과정은 일본의 경제대국화와 걸음을 함께했다.

다만 일본과 중국의 국교회복이 이뤄진 1972년에 시미즈서원이 '침략', 1975년에 오사카서적이 '침입'으로 재전향하는 모습을 보인다. 이 배경에는 일미전쟁 중심의 태평양전쟁 사관에서 중국 전선을 중시하는 15년 전쟁 사관으로 변화가 있었음에 틀림없다. 그리고 아시아 중심의 시선은 자연스럽게 9월 2일 종전에서 8월 15일 종전으로 중심이동을 일으켰다. 원래 전함 미주리호 조인식에 출석한 중국 대표는 국민당 정부대표였지 중국 공산당 대표는 아니었다. 중국이 9월 3일을 항일전승기념일이라고 정한 근거인 중소동맹조약도 중소분쟁 이후는 사문화되었고, 1980년 자연실효했다. 즉 중국 측에서 미주리함상 항복 조인식을 종전으로 고집할 이유가 없었다. 그리고 이미 1965년 한일기본조약 조인에 따라 관계가 정상화된 한국과의 관계로 보아서도 8·15 종전은 아시아의 역사 인식에 적합한 것이었다고도 말할 수 있다.

오늘의 아시아·태평양전쟁 사관으로 이행하는 것도 역시 이 시기에 시작된다. 현행 초등학교 사회과 교과서에서 종전 일자는 8월 15일로 좁혀져, 8월 14일이나 9월 2일 종전 기술은 사라지고 있다. 9월 2일의 소멸은 태평양전쟁으로부터 아시아·태평양전쟁으로의 이동이라고 하는 틀의 추이와 중복되고 있다.

이에나가의
『신일본사』교과서 재판

도쿄 교육대학 교수인 이에나가 사부로가 집필한 『신일본사』(산세이도)는 '8·15 옥음방송'을 철저하게 배제한 이색적 고등학교 교과서다(표 8 참조). 이에나가 교과서 재판에 대해서는 많은 선행 연구가 있으므로 간단하게 설명하고, 여기서는 주로 『신일본사』의 종전 기술에 한하여 검토해보고자 한다.

재판의 발단은 이에나가 사부로가 쓴 『신일본사』가 1962년 교과서 검정에서 불합격 판정을 받은 데서 비롯된다. 전쟁을 너무 어둡게 표현한다는 등의 이유였다. 『신일본사』는 수정 후, 1963년 검정에서는 조건부 합격되었다. 하지만 이에나가는 검정이 헌법 21조에서 금지하는 검열에 해당한다며 1965년 제1차, 그리고 1967년 제2차 소송을 제기했다. 1970년의 제2차 소송 1심(도쿄 지방법원, 스기모토 판결)에서 '검정은 사상심사에 해당되어, 교육에 국가가 개입'한 것으로 본다며 불합격 취소 판결을 내렸다. 정부 측은 즉시 항소했지만, 1975년 7월의 제2심(도쿄 고등법원·아제가미 판결)에서도 검정 판단이 행정의 일관성이 부족하다는 이유로 이에나가의 손을 들어줬다.

그러나 1982년 4월, 최고재판소는 이에나가의 교과서가 불합격될 당시의 학습지도 요령이 벌써 개정되어 있기 때문에 원고에게 처분취소를 청구할 명분이 없다고 보고 파기환송 판결을 내렸다. 이로써 궁극적으로 이에나가 측이 재판에서 실질적으로 패소했고 이는 이어 곧 정치 문제로 비화되었다.

최고재판소 판결 2개월 후인 1982년 6월 유명한 '진출 – 침략' 고쳐 쓰

표 8. 고등학교 사회(역사 분야) 교과서의 '종전 기술' 유형

사용개시	야마카와(山川出版) 『상설 일본사』(詳說日本史)	야마카와(山川出版) 『일본사』(日本史)	짓교출판(実教出版) 『고교 일본사』(高校日本史)	짓교출판(実教出版) 『일본사』(日本史)	도쿄서적(東京書籍) 『일본사』(日本史)	시미즈서원(廳青水書院) 『일본사』(日本史)	산세이도(三省堂) 『일본사』(日本史)	산세이도(三省堂) 『신일본사』(新日本史)	지유서방(自由書房) 『일본사』(日本史)	하라서방(原書房) 『신편 일본사』(新編日本史)
1951						M pbm				
1952		M spm [m]								
1953								P s		
1954		M spm [m]								
1955		M spm [m]				M pbm				
1956		M spm [m]	M apbrf*m [r/m]			R aspr		P		
1957		M spm [m]								
1958		M spm [m]								
1959								P		
1960	M pasrbm	M spm [m]	M apbrm [r/m]				M ap [m]			
1961		M spm [m]								
1962						R aspr		P		
1967	M psrbm	M psrm [m]	M apbrm [m]	P pf*r	M spbrm	R aspr	M p [m]	P	M aprm [m]	
1968	M psrbm		M apbrm [m]		M spbrm		M pf* [m]	P		
1969						R aspr				
1970						R aspr				
1971					M spbrm					
1973			M apbrm [m]						M aprm [m]	
1974		M psm [m]		P pf*r		M aprm [m]	M pf* [m]	P		
1975	M psrbm									
1976				P pf*r						
1977	M sprm			P pf*r	M pbrm		M pf [m]		M aprm [m]	
1978	M sprm				M pbrm	M aprm [m]	M pf [m]		M aprm [m]	
1980			R saur							
1981	M sprm					M aprm [m]	M pf [m]		M aprm [m]	
1982		M sparm						P		
1983	M sprm			M asprum	R spabr		M arpmf		M aprm [m]	
1984			R sau*r			R asr				
1985	M sprm	M sparm		M asprum	R spabr		M arpmf	P		
1987						R asr				R psabrm*
1988	M saprm		R sau*r					R ar	M aprm [m]	
1989				M asprumf			M arpmf			
1990			R sau*r		R spabr	R asr	R sparu			R psabrm*
1991	M sprm								M aprm [m]	
1992	M saprm									
1993					R spabr	R asr	R sparu	R ar		
1994	M sparm [m]			M asprumf					M asprmf [k]	
1995		M sparm [m]	R aurf		R spabr	R asprbf	R sparu			R psabr
1998	M sparm [m]			M asprumf					M asprmf [k]	
1999		M sparm [m]	R aurf		R spabrf	R asprbf				R psabr
2002										R psabr
2003	M sparm									R psabr
2004		M sparm [m]	M aurmft	M asprum	R spcbr	R asprbf	R sparu		M asprmf	

기술형식		용어		
P	8·14 수락	a = 8·14	p = 포츠담	s = 재단(裁斷)
R	8·15 방송	b = 종전조서	r = 라디오	f* = 14년간
M	9·2 조인	c = 조건 항복	u = 무조건 항복	
		k = 조선의 해방	m = 미주리	
		f = 15년 전쟁	t = 아시아·태평양	

고등학교용 교과서는 각사 복수 발행하고 있다. 집필자의 연속성을 고려해서 아래와 같은 기준으로 표를 작성했다.

야마카와출판 『일본사』	1961 『신수 일본사』 → 1967 『신편 일본사』 → 1982 『일본사(신판)』 → 1999 『신일본사』 → 2004 『고교 일본사』
짓교출판 『일본사』, 『고교 일본사』	1995 『일본사 B』, 『고교 일본사 B』
도쿄서적 『일본사』	1995 『일본사 B』
시미즈서원 『일본사』	1967 『신편 일본사』 → 1984 『고등학교 일본사』 → 1995 『상설 일본사 B』 → 2004 『고등학교 일본사 B』
산세이도 『일본사』	1990 『상설 일본사』 → 2004 『일본사 B』
산세이도 『신일본사』	1995 『신일본사 B』
지유서방 『일본사』	1985 『고등학교 일본사』 → 1994 『고등학교 일본사 B』 → 2004 『신일본사 B』
하라서방 『신편 일본사』	1995 『고등학교 최신 일본사』

기 보도가 있었던 것으로 미루어 보면, 역사 교과서 문제의 배경에 이에나가 제2차 소송의 상고심 판결의 영향이 있었던 것은 부정하기 어렵다. 1984년, 이에나가는 새롭게 국가 배상을 요구하는 소송을 벌였다(제3차 소송). 1997년 교과서 검정제도를 합헌으로 규정한 최고재판소 판결로 소송은 종결되었다.

물론 이 재판에서 종전 기술은 쟁점이 되지 않았다. 주로 태평양전쟁과 천황제의 평가를 둘러싸고 검정제도의 위법성이 쟁점이 되었을 뿐이다. 이런저런 이유로 이에나가 교과서의 종전 기술에 주목하지 않을 수 없다.

'8·15 옥음방송'을 기피한 『신일본사』

이에나가의 『신일본사』에서 8월 15일 일자를 천황의 라디오 방송과 관련시켜 기술한 것은 쇼와 시대 말기인

1988년 공동집필판 이후다. 그 이전에는 8·15를 완전히 묵살하고 있었다. 분명히 존재하는 사실을 말하지 않음으로써 무엇인가를 떠오르게 하는 침묵방법의 일종일 것이다. 덧붙여 9·2 항복에 대해서는 다음장 재출발의 첫머리에서 짧게 언급하고 있다. 최초의 1952년판에서 그 변화를 추적해보자.

> 소련 수상 스탈린은 얄타에서 미국과 영국의 수뇌와 비밀협정을 체결해, 일본의 지시마와 남가라후토를 가져간다는 것을 조건으로 참전을 약속했다. 곧 일본에 선전포고하며 진격을 시작했다. 이러한 사태를 맞이하여 (일본)군은 한층 더 본토에서 연합군과 전쟁을 벌이려 했지만, **천황이 항복을 결정했고** 8월 14일 연합국에 이 취지가 통고되었다. 일화(日華, 중일) 전쟁 이래 전투원의 사망자는 150만, 공습에 의한 비전투원의 사망자 30만, 전 인구의 8분의 1에 해당하는 900만에 가까운 사람이 주거를 잃었다.

이에나가는 1955년판에서 위 기술에서 일부(위 인용문의 강조한 부분)를 고쳐 '그러나 항전을 계속하면 국체의 수호도 할 수 없게 될 것'이라는 고노에로 등 중신의 의견이 천황을 움직여'라고 적고 있다. 천황의 성단 신화에 대한 부정이다. 시판된 이에나가의 『검정 불합격 일본사』(산이치서적, 1974)는 1956년에 검정 신청용으로 제출한 백표지책(白表紙本)의 종전 기술을 그대로 담고 있다. 『검정 불합격 일본사』에 첨부된 문부성 초·중등 국장명의 불합격 통지에는 "역사적 사실 선택에 타당성이 부족한 면이 있다"는 사유가 기록되어 있다. 그러나 종전 기술에 관한 한 이 비판은 맞지 않은 면이 있다. 종전조서에 14일이라는 일자가 명시되어 있는데도,

안일하게 8월 15일 포츠담선언을 수락이라고 써온 C형, R형이야말로 문제가 아닐 수 없다. 그런 점에서 이에나가의 실증주의적 노력을 개인적으로는 높이 평가하고 싶다. 그러나 이에나가의 목적은 더 깊게 따져보아야 한다. 8·15와 옥음을 말하지 않음으로써 천황을 역사 기술의 중심으로부터 배제하자는 것이 그의 목적이었다. 이에나가 입장에서 말하자면 '옥음방송되어=종전이 되었음'을 인정하는 것은 전전과 전후를 통한 '국체(國體)'의 연속성을 승인하는 것과 다름없었다.

그 후 1959년판에서는 앞에서 고쳐 쓴 부분까지 모두 삭제하여, 종전 기술은 다음의 한 문장만 남았다. 종전과 관련된 천황의 역할은 완전히 사라졌다.

> 이러한 사태에 접어들어 군은 본토에서 연합군을 맞아 싸우려고 했지만, 마침내 8월 14일 연합국에 항복 통지를 보냈던 것이다.

1965년판에서는 다음 장의 '9월 2일 도쿄만에서 항복문서 조인식이 거행되어'란 한 절도 삭제되어 항복문서 조인식 사진만이 게재되고 있다.

『신일본사』의 큰 변화는 8·15 종전기념일이 제정된 1982년부터 5년 후인 1987년에 개정되어 검정받은 1988년판(3정판)에서 찾아볼 수 있다. P형 8·14 수락에서 R형 8·15 방송으로 변화되어갔다.

> 여기에 이르러 일본 정부도 마침내 항복하지 않을 수 없게 되어, 8월 14일 연합국에 그 취지를 통지했다. 국민은 다음 날인 15일 천황의 라디오 방송을 통해 항복을 알았다.

분명히 형식은 R형이다. 하지만 이 문장에서 '옥음방송=종전'을 읽어 내기는 어렵다. 여기서도 종전을 기피하면서 반복해 항복을 언급한 이에 나가의 진의는 『태평양전쟁』(이와나미서점, 1968)에서 일억 총참회 비판 부분을 살펴보면 이해될 것이다.

정부가 항복이라고 하는 말의 사용을 피해 포츠담선언 수락이라든가 종전이 라며 얼버무리는 듯한 표현을 사용한 것도 그 때문이었다.

그런데 이에나가 본인은 자신의 8·15 체험을 『1945년 8월 15일의 전후』(1956) 부분에서 벌써 8월 10일이나 11일에 통신사 관계자에게서 항복 결정을 전해 들어 알고 있었다며 다음과 같이 회상한다.

드디어 8월 15일 정오의 옥음방송을 들었을 때, 뜻밖의 놀라움과 기쁨을 억제 할 수 없어 '축배를 들자'고 하여, 아버지에게 꾸중을 들었다.

이러한 언급은 지식인의 회상으로서는 드문 것이 아니라 하겠지만, 국민 일반의 것과는 차이가 있다. 어쨌든 종전기념일이 정착한 시대에 8월 15일과 종전의 표기를 단호히 거부한 점에서 『신일본사』는 희귀한 역사 교과서였다.

4장

'역사화=정치화' 하는 기억, 1982년 이후

종전기념일 제정 이후 두 달간의 역사 교과서 문제

1982년 6월 26일, 일본의 각 신문은 1981년도 문부성 검정에서 중국 전선에 관한 기술 가운데 '침략' 기술을 '진출'로 고쳐 쓰게 했다고 보도했다. 이 보도는 중국 전선에 관한 기술이라는 점에 한정하면 오보다. 1981년도 검정에서 그러한 사례는 존재하지 않는다. 단지 『새로운 상세 세계사』(데이고쿠서원)에 대해서 '남방 진출, 프랑스령 인도차이나 북부에 진주, 동남아시아 침략 등의 기술은 일관성이 없으니 통일하는 것이 좋다'는 개선의견이 있을 뿐이다. 이것은 결과적으로 '진출'로 통일되었다.

더욱 중요한 것은 1982년 이전, 특히 1970년대 후반부터 시작된 교과서를 둘러싼 정치 상황의 변화다. 오일쇼크를 극복한 경제대국 일본은 강한 자신감을 갖게 되었고, 일중평화우호조약을 체결한 1978년에는 야스쿠니 신사 A급 전범 합사를 단행하고 있었다. 당시 우경화라고 불린 신보수주의의 대두가 진보파의 위기감을 부추겼다. 그 여파로 오히려 교과서 기술에서는 침략전쟁 비판이 강하게 제기되고 있었다.

실제로 1970년대 말부터 많은 교과서들이 난징사건이나 조선인 강제연행을 다루게 되었다. 1981년도 중학 교과서에서는 8개 출판사 중 5개 사가 만주사변, 중일전쟁을 '침입', '침공', '침출(侵出)'로 기술하고 있었다. 1980년부터 자민당 기관지 《지유신보(自由新報)》는 교과서 비판 캠페인을 전개하며 이에 대해서 비판하고 있었다. 역사 교과서 문제의 불씨는 이미 있었던 셈이다. '진출' 고쳐 쓰기에 대한 신문의 보도는 이러한 위기상황에서 이뤄졌다. 역사 교과서 문제는 중국에서 한국으로 비화되었고, 외교 문제화한 역사 교과서 문제를 수습하기 위해서 8월 26일 '근린 제국 조항'을 포함한 미야자와 관방장관의 담화가 발표되었다.

> 일한공동발표, 일중공동성명의 정신은 우리 나라의 학교교육, 교과서의 검정에서 당연히 존중되어야 할 것이다. 오늘날 한국, 중국 등에서 이 같은 정신을 제기하면서 우리 나라 교과서 기술에 대한 비판을 가해오고 있다. 우리나라로서는 아시아의 이웃 국가들과의 우호, 친선을 진행하기 위해 이러한 비판에 충분히 귀를 기울이고 정부의 책임 아래 시정한다.

이 근린 제국 조항에 의해 구체적으로 이하의 11항목에는 검정 의견을 붙이지 않는 방침이 받아들여졌다. 즉 중국 관련의 침략, 난징사건, 한국 관련의 침략, 토지조사사업, 3·1 독립운동, 신사참배, 일본어 사용, 창씨개명, 강제 연행, 그 외에 동남아시아 진출, 오키나와전이다.

물론 여기에 종전 문제는 포함되지 않았다. 이에나가 교과서 재판에서의 실질적 패소, 전몰자를 추도하여 평화를 기원하는 날 제정, 역사 교과서 문제, 이 모두가 1982년 4월부터 6월 사이에 벌어진 사건들이다.

『새로운 역사 교과서』의 새로움이란

1982년의 역사 교과서 문제를 기술한 고등학교 교과서 『현대 사회』에 대한 검정 사례가 『교과서 리포트 85』에 다음과 같이 기록되고 있다.

> 원문 : 1982년 여름, 일본의 역사 교과서 검정에 대해서 아시아 국가들이 항의하여, 재차 일본 및 일본인의 아시아 인식이 추궁당했다.
> 개선지시 : 이런 것을 쓰지 않아도 괜찮지 아닐까. 검정에 대한 항의가 아니고, 내용 기술에 대한 항의였다.
> 견본본 : (중략) 역사 교과서의 검정 후의 기술에 대해서 중국·한국 등에서 항의의 소리가 높아져…….

새롭게 바뀐 지 얼마 안 되는 내용을 통해서 아주 미세한 정치적 움직임을 읽어낼 수 있는 학생은 거의 없을 것이다. 하지만 1982년 교과서 문제가 생기고 난 다음, '근린제국(近隣諸國)조항'에 의해 검정 후의 기술에서 실제로 일어난 일은 '진출'에서 '침략'으로 내용이 바뀌었다는 점이다.

이러한 변화에 위기감을 느끼기 시작한 보수파가 새롭게 문제를 제기한다. 역사 교과서의 전쟁 기술의 추를 다시 움직이게 하려는 운동이 1996년에 결성된 '새로운 교과서를 만드는 모임'을 중심으로 시작되었다. 이 운동과 그『새로운 역사 교과서』(후소샤, 2002)에 대해서는 벌써 방대한 문헌이 나와 있다. 이것이 정말로 새로운 내셔널리즘이라고 할 정도의 영향력을 갖고 있는 것인지, 그것을 단정하기 위해서는 아직 더 시간이 필요할 것 같다. 적어도 교과서 채택에서『새로운 역사 교과서』는 참패하고 있다. 2005년의 채택률은 사립학교를 포함해도 0.097%에 머무르고 있다.

　『새로운 역사 교과서』는 종전 기술과 관련해서 보자면 확실히 독특한 스타일이다. R형이긴 하지만 8·14, 8·15보다 8·10 성단에 더 중점을 두고 있다.

> 9일, 쇼와 천황이 참석한 가운데 어전회의가 열렸다. 포츠담선언의 수락에 대해 찬반 동수가 되어 결론을 내리지 못해 10일 오전 2시, 스즈키 수상이 천황 앞에 나아가서 성단(천황이 내는 판단)을 요청했다. 이것은 이례적인 일이었다. 천황은 포츠담선언을 일본이 항복할 것을 결단했다. 8월 15일 정오, 라디오의 옥음방송으로 국민은 일본의 패전을 알았다.

　어전회의를 그린 도판이 첨부되어 있고, 성단이나 옥음방송을 괄호 없이 본문으로 기재한 것도 교과서로서는 이례적이다. 덧붙여 현행 중학 교과서가 모두 8·14 포츠담선언 수락을 명기하고 있는데, 후소샤판은 8월 14일을 생략하고 있다. 게다가 다른 모든 중학 교과서가 장을 바꿔서 명기하고 있는 9·2 항복문서 조인을 완전히 무시하고 있는데, 그로부터는 독특한 반미주의를 읽어낼 수 있는 것일까.

역사 교과서 논쟁의
미디어론

역사 교과서는 기술되는 과거보다 기술하고 있는 현재의 문제를 비추는 미디어다. 현재도 논쟁이 계속되고 있는『새로운 역사 교과서』도 같은 방식으로 읽어낼 수 있다. 여기에서는 자세히 다루진 못하지만 이 교과서 논쟁 자체는 미디어론의 입장에서 보자면 매우 흥미롭다. 예를 들어『새로운 역사 교과서』는 활자적 권위에 대해서 이야기체로 반란을 일으킨 성격을 강하게 띠고 있다.

그것은 '새로운 역사 교과서' 운동의 핵심에 시바 료타로의 이야기를 사관으로 평가하는 '자유주의 사관 연구회'가 존재한다는 점에서 더욱 뚜렷해진다. 자유주의 사관은 도쿄대학 교육학부 교수 후지오카 노부카츠가 제창하는 교실 디베이트 실천으로 탄생했다. 디베이트(토론)란 하나의 논제에 대해서 긍정과 부정 쪽으로 나누어 설득성을 겨루는 테크닉이다. 역사교육에 대한 토론방법의 도입은 교과서 기술의 권위를 상대화하여 모호하게 할 것이다. 그렇다면 교실 디베이트 운동으로부터 새 역사 교과서를 만드는 모임이 탄생한 것은 아주 아이러니한 일이 아닐 수 없다.

새 역사 교과서를 만드는 모임의 지지자들이 애독하는 고바야시 요시노리의『전쟁론』(1998) 등과 같은 만화에 대해서도 같은 방식으로 말할 수 있을 것이다. 만화의 묘사력은 교과서 기술의 한계를 비판할 때 절대적인 위력을 발휘한다. 텍스트의 권위를 분쇄하는 만화가가 새로운 역사 교과서 집필의 중심에 자리 잡고 있다는 점은 이 운동이 전통적인 문서 중심의 실증사학에 대항하는 대중적인 이야기체에 의한 이의 제기임을 드러내고 있다.

상황을 복잡하게 만드는 것은 그들이 역사 교과서에서 삭제를 해야 한다고 주장하는 종군위안부나 난징사건 또한 기록에 따른 것이라기보다는 증언이나 고발에 의해 떠오른 정치적 쟁점이란 점이다. 표면적으로는 좌우 이데올로기 대립으로 보이지만, 미디어론적인 관점에서 보면 문서와 발화의 대결이 떠오른다. 문서주의적 실증사학과 교과서 검정 제도가 좌우의 발화적 기억 세력의 십자포화를 받고 있는 구도라고 볼 수 있다. 그렇다면 태평양전쟁 혹은 일·미전쟁의 현상을 뛰어넘으려는 '15년 전쟁 =아시아·태평양전쟁'의 시도에도 좌우 양편의 반미 감정을 매개로 해서 대동아전쟁의 틀로 들어갈 수 있는 위험이 도사리고 있다.

종전기념일을 둘러싼 보수파의 딜레마

후소샤판에 맞먹는 고등학교 교과서가 '일본을 지키는 국민회의'에서 편집한 『신편 일본사(新編日本史)』(하라 쇼보, 1987)이다. 일본을 지키는 국민회의 의장 가세 도시카즈는 미주리 함상의 항복 조인에는 외무성 보도부장으로 참석한 바 있다. 이후 초대 유엔대사, 역대 내각의 외무성 고문 등을 역임했다. 가세가 쓴 『미주리호를 향한 도정(道程)』(1951)이라는 제목의 회상록도 있는데, 『신편 일본사』의 종전 기술은 8월 14일 종전조서를 강조하고, 다음 날의 라디오 방송을 강조하는 R형의 변형이다. 정식 항복문서 조인은 9월 2일, 미 전함 미주리호에서 행해졌다고 작게 주석이 달려 있다. 『가세 도시카즈 회상록』(1986)에는 소장파 장교들의 습격을 각오하고 조인식에 임했다고 밝히고 있다.

나 같은 자는 만약 그렇게 돼도 아무렇지도 않다고 생각했다. 암살사건이란 칭찬할 수 있는 것은 아니다. 하지만 비록 세상을 깨닫지 못한 무지의 폭행이어도 진정한 애국심에 자극받은 행동은 의문의 여지가 없다. 패잔의 조국을 다시 일으키는 민족적 원동력은 단 한 가지, 애국심뿐이다. 그 애국심은 패전 때문에 희박해질 것이다. 바로 이때, 우리가 애국자의 손에 걸려 세상을 끝내는 것은 반드시 무의미하지만은 않을 것이라고 생각했다.

가세 자신이 교과서를 집필한 것은 아니다. 하지만 이 회상록 출판과 같은 해인 1986년에 검정 합격한 『신편 일본사』의 의도는 충분히 짐작이 된다. 같은 해 5월 7일, 일본을 지키는 국민회의는 기자회견을 열고, 천황이 역사상 완수한 역할을 명확하게 기술한 점, 대외관계에 대해서는 자주독립 정신의 중요함을 이해시키도록 배려한 점 등 편집방침을 발표했다. 그로부터 며칠 후, 중국 외무부는 불쾌감을 표명했고 제2차 역사 교과서 문제가 발생했다. 같은 편저자에 의한 『최신 일본사』(국서간행회, 1995)와 『최신 일본사』(메이세이샤, 2002)는 지금까지 발행되고 있다. 기술의 변화는 없지만, 천황의 결단은 쇼와 천황 사후 1995년판에서 쇼와 천황의 성단으로 바뀌었다. 현행 2003년판 내용은 아래와 같다.

8일, 소련은 일소중립조약을 일방적으로 깨고, 대일선전을 포고했다. 만주·북한·남가라후토에 침입해, 일본 항복 후 8월 말에는 지시마 열도를 점령했다. 8월 9일, 포츠담선언을 수락할 것인가 아닌가를 결정하는 어전회의가 열렸다. **국체호지**를 둘러싸고 선언 수락을 주장하는 외상 도고 등과 본토 결전을 주장하는 육상 아나미 등이 대립했다. 마침내 쇼와 천황의 성단으로 전쟁 종결이 결정되고, 8월 14일 일본은 포츠담선언을 수락했다. 다음 날 천황은 종전조서를 라디오를 통해서 발표하고, 일본군은 일제히 싸움을 그만두고 연합국에 항복했다. (강조는 원문)

그러나 저작자의 한 사람인 고보리 게이치로 도쿄대학 명예교수는 이 종전 기술과 다른 생각을 밝히고 있다. 보수파의 심정을 이해하기 위해서 그의 글 〈한 번 더 생각하고 싶은 8월 15일의 의미〉(《산케이신문》, 2004년 8월 14일)를 인용해 보자.

우리가 종전기념일로 생각해야 할 날짜는 정확히 4월 28일이다. 그날은 전년 9월 샌프란시스코에서 조인된 일본과 연합국 사이의 평화조약이 법적 효력을 발생하는 쇼와 27년의 날이다. 명실공히 전쟁은 끝나고, 일본(오키나와 제외)이 미군의 점령으로부터 해방되어 국가 주권을 회복할 수 있었던 날이다. 폐하가 4개국 공동의 포츠담선언을 수락하여 전쟁 종결의 수속을 시작하라고 정부에 명하시고, 한편으로 그 결단을 전 국민에게 포고하신 쇼와 20년 8월 14일 첨부의 조서는 지금 단지 종전조서라고 부른다. 여러 함축적 의미를 살펴보고 제대로 이해한다면 종전조서 발표라고만 하는 호명은 올바른 것이다. 따라서 이 조서가 소위 옥음방송을 통해서 전 국민에게 포고된 8월 15일은 말하자면 조서 봉대의 기념일이다. 그것을 단락적으로 종전기념일이라고 부른다면 이 한 편의 조서로 종전 그 자체가 성취된 듯한 오해를 불러일으킨다. 그리고 그 후에 계속되는 6년 8개월의 군사 점령기에 입은 일본 파괴 공작의 흉악과 화앙을 잊게 만들 수 있다.

이 문단의 앞부분에서 샌프란시스코 조약 발효일인 4월 28일을 종전기념일로 잡자는 운동이 보수파 내부에 존재한 것으로 언급되어 있다. 그러나 마지막 문장에 포함된 6년 8개월의 군사 점령 동안에 입은 일본 파괴 공작의 흉악과 화앙이라고 하는 격렬한 반미감정은 종전기념일을 설욕하기 위한 기념일로 받아들여야 한다는 의지로 보인다. 이 같은 주장은 일미동맹체제의 현상유지를 원하는 쪽으로부터 동의를 받을 가능성은 거의 없다.

덧붙여서 『검정 불합격 일본사』는 이에나가 교과서의 대명사이기도 하지만 보수계의 검정 불합격 일본사도 있다. 황국 사관의 히라이즈미 직계의 고우가쿠칸(皇學館) 대학 교수인 다나카 다카시가 집필하여 1966년도 검정에서 불합격된 『교양 일본사』(1967)가 그것이다. 종전 기술은 M형 9 · 2 조인을 채용하고 있다. 다나카도 새롭게 꾸려진 제8판(1997) 서문에서 이에나가와는 다른 이유로 검정제도에 반대하고 있었다.

> 패전이라는 비극의 책임을 지는 정부가 검정을 계속하는 한, 당당하게 자신의 나라를 자랑하면서 조상의 영광을 주장하는 교과서의 출현은 기대하기 어렵다. 국가는 헌법 제21조 '언론, 출판 그 외 모든 표현의 자유'를 보장하는 것만으로도 충분한 것이다.

현행 역사 교과서의 문제점

마지막으로 현행 고등학교 일본사를 중심으로 '종전' 기술의 문제점을 분명히 해두고 싶다. 베를린 장벽이 무

표 9. 현행 고등학교 일본사 B 교과서의 종전 기술

채택률 순위	유형	어전회의	성단	무/유조건 항복	8월 14일	8월 15일	9월 2일	전쟁 유형	사진
『상설 일본사』 (야마카와 2003) 57.5%	M	—	성단		연합국 측에 통고했다	천황의 라디오 방송으로 전쟁 종결이 온 국민에 발표되었다	항복 문서에 서명	4년에 걸친 태평양전쟁	히로시마, 나가사키
『고교 일본사 B』 (짓교출판 2004) 7.0%	M	—	—	무조건 항복	무조건 항복하여	쇼와 천황의 라디오 방송 (옥음방송)이라는 이례의 수단으로 패전을 국민에 알리다	항복 문서의 조인	아시아· 태평양전쟁 (15년 전쟁)	오키나와, 미주리, 한국인 원폭 회생자 위령답
『신선 일본사 B』 (도쿄서적 2004) 6.7%	R	9~10일	재단 (裁斷)			천황은 라디오 방송을 통해서 전쟁 종결을 발표했다	—	15년에 걸친 전쟁	포츠담회담, 히로시마, 황궁 앞
『일본사 B』 (짓교출판 2004) 6.1%	M	—	재단	일본군은 무조건 항복했다	선언을 수락했다	천황은 라디오로 전쟁 종결을 고하고, 일본군은 무조건 항복했다	항복 문서의 조인	태평양전쟁 (15년 전쟁)	히로시마
『고교 일본사』 (야마카와 2003) 6.0%	M	—	재단		연합국 측에 통고했다	국민은 다음 15일, 천황의 라디오 방송으로 이것을 알았다	항복 문서의 조인	제2차 세계대전	히로시마, 미주리
『고등학교 일본사 B』 (시미즈서원 2004) 4.2%	R	14일	—	—	선언 수락을 결정하고	라디오를 통해 천황은 스스로 '종전조서'를 국민에게 알렸다	—	15년 전쟁	오키나와, 히로시마, 학동 소개
『일본사 B』 (산세이도 2004) 3.5%	R		결단	국체를 부정하지 않는다는 이해를 조건으로	—	라디오 방송으로 국민에게 알리고(이 방송을 옥음방송이라고 한다)	—	제2차 세계대전	도쿄, 히로시마
『신일본사 B』 (기리하라 2004) 3.1%	M	—	재단	국체호지를 조건으로	수락할 것을 결정하고	쇼와 천황은 라디오를 통해서 스스로 이것을 국민에 고했다	공문서의 조인식	태평양전쟁, 15년 전쟁	종군위안부
『신일본사』 (야마카와 2004) 3.1%	M	14일	재단	—	연합국 측에 통고했다	천황은 라디오 방송을 통해서 국민에게 종결을 전달하고 전투가 정지되었다	항복 문서에 서명	제2차 세계대전	
『일본사 B』 (도쿄서적 2004) 1.8%	R	9~14일	결단 (성단)	해석 아래 (바운즈 회답)	수락을 결정하고	천황의 조서방송 (옥음방송)으로 국민에 알려졌다	—	아시아· 태평양전쟁	히로시마, 나가사키, 오키나와
『최신 일본사』 (메이세이 2003) 0.9%	R	9일	성단	항복 조건을 제시한 포츠담선언	선언을 수락했다	천황은 '종전조서'를 라디오를 통해서 발표하고, 전 일본군은 즉시 싸움을 그만두고	—	제2차 세계대전	오키나와, 히로시마

※ 채택률은 2002년도용 (《나이가이교육》 2001년 1월 11일호).

너진 1989년, 민주주의의 근간을 이룰 수 있도록 전후 GHQ의 지도로 도입된 사회과목은 해체되었다. 대신 초등학교 저학년에 생활, 고등학교에 지역(地歷), 공민(公民) 교과가 신설되었다. 그 교과들의 1989년 지도요령에 따르면 고등학교 일본사는 일본의 근현대사에 중점을 두어 학습하는 2단위용 일본사 A와, 원칙으로 과거 일본사를 기반으로 하는 4단위용 일본사 B로 분리되었다. 2단위 교과서인 일본사 A는 전체의 분량이 일본사 B에 비해 적다. 하지만, 현대사 중심이기 때문에 종전 기술에 관해서는 큰 차이가 없다.

표 9에서는 일본사 B의 2005년도 채택률 순서대로 7개 출판사 11종의 교과서가 담은 종전 기술을 분석해보았다. M형 9·2 조인이 6종, R형 8·15 방송이 5종이지만, 점유율에서는 M형이 82·8%로 압도하고 있다. 포츠담선언 수락 경위를 꼼꼼하게 논의하면서 8월 9일의 어전회의를 기술한 것도 3종이나 있다. 가장 많이 채택된 야마카와 출판사 『상설 일본사』에 실린 성단에 대한 기술은 이 용어가 쇼와 천황과 함께 역사 용어로 정착되고 있음을 보여준다.

고전적인 쟁점인 무조건 항복에 대해서 짓교출판의 『고교 일본사 B』만이 무조건 항복으로 표기하고 있으며, 같은 출판사의 『일본사 B』는 주어를 일본군으로 해두어 일본 정부의 조건 항복을 시사하고 있다.

포츠담선언 수락을 통고한 8월 14일은 일반적으로 명기하고 있다. 도쿄서적의 『신선 일본사 B』(6·7%)와 산세이도의 『일본사 B』(3.5%)만이 언급하지 않고 있다. 그 결과 8월 15일은 포츠담선언을 수락하는 날이 아니고 천황이 라디오 방송으로 국민에게 알린 날로 강조되고 있다. 옥음방송이라는 말도 3종에 걸쳐 등장하고 있어 점차 역사 용어가 되어가고 있음을 알 수 있다.

종전 기술에 첨부된 사진으로는 히로시마(한국인 위령비 포함) 9종, 오키나와 4종, 나가사키, 도쿄(황궁 앞 포함), 미주리호 각 2종, 포츠담 회담, 학동 피난, 종군위안부 각 1종 등이 있다.

종전 기술 중에서 조선의 해방을 다룬 현행 『일본사 B』는 존재하지 않는다. 그러나 '종군위안부' (1994년, 일본 정부의 사죄와 보상을 요구해 의원 회관 앞에서 단식투쟁을 행하는 한국 사람들) 사진을 게재한 기리하라 서점의 『신일본사 B』는 1998년판에서도 '해방의 날(8월 15일에 만세를 외치는 서울 시민)' 사진을 사용하고 있다.

M형이 채택 교과서의 80% 이상을 차지하듯이, 9월 2일의 항복문서 조인은 고등학교 교과서에서는 자명한 것으로 보인다. 하지만, 현행 초·중등 교과서에는 M형이 존재하지 않기 때문에, 고교생이 그 기술의 의미를 이해하고 있을지는 의문이다. 초등·중학교와 고등학교의 부정합은 방치해 두어도 좋다고는 생각할 수 없다.

일본사와 세계사의 뒤틀림 현상

지금까지 초등·중학교의 역사와 고등학교 일본사를 중심으로 종전 기술의 변천을 살펴보았다. 이 책 마지막 부분의 표를 보면 분명하게 드러나듯이, 시기에 따른 변화는 물론이고 출판사에 따른 차이점도 찾아볼 수 있다. 심한 경우에는 같은 출판사 교과서도 세계사 부분과 일본사 부분의 종전 기술이 완전히 다른 경우도 있다.

대학교 수험용으로 압도적인 인기를 자랑하는 야마카와 출판사의 『상설 세계사』와 『상설 일본사』를 비교해보자. 『상설 세계사』의 파시즘 제국의 패배 부분을 보면 기본적으로 중학 교과서와 같은 R형을 채택하고 있다.

　　일본은 8월 14일 포츠담선언을 수락하여 항복하고, 15일 국민에게도 밝혔다. 6년에 걸친 제2차 세계대전은 끝났다. (강조는 원문)

　그런데 『상설 일본사』는 전형적인 M형을 채택해 전함 미주리호를 사진과 함께 취급해 9·2 종전이 전면에 돌출하고 있다.

　　육군은 더욱 본토 결전을 주장했지만, 쇼와 천황의 이른바 성단에 의해 포츠담선언 수락이 결정되어, 8월 14일 정부는 이것을 연합국 측에 통고했다. 8월 15일 정오, 천황의 라디오 방송을 통해 전쟁 종결이 전 국민에게 발표되었다. 9월 2일, 도쿄만 내의 미 군함 미주리호에서 일본 정부 및 군대표가 항복문서에 서명하고, 4년에 걸친 태평양전쟁은 종료되었다. (강조는 원문)

　현행판에서는 강조 부분이 없어졌지만, 1994년에서 2002까지의 『상설 일본사』에서는 항복문서 부분을 강조하고 있었다. 라디오보다 문서가 중요하다고 생각하는 실증주의 사관 탓일까. 그렇다면 나름대로 이치에 맞는 논리다.
　『상설 세계사』는 6년에 걸친 제2차 세계대전의 마지막을 8월 15일로 기술하고, 『상설 일본사』는 4년에 걸친 태평양전쟁의 마지막을 9월 2일로 기술하고 있다. 태평양전쟁이 제2차 세계대전의 일부라고 한다면 항복을 선언한 8월 14일이든 항복문서에 조인한 9월 2일이든, 어느 한편으로 통일해야 할 것이다. 반복해서 말했듯이, 세계표준에서는 9월 2일이 상식임에도 세계사 교과서는 일본표준에 맞추어 기술하고 있다. 이는 일본사가 세계표준이 되는 기묘한 뒤틀림 현상이라고 볼 수 있다. 신속하게 개선해야 할 점이다.

기억의 역사화

결국 현행 고등학교 일본사에서 종전 기술의 일반 모델은 8월 14일 포츠담선언 수락, 다음 날인 15일 천황의 방송, 9월 2일 항복문서 조인이다. 그 위에 적대국에 대한 포츠담선언 수락 통지와 국민에 대한 옥음방송과 항복문서 조인이 다르다는 것을 학생이 이해할 수 있는 수업이 어느 정도 이뤄지고 있을까. 역사 교과서가 오로지 암기에만 이용되어 스스로 판단하는 능력을 학생으로부터 빼앗고 있다는 비판도 반복되어왔다.

물론 역사교육자들이 모두 이러한 관점을 망각해온 것은 아니다. 한 예로 이구치 가즈키의 『전쟁 연구는 얼마나 깊게 이뤄지고 있는가』(1993)에서 인용해보자. 점령군이 사용한 태평양전쟁이라는 호칭과 관련해서, 이구치는 종전일이 정확히 8월 14일, 포츠담선언을 수락(또는 항복문서에 조인)한 9월2일 날이라고 명기하면서 이렇게 보충하고 있다.

사족을 붙이면, 8월 15일에 이른바 옥음방송으로 전쟁 종결을 알렸기 때문에, 그 후 그날을 여전히 종전기념일로 받아들이는 일본인에게 14일이 종전이라고 하는 기술이 기이할 수도 있다. 하지만 포츠담선언 수락은 14일에 있었고,

중립국을 통해 연합국에 통고되었다.

이 지적은 아마 사족이라기보다는 역사 교사를 포함해 모든 국민이 재차 스스로 질문하고 생각해보아야 할 원점이 아닐까. 우리는 그런데도 왜 8월 15일을 종전기념일로 삼고 있는 것일까.

5장

맺음말을 대신하여, 전후세대의 종전기념일을!

지금까지 역사 교과서의 종전 기술이 그 출발점부터 다양했으며 8·15 옥음방송일 종전(R형)이 1963년 전국 전몰자 추도식 제도화 이후, 초등·중학교 교과서의 주류로 부상했음을 확인했다. 한편 글로벌 분위기에서 고등학교 교과서에서는 9·2 항복 조인=종전(M형)이 우세하다. 초등·중학교와 고등학교 교과서 간 통일성이 없고, 세계사와 일본사의 뒤틀림 현상이 있는 등, 종전의 역사 서술은 아직도 요동 속에 놓여 있다. 이러한 종전 기술에 대한 애매한 태도 때문에 일본은 인근 국가들과의 역사 인식 논란에서 일관되게 대응하지 못하고 있다.

지금까지의 분석을 근거로 전후세대로서 하나의 제안을 하고자 한다. 개정이 주장되고 있는 1946년 일본국 헌법은 60년 가까운 세월에 걸쳐 논의되어왔다. 하지만 1982년에 각의결정된 '전몰자를 추도하여 평화를 기원하는 날'은 아직 20여 년밖에 지나지 않았다. 헌법보다 먼저 개정을 논의해야 할 필요가 있는 것이 이 종전기념일이다.

전몰자를 추도하고 평화를 기원하는 날을 이분화해서, 8월 15일을 '전몰자 추도의 날', 9월 2일을 '평화 기원의 날'로 정하자고 제안하고 싶다. 8월 15일인 오봉에는 위령을 공양하고, 9월 2일에는 이웃 국가들과의 역사적 대화를 시도해야 한다고 생각한다. 즉 민속적 전통의 '오봉＝추도'와 정치적 기억인 '종전＝기념'을 분리하자는 것이다.

이러한 주장에 대해 전무세대는 특별히 저항하지 않을 것이다. 전중세대에 속하는 반노 준지도 『15년 전쟁론 재고』(2002)에서 8·15 종전기념일에 대한 의문을 다음과 같이 표명하고 있다.

> 8월 15일에 다들 두 번 다시 전쟁을 하지 않겠다고 맹세합니다. 그날은 일본이 전쟁을 벌여 여지없이 참패한 날입니다. 참패한 날에 "이제 질렸다"고 하는 것은 부전(不戰)의 맹세입니까. 적어도 부전의 맹세를 한다면 12월 8일의 '진주만'이라든지, 9월 18일, 7월 7일…… 기억하지 못할 정도로 일본은 침략해왔기 때문에 언제나 사과하지 않으면 안 될 것입니다. (웃음) 그것도 괴롭지만, 8월 15일에 가슴을 펴고 "더 이상 두 번 다시 전쟁은 하지 않겠다"라고 하는 것은 조금 창피하지 않습니까. 덧붙여서 말하자면 좀 비겁한 것 아닙니까.

그러나 반노는 이것을 "공개적인 장소에서는 한 번도 말한 적이 없다"라고 숨듯이 발언하고 있다. 근대 정치사를 대담하게 재검토한 것으로 알려진 반노가 그것을 경계하고자 한 이유는 마루야마 마사오가 주창한 '8·15 혁명' 신화의 주박(呪縛) 때문이었을 것이다.

8 · 15 혁명론의 주박

마쓰모토 겐이치(松本建一)는 『마루
야마 마사오, 8 · 15 혁명 전설』(2003)을 이렇게 쓰기 시작한다.

> 쇼와 20년 8월 15일, 일본에 무혈혁명이 있었다. 이 장대한 픽션이야말로 정
> 치사상사 학자였던 마루야마가 마치 전후 최고의 사상가로 불릴 듯한 아우라
> 를 획득하게 한 근거인 것이었다.

도쿄 제국대학 법학부 조교수였던 마루야마는 1945년 3월, 군으로부터
두 번째 임시소집을 받았다. 5개월 후, 히로시마 우지나의 육군선박 사령
부에서 원폭세례를 받았고, 이어 종전을 맞이했다. 참모부 정보반에서의
임무는 단파방송 감청이었기 때문에 포츠담선언을 둘러싼 정보도 빨리 습
득하고 있었다. 다케우치는 마루야마에게 직접 전해 들은 패전 체험을
『굴욕의 사건』(1953)에서 이렇게 기술하고 있다.

> 마루야마 씨는 국내 군대에 있으면서, 포츠담선언을 신문에서 읽었다. "기본
> 적 인권은 존중해"라는 문장에 충격을 받았다. 기본적 인권이라고 하는, 몇
> 년이나 본 적이 없는 활자를 본 뒤에 얼굴의 근육이 풀어지는 것을 억누를 수
> 없었다. 표정이 풀어진 것을 다른 사람이 보면 큰일이기에 감정을 억제하느라
> 고 고생했다는 것이다.

그렇다면 "기쁨의 기운이 치솟는 것을 억제하지 못했다"고 한 이에나가

"나는 노래를 시작하고 싶었다"는 가토와 같이, 마루야마도 환희의 미소를 애써 참으면서 옥음방송을 들은 것이 된다. 이윽고 GHQ가 제시한 신헌법 초안에 공감해서 천황 주권으로부터 인민 주권에의 변혁이라며 마루야마는 8월 혁명이라고 명명했다. 이 말은 도쿄대학의 헌법연구 위원장이었던 미야자와 도시요시의 논문 〈8월 혁명과 국민주권주의〉(《세카이분카》, 1946년 5월호)로 세상에 알려지게 되었지만, 그 위원회의 서기를 맡은 마루야마의 승인을 얻어 표제에 사용되었다고 한다. 그리고 잡지 《세카이》 5월호에 게재된 〈초국가주의의 논리와 심리〉로 마루야마는 논단의 총아가 되지만, 그 말미에도 8·15는 등장한다.

> 일본 군국주의에 종지부가 찍힌 8월 15일은 또한 동시에 초국가주의의 전 체계의 기반인 국체가 그 절대성을 상실하여, 지금 비로소 자유로운 주체가 된 일본 국민에게 그 운명을 맡긴 날이기도 한 것이다.

약 반년 후, 마루야마 자신도 〈젊은 세대에 고한다〉(《니혼독서신문》, 1947년 1월호)에서 무혈혁명 8·15의 역사적 전환이라는 말을 사용하고 있다. 물론 GHQ 점령하의 엄격한 언론통제 등 당시의 자유스러운 정도를 감안한다면 자유로운 주체가 8월 15일에 태어났다고 하는 논의는 과장스러운 것이기도 하다.

그러나 마루야마는 안보투쟁의 와중에 실시한 강연 〈시작으로 돌아가라는 주장〉(《세카이》, 1960년 8월호)에서도 이렇게 반복하고 있다.

> 시작으로 돌아가라고 하는 것은 패전 직후의 그 시점으로 거슬러 올라가서, 8

월 15일로 거슬러가라고 말하는 것입니다. (박수) 우리가 폐허 속에서 새로운 일본 건설하기로 결의한, 그 시점의 심정에 맞추어 항상 새롭게 고쳐 생각하라고 말하는 것입니다. 그것은 우리뿐만 아니라, 특히 언론기관에게 진심으로 바라는 바입니다.

5년 후, 1965년의 8·15 기념 국민집회에서 마루야마는 8월 15일을 〈20세기 최대의 패러독스〉(《세카이》, 1965년 10월호)라고 논하고 있다.

나는 8·15의 의미가 구미의 제국주의에 가장 늦게 추종한 최후진 제국주의 일본이 패전을 계기로 평화주의의 최선진국이 된 데에 있다고 봅니다. 이것이 야말로 20세기 최대의 패러독스입니다.

마쓰모토는 이 단계에서 마루야마의 8·15 혁명론에 중대한 변질이 있었던 것을 지적한다. 분명히 당초 신헌법의 제1조 천황의 지위와 주권재민의 의의를 기둥으로 하던 논의는 1960년 안보투쟁 이후에 제9조, '전쟁 방기(放棄)'로 중심을 옮기고 있다.

거짓 역사를 창작한 마루야마 마사오

8·15 혁명의 신화 만들기에 대해서는 마쓰모토보다 고메타니 마사후미의 『근대의 주체와 국민주의』(1997)가 더 엄격하게 비판하고 있다. 고메타니는 마루야마의 8·15 혁명 기술이 1946년 3월 6일 이후의 발상이라는 걸 문헌을 통해 고증한다. 3월 이전의

마루야마는 미노베 다츠키츠 등 구 자유주의파처럼 대일본제국 헌법의 부분적 수정으로 민주화가 가능하다고 생각하고 있었다.

마루야마는 전중에서 전후로의 결정적인 전환을 전후 초기에는 자각하지 못하였다. 점령군의 민주화 정책을 말하자면 뒤쫓는 형태로 자각해, 다시 8·15로 거슬러 올라가 그것을 단절로 파악했다. 전후 민주주의의 시작을 자각한 것은 신헌법 초안 요강이 발표된 1946년 3월 6일이었음에도 불구하고, 마루야마는 그것을 반년 이상 전인 8·15의 시점으로 소급해 설정하고, 어떤 신화만들기를 행했다고 말해도 좋을 것이다.

즉 마루야마 자신이 국체(國體)의 주박으로부터 해방된 것은 '헌법 개정 혁안 요강'이 발표된 1946년 3월 6일이었는데도, 일본 국민이 국체의 주박으로부터 해방된 것을 8·15에 주장한 것처럼 말했다. 고메타니는 이것을 전후 민주주의 '기원'의 은폐와 위조라고 한다. 그렇다면 마루야마가 말한 옥음 체험도 별로 신용할 만한 것이 못 된다.

어쨌든 전중과 전후 사이, 즉 8월 15일에 논리와 심리의 단절이 있었다고 하는 거짓 역사를 마루야마는 만들어냈다. 그것은 언뜻 보기에는 과격하게 보여도 실은 8월 15일, 성단에 의해 국체는 수호되었다는 보수파의 8·15 옥음신화, 즉 9·2 항복기념일의 망각을 다른 방식으로 말하는 것에 불과하다.

진보파의 8·15 혁명론은 보수파의 8·15 신화론과 표리관계를 이루며 서로 기대면서 기분 좋게 종전사관을 낳았다. 그것을 제도화한 것이 2부에서 기술한 '기억의 1955년 체제'이며, 8·15 종전기념일이다. 마루야마가 '8월 저널리즘'의 최대 이론가로서 전후 언론계에 군림할 수 있었던 이유도 여기에 있을 것이다.

게다가 마루야마의 『증보판 현대 정치의 사상과 행동』(미라이샤, 1964) 후기에 있는 유명한 대사, "대일본제국의 '실재'보다 전후 민주주의의 '허망'편에 승부를 건다"를 제대로 읽으면 다음과 같이 해석할 수 있다. 즉 어명어새로 끝나는 종전조서의 일자, 8월 14일의 실재보다 옥음방송을 들었던 수용자의 애매모호한 기억, 8월 15일의 허망에 일본의 미래 향방을 걸었던 것이다.

전후 논단의 거인 마루야마는 전후 51년째인 1996년 8월 15일에 죽었다고 되어 있다. 거기에도 히요리미가 있었는지 불분명하지만, 마루야마 신화는 옥음신화와 융합하면서 8월 저널리즘을 지금껏 지탱해주고 있다.

8·15 혁명론의 수용에는 또 다른 측면이 있었던 것 같다. 그것은 '혁명=단절'을 설정하면서 전전과 전후의 연속성을 안 보이게 하는 효과이다. 예를 들어 전시부터 전후에 걸쳐 있었던 미디어나 정보 통제의 연속성은 은폐되어왔다. 1945년 8월 15일을 경계로 변한 미디어는 신문, 방송, 출판 등 어느 분야에도 존재하지 않는다. 패전으로 파탄난 미디어 기업은 거의 없었다.

8·15의 심리와
9·2의 논리

8·15의 미디어사 쓰기를 끝낸 지금, 8월 15일의 허망에 기대를 계속 걸어야 한다고 나는 생각하지 않는다. 오히려 지난 전쟁의 의미를 공개된 장소에서 냉정하게 재심하기 위해서는

일단은 전쟁 책임의 논의와 전몰자의 추도는 시공간을 나누어 실시해야 한다고 생각한다. 그러기 위해서는 오봉의 8월 15일의 심리를 존중하면서 동시에 방학이 끝난 교실에서 9월 2일의 논리를 배우기를 계속해야 할 것이다.

옥음방송을 신화화하는 것, 게다가 더욱 그 기념일에 정치적인 강박관념을 덧붙이는 것은 역사에 대한 관심이라 할 수 없다. 오히려 기억을 상실할까봐 불안해하는 데서 유래하는 것일 수도 있다.

확실히 신문이나 텔레비전은 8월에 체험의 풍화를 말하면서 세대의 단절을 계속 우려해왔다. 그러나 그 같은 특집이나 기획을 만든 사람들은 자신들의 보도로 풍화나 단절이 없어진다고 진정으로 믿었을까.

오히려 결과적으로 풍화나 단절에 대한 경종이 필연이나 숙명을 감수하는 풍토를 낳지는 않았을까. 8월 저널리즘의 목적이 구전(口傳)에 있었다 하더라도, 그 정형화된 기능(굳이 신화화라고 부른다)은 망각에 보조선을 긋는 것은 아니었을까.

전후 60년이 지금 막 지나가고 있다. 10년 후, 전후 70년에 '그날은 무더웠다'는 식의 회고가 체험자에 의해 증언될 가능성은 적다. 그날이 아니라 그날에 대한 이야기 분석이 지금부터는 중요한 의미를 갖게 될 것이다. 현재를 냉정하게 관찰할 수 있는 자만이 과거를 정확하게 분석할 수 있다. 그것이야말로 미래에 대한 전망을 여는 열쇠이기도 하다. 8·15 이야기의 행방을 앞으로도 냉정하게 지켜보고자 한다.

인용문헌

· 阿川弘之 AGAWA, hiroyuki『米內光正』新潮文庫 1982

· 秋本実 AKIMOTO, minoru『日本軍用機航空戦全史』第4巻 グリーンアロ一出版 1995

· 阿久悠 AKU, yu『ラヂオ』日本放送出版協会 2000

· 朝日新聞社百年史編修委員会編『朝日新聞社史』朝日新聞社 1995

· アジアの女たちの会編『教科書に書かれなかった戦争』JCA出版 1983

· 有山輝夫 ARIYAMA, teruo『甲子園野球と日本人』吉川弘文館 1997

· 有山輝夫「戦後日本における歴史・記憶・メディア」メディア史研究 第14号 2003

· 安藤正士 ANDO, masashi・小竹一彰 KOTAKE, kazuaki編『原典 中国現代史 第8巻 日中関係』岩波書店 1994

· 家永三郎 IENAGA, saburou『太平洋戦争』岩波書店 1968

· 家永三郎『検定不合格日本史』三一書房 1968

· 五百旗頭眞 OMEKIDO, makoto『戦争・占領・講和』中央公論社 2001

· 井口一起 IGUCHI, kazuki「戦争研究はどこまで深まってきたか」歴史教育者協議会編『新しい歴史教育 第2巻日本史研究に学ぶ』大月書店 1993

· 石井久 ISHII, hisashi「私の履歴書」4, 5『日本經濟新聞』1993/9

· 石川弘義 ISHIKAWA, hiroyoshi『日本人の社会心理』三一新書 1965

· 石渡延男 ISHIWATA, nobuo・越田稜 KOSHIDA, takashi編『世界の教科書―11ヵ国の比較研究』明石書店 2002 /『세계의 역사교과서』작가정신, 2005

· 稲垣恭子 INAGAKI, kyoko・竹内洋TAKEUCHI, yo編『不良・ヒーロー・左傾 ― 教育と逸脱の社会学』人文書院 2002

· 井上清 INOUE, kiyosi編『日本歴史講座 第7巻 現代篇』河出書房 1953

· 猪瀬直樹 INOSE, naoki監修『目撃者が語る昭和史 第8巻』新人物往來社 1989

· 犬丸義一 INUMARU, kazuyoshi『歴史科学の課題とマルクス主義』校倉書房 1970

· 伊豫田康弘 IYODA, yasuhiroほか編『テレビ史ハンドブック 改訂増補版』自由国民社 1998

· 色川大吉 IROKAWA, daikichi『昭和史 世相篇』「日本民俗学体系12　現代と民俗」小学館 1986

· 上田薫 UEDA, kaoru編『社会科教育史資料1』東京法令出版 1974

· 上野実義『歴史教育における比較法の研究』風間書房 1979

· 江藤淳 ETOU, jun編『占領史録 上』講談社学術文庫 1995

· 大島渚 OOSHIMA, nagisa『体験的戦後映像論』朝日選書 1975

· 太田青丘 OOTA, seikyuほか選『昭和万葉集 巻7 山河慟哭―焦土と民衆』講談社 1979

· 太田青丘ほか選『昭和万葉集 巻6 太平洋戦争の記録』講談社 1979

· 岡崎満義 OKAZAKI, mitsunori「8月15日体験記の周辺」『季刊現代史』第3号 1973

· 折口信夫 ORIGUCHI, shinobu「上世日本の文学」『折口信夫全集 第12巻』中公文庫 1975

· 外務省編纂『日本の選択 第二次世界大戦終戦史録 下巻』山手書房新社 1990

· 春日市史編纂委員会編『春日市史 中巻』春日市 1994

· 加瀬俊一 KASE, toshikazu『ミズリ号への道程』文藝春秋新社 1951

· 加瀬俊一『加瀬俊一回想録 下』山手書房 1986

· 加瀬英明 KASE, hideaki『天皇家の戦い』新潮社 1975

· 加藤典洋 KATOU, norihiro『敗戦後論』講談社 1997

· 加納実紀代 KANOU, mikiyo「女にとって8・15は何であったか」『銃後史ノート』復刊6号 1984

· 川村邦光 KAWAMURA, Kunimitsu『民俗空間の近代―若者・戦争・災厄・他界のフォークロア』状況出版 1996

· 木戸幸一 KIDO, kouichi『木戸幸一日記 下巻』東京大学出版会 1980

· 木村汎 KIMURA, hiroshi『日露国境交渉史』中公新書 1993

· 君島和彦 KIMIJIMA, kazuhiko『教科書の思想―日本と韓国の近現代史』すずさわ書店 1996

· ロベール・ギラン 根本長兵衛・天野恒雄訳『日本人と戦争』朝日新聞社 1979

· 黒田勇 KUARODA, isamu『ラジオ体操の誕生』青弓社 1999

· 講談社編『昭和二万日の記録 ③非常時日本』講談社 1989

· 国史編纂委員会 大根健・君島和彦・申奎燮訳『韓国の歴史―国定韓国高等学校歴史教科書』明石書店 2003

· 「子供たちの昭和史」編纂委員会編『子どたちの昭和史―写眞集』大月書店 1984

· 小園泰丈「〈今昔物語〉―八月十五日の卷」『銃後史ノート』復刊6号 1984

· 越田稜K OSHIDA, takashi編著 『ヨーロッパの教科書に書かれた日本の戦争』梨の木社 1995

· 越田稜編著 『アジアの教科書に書かれた日本の戦争・東アジア編(改訂版)』梨の木社 1991

· 越田稜編著『アジアの教科書に書かれた日本の戦争・東南アジア編(増補版)』梨の木舍 1995

· 小山常美 KOYAMA, tsunemi『歴史教科書の歴史』草思社 2001

· 小森陽一 KOMORI, youichi『天皇の玉音放送』五月書房 2003/『(1945년 8월 15일) 천황 히로히토는 이렇게 말하였다』뿌리와 이파리, 2004

· 近藤富枝 KONDO, tomie「あの瞬間の放送員室」『週刊朝日』1963/8/23

· 坂上康博 SAKAUE, yasuhiro『にっぽん野球の系譜学』青弓社 2001

· 櫻本富雄 SAKURAMOTO, tomio『戦争はラジオにのっこ―1941年12月8日の思想』マルジュ仕\社 1995

· 佐藤卓己 SATO, takumi「降伏記念日から終戦記念日へ―記憶のメディアイ・ベント」津金澤聯廣編『戦後日本のメディア・イベント』世界思想社 2002

· 佐藤卓己 SATO, takumi「戦後世論の古層―お盆ラジオと玉音神話」『戦後世論のメディア社会学』柏書房 2003

· 佐藤卓己 「メディア史的アプロ・チ―歴史教育の場合」『マス・コミュニケーション研究』67号 2005

· 佐藤達夫 SATO, tatsuo『日本国憲法成立史 第一卷』有斐閣 1962

· 茂田宏 SHIGETA, hiroshi・末沢昌二SUEZAWA, syoji編著『日ソ基本文書・資料編』世界の動き社 1988

· 清水諭 SHIMIZU, satoshi『甲子園野球のアルケオロジ――スポーツの「物語」・メディア・身体文化』新評論 1998

· 島村正 SHIMAMURA, tadashi「終戦記念日」飯田龍太他編 『新日本大歳時記』講談社 1999

· 出版勞連教科書對策委員会編『教科書レポート'85』日本出版勞動組合会 1985

· 出版勞連教科書對策委員会編『教科書レポート'89』日本出版勞動組合会 1989

· 新人物往來社戦史室編『ドキュメント 日本帝国最後の日』新人物往來社 1995

· ウイリアム・M・ジョンストン小池和子訳『記念祭/記念日カルト』現代書館 1993

· 人民教育出版社中小学通用教材歴史編写組 野原四郎斉齊藤秋男ほか訳『世界の教科書＝歴史 中国2』ほるぷ出版 1981

· 人民教育出版社歴史室編, 国際教育情報センタ―編訳『對訳 世界の教科書に見る日本 中国編』国際教育情報センタ―1993

· 聖徳顯彰会編『昭和天皇・終戦の詔書―玉音放送』展轉社 2002

· 世界編集部「8・15記念応募原稿 占領下の記録」『世界』1964年8月号

· 關原正裕 SEKIHARA, masahiro「アジアの8・15とその後」歴史教育者協議会『戦後史から何を学ぶべきか』青木書店 1995

· ソ連科学アカデミ―東洋研究所編′山本正美・小野義彦訳『日本現代史』河出書房新社 1959

· ソ連共産党中央委員会付属マルクス・レ―ニン研究所編 川内唯彦訳『第二次世界大戦史 X』弘文堂 1966

· 高嶋伸欣 TAKASHIMA, nobuyoshi『教科書はこう書き直された！』講談社 1994

· 高田保 TAKADA, tamotsu「東京音頭の氾濫」『改造』1933年11月号

· 竹內好 TAKEUCHI, yoshimi「屈辱の事件」『日本と中国のあいだ』文藝春秋 1973

· 竹山昭子 TAKEYAMA, akiko『玉音放送』晩聲社 1989

· 竹山昭子『ラジオの時代―ラジオはお茶の間の主役だった』世界思想社 2002

· 田中卓 TANAKA, takashi「自由教科書の提唱―新装第8版の序に代へて」『教養日本史』青々企画 1997

· 田中丸勝彦 TANAKAMARU, katsuhiko『さまよえる英霊たち―国のみたま′家のほとけ』柏書房 2002

· バジル・H・チェンバレン「武士道」高梨健吉訳『日本事物誌I』平凡社 1969

· 茶園義男 CHAEN, yoshio『密室の終戦詔勅』雄松堂出版 1989

· 津金澤聡廣編 TSUGANEZAWA, toshihiro『戦時期日本のメデイア・イベント』世界思想社 1998

· 鶴見俊輔 TSURUMI, syunsuke「知識人の戦争責任」『中央公論』1977

· AJP・テイラ―, 古藤晃訳『目で見る戦史 第二次世界大戦』新評論 1981

· 徳川夢聲 TOKUGAWA, musei『夢聲戦争日記 昭和20年 下』中公文庫 1977

· 仲晃 NAKA, akira『默殺―ポツダム宣言の真実と日本の運命』NHKブックス 2000

· 中谷和弘 NAKATANI, kazuhiro「終戦」『歴史学事典 7 戦争と外交』弘文堂 1999

· 中村哲 編『東アジアの歴史教科書はどう書かれているか』日本評論社 2004

· 中野重治 NAKANO, shigeharu『終戦前日記』中央公論社 1994

· 中野好夫 NAKANO, yoshio「〈私の八月十五日〉を讀んで」『週刊朝日』1963年8月23日号

· 日本放送協会編『日本放送史』日本放送協会 1951

· 日本放送協会放送史編纂室編『日本放送史 上卷』日本放送出版協会 1965

· 日本放送協会編『放送五十年史 史料編』日本放送出版協会 1977

· 日本放送協会編『20世紀放送史』日本放送出版協会 2001

· 日本外交学会編『太平洋戦争終結論』東京大学出版会 1958

· 野口鶴吉 NOGUCHI, tsurukichi「菊田一夫'君の名は'の女湯傳説はかく生まれた」『文藝春秋』1980年9月号

· 朴振東「韓国高校生の目で見た歴史教科書」歴史教育研究会編「日本と韓国の歴史教科書を読む視点」梨の木社 2000

· 花田衛 HANADA, mamoru「暝れQ1」『九州文学』第500号 2002

· 原武史 HARA, takeshi『皇居前広場』光文社新書 2003

· 原武史・吉田裕編『岩波 天皇・皇室辞室典』岩波書店 2000

· 坂野潤二 BANNO, jyunji『15年戦争論再考―平和3勢力の敗退』北海道大学高等法教育研究センタ・ 2002

· 福澤昭司 FUKUZAWA, syoji「暦と時間」―赤田光男・福田アジオ篇『講座日本の民俗学 6 時間の民俗』雄山閣出版 1998

· 藤原彰 FUJIHARA, akira・粟屋健太郎AWAYA, kentarou・吉田裕YOSHIDA, hiroshi 編『最新資料をもとに徹底検証する 昭和20年/1945年』小学館 1995

· 藤井忠俊 FUJII, tadatoshi「敗戦のなかの民衆傷」『季刊現代史』第3号 1973

· 北海道新聞社編『三百字が語る昭和20年』北海道新聞社 1996

· 保阪正康 HOSAKA, masayasu『敗戦前後の日本人』朝日文庫 1989

· 牧田徹雄 MAKITA, tetsuo「日本人の戦争観と平和観・その持續と風化」『放送研究と調査』2000年9月号

· マ寿クス壽子MARKS, toshiko『戦勝国イギリスへ日本の言い分』草思社 1996

· ダグラス・マッカーサー, 津島一夫訳『マッカーサー大戦回顧錄 下』中公文庫 2003

· 丸山眞男 MARUYAMA,masao『増補版 現代政治の思想と行動』未來社 1964

· 丸山眞男「復初の説」『世界』1960年8月号

· 丸山眞男 MARUYAMA, masao「二十世紀最大のパラドックス」『世界』1965年10月号

· 松本健一 MATSUMOTO, kenichi『丸山眞男 八一五革命伝説』河出書房新社 2003

· 宮沢俊義 MIYAZAWA, toshiyoshi「八月革命と国民主卷」『世界文化』1946年5月号

· 宮田登 MIYATA, noboru『日和見―日本王権論の試み』平凡社 1992

· 文部省『教科用図書檢定基準』大蔵省印刷局昭和30年12月10日發行

· 山田宗睦 YAMADA, munemutsu「職業人の敗戦体験―体験されなかつた八一五」『思想の科学』1964年8月号

· 山田宗睦「坊主の会」『まち・みち・ひと・とき』風人社 1996

· 吉田裕 YOSHIDA, hirosi「戦争の記憶」『岩波講座・世界歴史 第25卷』岩波書店 1997

· 米谷匡史 YONETANI, masafumi「近代の主体と国民主義」『情況』1997年1月2月号

· 歴史・檢討委員会編『大東亜戦爭の総括』展轉社 1995

· ヴィ—ラント—ワ—グナ—, 滝田毅 TAKITA, takeshi訳「太平洋戰爭の終結」『轉換期のヨ—ロッパと日本』南窓社 1997

옮
긴
이
의
말

한국어판이 출간되기 4개월 전. 저자인 사토 다쿠미 교수(이하 사토)는 한국언론정보학회에서 책의 주요 내용을 요약 발표했다.[90] 발표회장은 예상치 못한 열기로 가득했다. 큰 관심을 끌었던 부분은 책의 끄트머리쯤에 등장하는 사토의 주장이었다. 현재 8월 15일인 아시아 · 태평양전쟁의 종전기념일 날짜를 바꾸고, 그 의미 또한 새롭게 채우자는 주장에 질문들이 쏟아졌다. 종전기념일을 상대화하는 일은 일본 중심적 사고라는 비판도 나왔다. 일본 종전기념일의 변경 주장은 한국 등 이웃 국가를 감안하지 않은 것이라는 지적이었다. 만약 종전기념일이 9월 2일로 바뀌면 한국의 해방, 광복, 일제치하의 저항 등의 의미는 빛이 바래질 거라는 반박도 있

---

90 | 사토, 손안석, 윤건차, 후쿠마, 고바야시 교수 등이 일본, 중국, 오키나와, 재일조선인, 북한에서의 8월 15일의 의미에 대해 발표했다. 토론에는 김균, 김예란, 백영서, 서재길, 유선영, 전규찬, 정근식 교수 등이 참여했다.

었다. 사토는 한국의 독립기념관을 다녀온 기억을 되살리며 한국에서 8월 15일이 갖는 의미를 충분히 이해함을 전제하면서 다음과 같은 큰 질문을 한국 측 토론자들에게 던졌다. "한국의 임시정부는 일본에 선전포고를 했다. 그리고 연합국과 공동 작전을 펼치기도 했다. 한국의 대 일본 선전포고 해제일은 언제인가? 한국은 대 일본 승리의 날을 연합국과 나누어 가지는가? 과연 8월 15일은 한국인들에게 어떤 날인가?"

'8·15 종전기념일'이라고 하는 틀 안에서는 일본인들이 과거 식민지 문제를 충분히 생각해내지 못함을 인정해야 한다고 사토는 말한다. 8월 15일에 전쟁이 종결되었다고 강조해 온 탓에 아시아·태평양의 전쟁터는 의식한 반면, 오히려 식민지에 대한 시선은 주변화한 것이라는 주장이었다. 그것은 8월 15일을 종전일이라고 하면서 홋카이도나 오키나와의 기억을 주변화하고 있는 것과 같은 맥락임을 밝힌다. '8월 15일 종전기념일'에 대한 재검토는 비록 우회이긴 하지만 일본인이 과거 식민지 문제에 관심을 가지기 위해서라도 피하지 않고 통과해야 할 지점이라고 주장했다. 학회의 공식 발표를 마치고 난 후 사학자 몇 명은 "조심스럽게 주장되어야 할 매우 까다로운 사안"일 수 있다며 뒤풀이까지 토론을 가져갔다. 사토와 한국 토론자들은 일단 의미 있는 토론이었고, 이에 대한 더 많은 대화가 필요하다며 입을 모았다. 그날 발표자와 토론자 간 동의를 구체적으로 실행하는 작업의 일환으로 번역 작업은 이뤄졌다. 토론회 훨씬 이전부터 번역이 시작되었지만 번역하는 내내 더 많은 토론자가 대화 과정에 참여하고 더욱 내실 있는 대화가 이뤄질 미래의 장면을 떠올렸다.

전무파(戰無派)라 자처하는 히로시마 출신인 저자 사토는 우연히 만난 사진 한 장을 추적하면서 말문을 연다. 1945년 8월 15일 정오 일본 천황의 라디오 방송(이하 옥음방송)을 듣고 쓰러져 우는 규슈 가시이 비행기 공장의 여자 정신대원이 찍힌 사진. 그 사진의 정체에 사토는 의문을 표시했다. 사진은 1945년의 내용을 담고 있지만 정작 그것이 일본인들의 주목을 끈 것은 전후 10년이 지난 1955년이었다. 1955년 《아시히신문》 종전 10주년 특집 기사에 등장했고, 그 이후로 가장 인기 있는 옥음방송 사진이 되었다. 사토는 그 사진의 족보를 추적했다. 하지만 몇몇 증언 외엔 정확한 정보를 구할 길이 없었다. 사진을 입수한 신문사조차도 정보를 갖고 있지 않았다. 신문은 구체적인 장소와 인물에 관한 정보를 사진 캡션에 달았지만 그 정보의 근거를 밝히지 못하고 있었다.

　사토는 사진의 추적과정 중 얻은 증인들의 이야기를 종합해 나름의 결론을 내린다. 규슈 가시이 비행기 공장의 그 사진뿐만 아니라, 역사책에 게재된 유명한 옥음방송 사진의 촬영자나 사진 속 인물에 관한 정보는 결핍되어 있거나 부정확했다. 그가 추적한 다른 옥음방송 사진들도 사정은 비슷했다. 옥음방송 다음 날인 8월 16일 《홋카이도신문》이나 《니시니혼신문》이 게재한 옥음사진들도 몇 가지 중대한 문제를 안고 있었다. 옥음방송을 듣는다며 소개된 사진들은 1941년 12월 미국과의 전쟁 개시를 알리는 방송을 듣는 시민들의 모습을 담고 있다. 1941년 이후 매년 12월 8일 정오를 전후해 국민 전원이 승리를 기원하는 묵도를 올렸다. 바로 그 모습을 담은 사진들이 8월 15일 옥음방송을 담은 사진인 것처럼 소개되었다. 다른 몇몇 사진은 카메라 기자의 요청으로 포즈를 취한 연출 사진이었던 것으로 밝혀졌다. 왜 부정확한 정보를 담은 사진이나 전혀 다른 풍경을 담은 사진들, 또는 연출된 사진들을 1945년 8월 15일 옥음방송 사진이라고 소개했던 것일까? 사토가 이 책에서 씨름하고자 했던 연구문제다.

　1952년 4월 28일 샌프란시스코 강화조약 발효로 GHQ의 일본 통치는 마감되었다. 어떤 이는 그날로 일본이 진정한 독립을 이루게 되었으므로 종전기념일이 되어야 한다고 주장하기도 했다. 종전 이후 강화조약 발효까지의 기간을 놓고 역사적 의미를 부여하는 일에 분주했다. 하지만 군부 파시즘의 사회에서 민주화된 사회로 변화되었음을 인정하려는 적극적 의지는 없어 보였다. 오히려 일본의 운명이 남의 손에 맡겨진 굴욕의 시기로 파악하는 듯했다. 일본으로서는 그 굴욕을 지우는 작업들이 필요했다. 한국전쟁 이후 가파른 상승곡선을 탄 경제성장으로 일본은 이미 전쟁 전의 자신감에 도달하고 있었다. 그를 기반으로 '떳떳한 일본', '불가피했던 전쟁', '대동아 공영을 위한 전쟁'이었음을 국민들에게 보여주려 했다. 옥음방송의 사진은 그 일환으로 반드시 필요했던? 없다면 꾸며서라도 내놓아야 했던? 역사적 증거물이었다. 1945년 9월 2일 연합국의 목전에서 항복문서에 조인했던 기억을 지우는 지우개 역할을 해낼 수 있는 증거였다. 연합군 사령부의 통치기간 동안 침묵했던 천황의 옥음을 리바이벌할 수 있는 기억 회복제 역할의 사진이었다. 역사와 기억의 선택 작업에서 결코 빠뜨릴 수 없는 중요한 사진이었던 셈이다.

　역사와 기억의 선택 작업으로 8월 15일자 천황의 옥음은 전쟁의 끝을 알리는 소리로 자리를 잡았다. 그것은 전쟁 후의 새로운 세상을 알리는 소리로도 받아들여졌다. 옥음은 전쟁의 끝이면서 전후(戰後)의 시작으로도 인식되기 시작했다. 천황의 옥음을 전쟁의 끝과 새로운 세상의 시작을 알리는 소리로 받아들임은 전쟁 전과 전행 후가 전혀 다르지 않다는 전쟁 전후사의 연속성 구축 작업이기도 했다. 사토는 그 작업의 하이라이트 시기를 1955년으로 파악한다. 이른바 전후 일본의 55년 체제와 함께 역사와 기억의 55년 체제도 구축되기 시작한 것으로 보았다. 1955년 10월 사회당 내 좌우 파벌이 통합했고, 다음 달인 11월에 민주당과 자유당이 통합해 자유민주당(자민당)이 만들어졌다. 미소 냉전 시스템을 일본 국내 정치에 투영시킨 형태로 여야체제가 이뤄진 셈이다. 의석의 3분의 2를 차지하는 자유민주당과 3분의 1을 차지하는 사회당과의 안정된 양립체제, 이른바 '55년 체제'가 성립되었다. 전후 좌우 이념을 대변하는 양당은 8월 15일 옥음이 방송된 날을 두고 서로 다른 의미를 부여했다. 우파는 그 날로 '평화의 날'이 시작했다며 일본의 원폭 피해를 강조했다. 스스로가 가해자임을 잊고 원폭의 피해자임을 드러낼 욕망이 강했던 탓일 터이다. 좌파는 그날을 천황으로부터 민중에 정치권력이 넘어온 '혁명의 날'로 보고자 했다. 8월 15일에 부여하는 의미는 각기 달랐지만 좌파와 우파 공히 8월 15일이 종전일임에 합의를 본 셈이다. 정치의 55년 체제와 함께 "국민적 기억의 55년 체제"도 구축된 것이라고 저자는 주장한다.

사토는 문제의 사진이 거짓이라거나 조작되었다는 사실에 주목하기도 했지만 그것을 밝히는 데 힘을 쏟지는 않는다. 오히려 그 사진이 왜 1955년에 즈음해서 필요했던가에 더 많은 관심을 가진다. 1945년 찍힌 것인 경우에도 1955년에 이르러서야 빛을 보게 된 사진들이 많음에 주목한 것이다. 사진은 국민적 기억의 55년 체제 구축에 필요했던 소재였다는 것이 사토의 결론이다. 그 소재를 발굴하고 재편성하며 55년 국민적 기억체제를 구축하는 데 대중매체는 혁혁한 공을 세웠다고 사토는 주장하고 있다. 연구문제를 던진 후 책의 나머지 부분은 신문과 라디오, 막 시작한 텔레비전 그리고 역사 교과서가 국민적 기억체제를 구축해간 방식을 분석하는 데 할애한다.

　전후 일본 신문들은 1955년의 '종전 10주년 특집'을 시작으로 새로운 전통을 수립한다. 이른바 '8월 저널리즘'이다. 8월이 되면 특히 신문지면들은 8월 저널리즘 메뉴로 넘친다. 신문지면을 전쟁과 관련된 각종 칼럼과 사설, 화보로 장식한다. 그 내용들은 '전후를 다시 읽는다', '전후 의식으로부터의 탈각', '종전기념일에 생각한다―왜곡되는 신일본의 성격', '포츠담 선언을 다시 읽는다' 등이었다. 사회면들도 '종전일 그 동안 무엇이 달라졌나', '그로부터 10년' 등의 기사들로 채우고 있었다. 뿐만 아니라 지금까지 알려지지 않았던 종전 관련 사진들을 소개하는 데 많은 지면을 할애했다. 많은 사진들은 옥음방송과 관련된 것들이었다. 옥음방송을 듣고 눈물을 흘리는 남태평양의 일본군 포로들, 궁성 앞에 엎드린 시민들, 집단 라디오 청취 후 고개를 숙인 청취자들, 군수 공장에서 눈물을 훔치는 정신대원들……. 이로써 전쟁의 끝은 연합국 앞에서의 항복 조인식이 있었던 그날이 아니었음을 신문들은 강조한다. 천황의 목소리 즉 옥음방송이 전쟁의 끝을 알리는 지표였음을 주지시킨다. 칼럼, 사설, 증언, 사진은 서로를 인용해가며 그날 '옥음이 있었고, 비로소 전쟁이 끝났고, 새로운 시대가 열렸다'고 못박는다. 항복 장면들을 기억에서 몰아내고, 성스러운 결단으로 백성을 구한 천황의 옥음만이 종전의 기억에서 도드라지게 만든다. '태초에 말씀이 있었으므로…….'

　종전의 기억을 8월 15일 옥음방송으로 못박는 데는 1950년대의 라디오도 한몫을 했다. 소리가 자본주의의 좋은 상품이 된다는 사실을 그때부터 확실하게 알았던 탓일까. 1953년부터 NHK 라디오는 본격적으로 '8 · 15

종전기념일' 편성을 시작했다. 7월에 주로 이뤄지던 〈우란분회 법요〉는 8월로 그 편성 자리를 옮겨갔다. GHQ의 비위를 거스르지 않고 종교 프로그램을 편성할 요량으로 끼워넣던 기독교 프로그램은 이즈음에 이르면 흔적도 없이 사라진다. 불교행사인 우란법요, 그리고 8월 15일 양력 오봉을 전후한 봉오도리 방송의 중계는 전국의 NHK 지방국을 네트워크로 묶어냈다. 각 민영방송들도 이에 대응하는 편성을 펼쳤다. 뿐만 아니라 8월 15일이 되면 옥음방송과 관련된 인사들의 회고담이나 당시의 청취 모습을 회상하는 프로그램들로 편성했다. 전쟁 전 8월에 중계되고 편성되던 고시엔 고교야구대회도 종전 이후에는 자숙의 의미로 중단되었으나 곧 재개되었고, 불교행사, 봉오도리, 종전기념방송 등과 함께 어우러지면서 전쟁 전 일본의 8월 풍경을 전후에 재연해냈다. 편성이라는 형식을 통한 전쟁 전과 후의 연결을 완성해갔던 셈이다. 라디오를 통해서 8월, 더 정확하게 말하면 8월 15일은 전쟁이 마감된 날로 기억되면서도 늘 전쟁 혹은 전쟁 이전과 연상되는 날로 각인되고 있었다. 그 같은 흐름 속에서 일본이 전쟁에서 패했음을 공식적으로 알려준 9월 2일 미주리호에서의 항복 조인식 장면은 끼어들 자리를 찾지 못하고 망각의 강에 줄을 대고 슬그머니 사라져버렸다. '거기에는 말씀이 없었으므로……'

신문이나 라디오의 '종전 10주년 기획'과 거의 시기를 같이해 역사 교과서도 비슷한 방식으로 옥음 체험을 강조했다. GHQ 통치하에서는 얼굴을 내밀지 못했던 용어, 사진, 내러티브들이 샌프란시스코 강화조약 발효 이후 새로운 검정 교과서들을 통해 선을 뵈기 시작했다. 옥음방송이라고 직접 칭하지는 않았지만 성스러운 결단에 따른 방송, 그로부터 구원을 받았다는 언급들이 등장했고, 그로써 전쟁이 마무리되었다는 식의 내러티

브들이 등장했다. 어린 학생들의 회고가 역사 증언으로 교과서에 등장했지만, 대체로 회상 중에서 가장 바람직하다고 생각되는 것들만 선택되었다. 교과서는 국민이 안심하고 이미지화할 수 있는 평균적이고 표준적인 '회상'만을 역사로 채용하고 있었다. 무수히 양산된 옥음 체험 중에서 교과서는 표준적인 체험을 기술할 뿐이었다. 이러한 '1955년 체제'의 교과서 정통성 위에 사람들은 스스로의 말로 '자유스럽게' 종전체험을 말하기 시작하였다. 당연하게도 그 회상은 교과서 기술을 뛰어넘지 못했다. 교과서의 역사 기술이 효력을 발휘하게 된 순간이며 사람들의 기억을 장악하게 된 결과다. '들었다. 그러므로 우리는 존재한다.'

새롭게 기억이 구축되고, 선택적 망각이 일어나면서 전쟁시 사망자들의 지위에도 변화가 일어나기 시작했다. 1956년 8월 15일에는 예전 군인들의 사상 단체인 일본향우연맹(日本鄉友連盟)이 일본유족회(日本遺族會), 신사본청(神社本廳)과 함께 '종전 시의 군관민 자결자', '전쟁 재판의 형사자, 옥사자 및 불법 억류 중의 사망자' 등을 제사 지내는 '순난제영혼(殉難諸靈魂) 현창 위령제'를 거행했다. 다음 해 1957년에는 제사 지내는 신의 범위를 '전화의 비운에 스러진 남녀노소 전부'로까지 확대하여 '대동아전쟁 순국 영령 현창 위령제'가 되었다. 이어 1958년부터는 중의원 의장을 제사(大祭) 위원장으로 하는 '대동아전쟁 순국자 현창 위령제'가 항례화한다. 이러한 국가 위령제에 언론이 직접 관여하기도 했다. 이어 1969년 자민당은 야스쿠니 신사의 국영화를 목표로 하는 법안을 국회에 제출했다. 1974년까지 이 법안은 다섯 번이나 상정되었지만, 야당의 심한 반발로 모두 폐안되었다. 그래서 '일본 유족회'와 자민당은 8월 15일에 수상의 공식 참배를 항례화하여 실질적으로 국가가 보호하고 운영하는 실현을 꾀하려 했다. 1978년 야스쿠니 신사에 도조 히데키 외 A급 전범 14명을 합사함으로써 공식 참배는 정치색을 띠는 사건으로 바뀌었다. 이제 종전기념일에 수상이 야스쿠니에 참배하는 일은 도쿄 재판 판결의 의미를 부인하는 것으로 이해될 수밖에 없었다. 전쟁 전과 후를 매끄럽게 연결하는 일이라 하지 않을 수 없다. '말씀은 귀신도 편케 하리니……'

1982년 4월 13일에는 8월 15일을 '전몰자를 추도해 평화를 기원하는 날'로 제정하기로 각의 결정되었다. 또 그해 6월에는 중국과 한국이 일본의 역사 교과서 검정에 항의하는 역사 교과서 문제가 발발했다. 그해의 "8월 저널리즘"은 역사 교과서 문제를 의식하여 전쟁 책임 문제나 반전 반핵을 중심으로 하는 테마를 다루었다. '아시아 여성들의 모임' 등 시민운동 그룹은 기념일 제정에 반대하는 집회를 개최했다. 이렇게 해서 8·15 종전기념일은 '신들의 분쟁' 무대가 되었고, 제정 후 얼마 되지 않아 그 같은 논쟁으로 최대의 홍보 효과를 거두기도 했다. 8월 15일을 종전으로 잡은 기념일 선정은 이미 미디어와 상호작용을 일으키고 있었기 때문에 그 같은 홍보 효과는 예측할 수 있는 일이었다. 즉 '8·15 종전'을 고집하는 한, 아무리 이웃 국가들이 종전기념일이 일본 중심적이고, 일본 내부의 관점을 지녔고, 그날 야스쿠니의 참배는 전쟁책임의 회피라고 비판해도 비판 그 자체가 기념일 이벤트의 일부가 되어버렸다. 특히 일본이 전쟁 전과 후를 연결하겠다는 강한 의지를 갖고 있는 한 비판 조차 일본 내부가 더욱 강한 연대를 갖게 해주는 계기가 되는 일은 불가피한 일이었다. '말씀은 세상을 하나로 만들지니……'

일본은 전후 55년 체제 이후 8월 15일 천황의 라디오 방송 즉 옥음방송을 신화화해왔다. 국제적 공인 종전일인 9월 2일을 일본에서 기억하며 그날을 반성의 날로 하자는 목소리가 사라진 지는 오래되었다. 간혹 그를 언급하는 역사 교과서가 있긴 하지만 그 목소리는 대중적 기억을 압도하지 못한다. 옥음방송일을 종전기념일로 하고, 그 기념일에 정치적인 강박관념을 덧붙이는 일을 두고 역사에 대한 관심이라고 말할 수는 없다. 그것은 저자인 사토가 말한 바와 같이 오히려 기억을 상실할까봐 불안해하는 데서 유래하는 역사 왜곡이다. 전후 일본의 신문이나 라디오, 텔레비전은 그 무더웠던 8월에 겪은 체험들의 풍화를 우려해왔다. 풍화되는 것뿐만 아니라 후세대들에게 계승되지 않으며 그들의 심성 속에서 재 생산되지 않음을 걱정해왔다. 불안, 우려, 걱정 그 모든 것들을 8월 15일로 수렴했다. 그날이 결코 풍화되지 않도록 일본 언론은 단단히 붙잡아 매어 단속하려 했고, 전후 일본의 55년 체제가 와해된 지금도 이어지고 있다. '말씀은 빛이고, 진리이니……'

일본 미디어 역사 연구자인 사토의 이 책은 종전 60주년이던 2005년에 출간되어, 일본 전후사 연구계로부터 주목을 받았다(자세한 내용은 〈한국어판 서문〉 참조). 한국어 번역본과는 2년이라는 시간적 간극이 있다. 그 사이에 양국 관계가 크게 바뀐 점은 없다. 야스쿠니 신사참배를 자신의 마지막 훈장으로 달겠다는 신념의 고이즈미가 물러나고 아베 수상이 내각을 이끌고 있지만 과거사 문제에 관한 한 어떤 변화도 찾을 수 없다. 전후 55년 체제의 와해가 이뤄진 포스트 55년 체제에 접어들었지만 과거사 문제는 오히려 더 미궁으로 빠져들고 있다. 군 위안부 문제로 아직도 무책임한 발언들이 난무하고 있음을 보면, 증언할 수 있는 사람들이 없어질 즈음이면 더 악화되지 말라는 보장도 없다. 일본의 역사와 기억의 정치학을 솔직하게 다루고 있는 이 책은 분명 한국에서도 많은 논의를 이끌 수 있을 것이라 기대된다. 이 책이 이끌어냈던 일본 사학계에서의 논의보다 더 활발한 논의가 있길 기대해본다. 최근 한국에서도 8월 15일을 둘러싼 논의가 활발해지는 만큼 이 번역본이 조금이라도 기여할 수 있었으면 하는 바람도 있다.

　두 번역자는 서로 다른 이유로 이 책을 접했다. 오카모토는 일본 역사교과서에 대한 이웃 국가의 항의를 다루는 일본 언론의 태도를 연구하던 중 책을 만났고, 많은 도움을 받았다. 또 다른 번역자인 원용진은 전후 일본 대중문화 연구하면서 책과 조우했다. 서로 다른 이유로 책을 만났지만 이 책의 번역이 한국의 미디어 연구 또는 역사 연구 더 나아가 동아시아 연구에 도움을 줄 수 있을 거라며 뜻을 모았다. 2006년 6월에 초벌 번역을 시작했다. 그해 8월 교토대학에서 사토와 만남을 가졌다. 번역자들은 서강대학교 언론문화연구소 행사에 사토를 연사로 초청했고, 10월 워크숍을 가졌다. 사토는 12월 도쿄대학의 동아시아 미디어 세미나에 '한국의 8월 15일 광복절'을 주제로 원용진이 발표해주기를 요청했다. 이 같은 소통을 기반으로 저자와 번역자들은 저서에 대해 더욱 깊게 토론할 수 있었다.

　초벌 번역을 마친 그해 12월 번역자 원용진이 사토의 초청으로 교토대학으로 연구년을 떠났다. 번역에 좀더 정확성을 기하고자 하는 의도가 깔려 있긴 했지만 미디어 역사 연구에 대한 한일 간 교류를 활성화해보려는 목적도 있었다. 그만큼 사토의 저서는 한국의 미디어 연구자 입장에서 보자면 독특한 부분이 있었다. 학술적 가치를 충분히 담고 있으면서도 대중성을 띤다는 점에서 분명 한국의 역사 연구, 더 구체적으로 말해 미디어 역사 연구와는 차별성을 보여주고 있었다. 또 다른 한편으로 미디어 역사 연구에서 내용과 형식을 모두 다루고 있다는 점에서 독특함을 보여주었다. 대체로 미디어 역사 연구들이 미디어 내용에 초점을 맞추었다는 점에 착안하면 그의 내용과 형식 양쪽에 관한 관심은 눈여겨볼 만하다 하겠다. 이 같은 점을 서로 나누면서 저자와 번역자는 서로가 발 딛고 있는 학계의 사정을 충분히 공유했고, 앞으로의 공동작업에 대한 논의를 하기에까지 이르렀다. 번역본 출판은 첫 공동작업인 셈이다. 앞으로 이 공동작업을 둘러싼 생산적 대화가 이뤄져 더 많은 교류가 학계 차원에서도 이뤄졌으면 하는 바람이다.

사토가 한국 학계에 던진 질문, 8월 15일은 한국에 어떤 날인가라는 질문은 여전히 유효하다. 일제 억압의 한 상징이던 천황이 포츠담선언을 수락하는 라디오 방송을 했고, 그를 일본의 항복 시점으로 보았고, 그 시점이 곧바로 해방의 순간이므로 8월 15일은 해방의 날이고, 이후 1949년에 국경일로 정해 이름을 지었듯이 암흑 공간에 빛이 다시 찾아온 '광복절'인 셈이다. 하지만 사토의 기준으로 보자면 이는 종전을 정하는 공식 기준 어느 것에 맞추어 보아도 타당성이 없다. 임시정부의 정통성을 인정하면서도 8월 15일 기념일에는 임시정부의 견해가 들어가 있지 않다. 그날 이후 총독부로부터 치안유지를 의뢰받고 곧바로 정치체계의 구축에 들어갔던 것으로 알려진 '건국준비위원회'도 8월 15일 기념일 어디에도 남겨져 있지 않다. 그런 탓인지 8월 15일은 유난히도 정치적 외풍을 많이 탔다. 해방이라고 일컬어지기도 했으며 광복이라는 말도 그에 못지않게 힘을 얻고 있다. 최근에는 대한민국의 정통성이 흔들린다며 '정부수립일'로 기념해야 한다는 주장도 나왔다. 한국 현대사의 시작인 그날이 소홀히 다뤄짐에 착안하고 그에 대한 연구들이 더 많이 이뤄졌으면 하는 바람을 번역자들은 전하고 싶다.

공부가 모자란 탓에 한국어판을 내는 데 여러 사람에 도움을 청할 수밖에 없었다. 무엇보다 저자의 격려와 도움에 고마움을 전하지 않을 수 없다. 사토는 이 책의 저자이긴 하지만 엄밀한 의미에서는 번역을 같이한 공역자이기도 하다. 다시 한 번 감사드린다. 번역의 진행을 묻고 끝까지 격려와 도움을 아끼지 않은 가네가와대학의 손안석 교수께도 감사의 말씀과 함께 출판의 소식을 전한다. 번역 중에 열린 워크숍 행사를 챙겨준 서강대 언론문화연구소장 김균 교수, 학회 발표의 기회를 마련해준 언론정보학회의 김영주, 강상현 교수에게도 고마움을 전한다. 수요도 없고, 출판 로열티에 사진 저작권료까지 신경써야 하는 번역본 출간에 선뜻 동의해준 궁리출판사와 마지막까지 긴장하며 책을 멋있게 꾸며준 편집부 변효현 씨에게도 감사의 말씀을 드린다. 여러분들의 도움에도 불구하고 저자의 뜻을 전하는 데 부족함이 있었다면 그 책임은 당연히 번역자들의 몫이다.

아직 동아시아의 근현대사 공부가 미진함을 인정하고 새롭게 공부를 다짐하며 내놓은 번역서다. 번역과 해석에 대한 독자들의 질정을 기다린다.

2007년 7월
공동 번역자를 대표해서
일본 교토 슈가쿠인(修學院)에서 원용진

1판 1쇄 찍음 2007년 8월 2일
1판 1쇄 펴냄 2007년 8월 6일

펴낸곳 궁리출판

지은이 사토 다쿠미
옮긴이 원용진 · 오카모토 마사미
펴낸이 이갑수
편집주간 김현숙
편집 변효현
디자인 이현정, 전미혜
영업 백국현, 도진호
관리 김옥연

등록 1999. 3. 29. 제300-2004-162호
주소 110-043 서울특별시 종로구 통인동 31-4 우남빌딩 2층
전화 02-734-6591~3
팩스 02-734-6554
E-mail kungree@chol.com
홈페이지 www.kungree.com

ISBN 978-89-5820-103-8   03910

값 13,000원